第六届中华优秀出版物奖
全国优秀出版科研论文奖
获奖文集

中国新闻出版研究院 / 编

目 录
CONTENTS

·第一编 出版类·

·第二编 编辑类·

·第三编 报刊类·

·第四编 综合类·

·第五编 数字出版类·

第一编 出版类

出版企业的品牌建设与创新策略分析

李道魁　张洁梅

从营销学的角度讲，品牌是消费者对社会组织（主要为企业）及其产品进行评价之后形成的认知和认可。要想确立品牌或者体现品牌效应，往往要求较高的产品质量和完善的售后服务，并且在企业形象、产品形象和企业的文化价值等方面，能够得到消费者的一致认可。为了实现这一点，需要企业在经营、管理等方面加以巨大的投入——人力、物力、时间。只有这样，才有可能在企业和消费者之间构建起一种牢固的信任关系，使消费者能够主动“服务”于企业的发展，并“自觉”弘扬企业的价值。对出版企业来说，由于自上世纪末以来，已经基本完成了现代企业制度的构建，出版企业也逐渐发展成为市场的主体，在市场竞争中发挥着越来越重要的作用。而今，一些出版企业经过多年的发展，品牌建设已经趋于完善，正在成为企业产品、服务和企业商誉的标记和象征，在出版市场表现出一定的竞争实力。可见，对出版企业来说，品牌建设是提升出版物质量、提升出版品位、获得出版市场竞争优势的关键活动。尤其在当前时期，传统出版物市场逐渐饱和，数字出版产业方兴未艾，出版企业的生存和发展受到了前所未有的挑战。本文以此为视角，首先阐述了出版企业品牌的内涵，然后对出版企业品牌建设中的瓶颈问题进行了分析，最后在创新层面上给出了出版企业品牌建设的路径。旨在通过本文，为处在商业竞争中的出版企业构建品牌，参与品牌竞争提供可借鉴的信息，使其所处的主体环境更适合企业的生存和发展。

一、出版企业品牌内涵解析

出版品牌是出版企业长期形成的较为稳定的宗旨方针、文化含量、标志特色的综合体现，具有知名度、美誉度、忠诚度和延伸性。杰出的出版社是由杰出的书所造就的，这些书又是杰出的作者写的、杰出的编辑编的，而且设计是有特色的，生产是优质高效的，销售是积极努力而且得到广泛发行的。笔者认为，出版品牌主要由品牌编辑、品牌作者、品牌图书和品牌出版社构成。四者是相辅相成、互为因果的。有了品牌编辑和品牌作者，出版社才能推出高质量、高水平的品牌图书；有了品牌编辑、品牌作者和品牌图书，品牌出版社的建立也就水到渠成了；反过来，出版社的品牌效应又会吸引一批新的品牌编辑、品牌作者，从而产生新的品牌图书。这是一个良性循环的过程。读者和社会正是通过品牌图书来了解、认识出版社的，许多消费者常常把名社品牌、名出版物品牌、名人品牌作为购买出版物的选择依据，品牌一旦在读者心目中扎根，就能在市场竞争中立于不败之地。因此，每一个出版社都要有品牌意识，有意识、有目的地利用和扩大自己的品牌。具体来讲，出版企业品牌的内涵包括以下两个方面：

（一）较高的知名度和美誉度

经过多年改革，我国境内出版社基本都已完成或者正在进行着企业化改制，其目的在于使出版机构能够从市场的需求出发，主动适应市场经济，更好地为读者服务。如果出版企业能够持续地满足大众传媒或者社会公众对出版物的内心诉求，使其都能熟知该企业的出版目标，就能为其创立品牌提供一个必备的前提条件。相反，长期处于封闭状态、与读者“相距甚远”，甚至不为公众所知的出版企业是难以建立起品牌效应的。可见，对出版企业来说，品牌的框架下不可避免地要包括“知名度”和“美誉度”的成分。对于后者，指的是出版企业要在出版市场上具有很好的“名声”。而这种“名声”的出现并非由于出版企业出色的经营管理手段，而是要借助出色的出版物才能实现，只有在出版过程的每一环节都能够体现“精益求精”和“诚实守信”，才能使出版企业最终受到读者的喜爱，其品牌建设也就水到渠成了。

（二）合适的市场定位和较高的文化品位

大量的出版经验表明，只有那些长期按照市场规则和行业规则进行出版操作、遵纪守法的出版企业，才能不断向读者提供喜闻乐见的出版物，才能在社会公众中形成良好的企业形象，才能受到读者的一致赞誉，也只有如此，才能创造出自己的品牌。而为了实现这一点，首先需要的便是对出版企业进行明确的、合适的市场定位。对出版企业来说，就是以市场、读者的需求为指引，以自身的资源和能力为基础，确定出版物的主攻方向、特色，并确定目标读者群和市场的细分等，这些出版要素的界定与选择，最终决定了出版企业的发展方向和品牌的认知度与依存度。相反，如果出版企业未能确定在市场中的位置（现在的或者将来的），将会失去发展的方向，最终陷入盲目发展与低效率的重复之中。而为了进行明确的市场定位，就要对企业的人文环境、以往的出书方向、企业的知识结构与创新能力进行综合权衡，以便以此为基础，构建和强化出版企业的选题驾驭能力、编辑活动能力、市场营销能力以及综合竞争能力等。而以此为基础，还应该进一步提升出版物的品位，使出版物的选题、内容能够体现时代的主旋律、社会主义核心价值观，并在读者阅读之后，能够从中获得“正能量”。相反，如果出版物的文化品位处于较低水平，在短时间内可能会为其获取一定的经济效益，但是从出版企业的长期发展和经济社会的健康运转来看，这种舍本逐末、缘木求鱼的做法一定会受到读者的耻笑和后人的谴责，不但无法体现出版物的美誉度，其知名度也会在相反的方向不断放大。当然，需要注意的是，过高的文化品位可能会因曲高和寡难以聚集更多的读者，这对知识和信息的传播是极为不利的。所以，应该以市场为基础，合理选题，将那些有益于读者、适合企业发展的文化符号融入出版物之中。

二、我国出版企业品牌建设的瓶颈与突围的方向

在市场经济的影响下，我国出版行业已经经过了全方位的改组和改制，各项资源在市场竞争关系中不断完成着重组和重置。到目前为止，我国出版行业已经具备了相当规模，一些出版企业在经济效益、社会效益与品牌建设等方面都形成了一定的竞争实力，在做大、做强国内市场的同时，也将其触角伸向了国际市场。但是，不可否认的是，由于历史和现实的原因，与国外出版传媒集团相比，我国出版企业在品牌建设方面还处于初级阶段，在规划品牌战略、提高品牌意识和加强品牌维护等方面还显得经验和能力不足。

（一）品牌规划缺位

当前，由于经济全球化、文化多元化趋势的影响，现代企业为了取得竞争优势，已经将市场经济带入到了品牌制胜的时代。实践不断证明，那些始终坚持品牌战略规划、始终服务于读者的出版企业长期占有市场主动权。在我国，一些出版企业的发展模式还停留在西方国家半个世纪前的企业经营理念之中——对扩大出版规模、实现规模经济过分热衷，对企业的经济效益而不是社会效益过分看重，甚至在资金的驱使下，一味地为提高产值，动用大量资源，甚至在原有专业基础上，过多地将出版领域之外的

产业纳入经营范围。这种过多、过杂的发展模式严重削弱了企业的品牌建设和品牌战略规划，使出版企业长期处于缺乏系统科学的规划和模糊的品牌定位之中，这对其实现可持续发展是极为不利的。事实上，在竞争如此激烈的市场经济体系中，任何缺乏战略规划的品牌都无法获得长期发展的动力。不但如此，其品牌资产无法累计，品牌价值也无法得到全面提升，而这种在低水平上"重复劳动"的企业，也必将被"边缘化"。

（二）品牌管理观念落后

国际上一些品牌良好的出版企业，除了对企业的发展做出连续性的品牌战略规划外，还在品牌意识和品牌管理观念方面不断更新，通过发挥创新研发团队的作用，使之在特定的区域内或者全球范围内具有品牌领导力。而对我国部分出版企业来说，在技术创新、意识和观念等方面都显得薄弱，在参与市场竞争时便失去了前进的动力与活力。其中的原因是多方面的，比如，我国出版业的发展历程十分漫长，在近半个世纪以来，我国的出版机构就经历了从计划经济体制向市场机制的转变，而在传统的计划经济年代，全国出版社的出版领域有着严格的区分，市场竞争十分畸形，品牌建设无从谈起，即便一些出版社对此问题进行过认真的思考，但基本都是在自发、无序的状态下完成的，成果十分有限。即便经过了几十年的产业改革和优化，并将市场竞争机制引入其中，部分出版企业的市场知名度得到了显著的提升，可是，从总体上看，我国出版企业的品牌意识还处在缺位的状态，甚至将品牌建设与经济建设、制度建设、管理创新混为一谈，这对出版企业的市场化、国际化造成了严重阻碍。

（三）品牌维护意识欠缺

在我国国民经济体系中，出版行业对知识产权最为敏感。但是，我国现阶段，一些出版企业在进行品牌建设的过程中，只注重品牌的构建和实践，而在品牌维护意识方面还存在明显的欠缺。比如，一些良好的、市场上知名的图书品牌没能得到必要的维护，在注册商标以及及时跟进等方面都显得滞后，在进行系列化选题策划、形成集群化优势之前，就已经被竞争对手同质化了（此行为便是经济学意义上的“柠檬市场”或者“劣币驱逐良币”现象），竞争优势也无法构建起来。还有一些出版企业在全球品牌经营方面出现了短板，不但忽略了当地社会的文化传统和读者的阅读习惯，还疏于国内商标的注册和维护，这些都为出版企业的品牌建设和品牌创新造成了明显的阻碍。

三、我国出版企业品牌建设的创新策略

随着出版业市场竞争的日趋激烈和竞争态势的不断转化，我国出版企业除了要内化其生产方式，在权衡投入—产出比例的同时，要同步进行外延式的发展，而品牌建设就是其中的典型行为。笔者认为，只有在品牌理念、品牌管理、品牌整合与协同等方面进行创新，才能实现出版企业品牌的构建和竞争力的提升。

（一）创新品牌理念

在当今时代，随着（移动）互联网技术的快速发展，“新媒体”的特征越来越明显，消费者的消费行为也越来越理性和成熟。对出版企业的“用户”——读者来说，他们对出版企业的品牌也有了较高的要求。另外，在对品牌的体验方面，也可以借助即时通信工具等实现。因此，出版企业要在品牌理念方面进行创新，要对传统出版物的载体——文字、色彩、图形等符号，进行全面的整合，使之能够释放出出版企业的文化和价值观念，并且，要在企业品牌中融合进价值追求和经营理念，并将其与读者的价值观

保持一致。只有这样，出版企业才能够构建起自身独特的出版理念，为其核心竞争力和持续发展力的形成奠定基础。

（二）创新品牌管理

当前，广告宣传媒介不断增多，对产品和客观事物诠释的创意水平也在不断提高。出版企业要想打造出具有竞争力的品牌，只有不断吸引读者的注意力，才能赢得他们的长期关注。为此，需要在创新品牌理念的基础上，创新品牌管理。为了实现这一点，需要在以下几个方面同时做出努力：（1）加强出版队伍建设，通过对市场需求和企业自身资源与能力的权衡，制定营销和品牌维护制度；（2）以品牌管理制度的完善为基础，进行系统化、专业化的出版经营活动，并从出版企业战略的高度实施“CI 战略”，以便对企业的整体利益进行把握，提升企业的整体形象；（3）在读者原有品牌诉求的基础上，进一步对企业的形象标识进行系统的策划与规范，并借助“新媒体”手段——微博、微信等，对外进行统一传播，以此塑造出出版企业独特、积极、健康的形象；（4）出版企业要在品牌管理上拓宽思路，按照价值链管理的思维制订、实施企业的品牌管理计划，在全面整合内外部资源的同时，最大限度地对品牌加以推广和拓展；（5）借助当前广泛使用的信息技术（比如数据挖掘），将大数据管理策略应用到出版企业的品牌管理之中，只有这样，才能更为准确地对读者的阅读习惯与阅读偏好进行分析，并以此为基础，优化出版物的内容与结构，使之与市场和读者的诉求相适应。

（三）创新品牌整合和品牌协同

从营销学的角度看，品牌整合要求将出版企业的一切营销和品牌建设活动综合在一起，通过各种手段的搭配和优化，实现产品品牌和企业品牌的协调。为了实现这一点，需要对出版企业不同部门间的功能进行协调和优化，在现有资源的约束下，使企业的品牌得到整体性的推广。比如，借助微信、微博、飞信等新媒体平台，第一时间将有关出版物的信息发布出去，使读者和企业之间能够完成互动，增强读者对企业品牌的认知度。此外，在出版企业实施品牌战略的过程中，要不断识别和抓住企业品牌和产品品牌之间的协同机会，对两者的培育与建设过程进行综合分析，以便有针对性地发挥品牌整合和品牌协同的作用。

（四）借助多元化经营打造品牌效应

多元化经营是出版企业发展到一定阶段的一种战略选择，实行多元化经营战略的出版企业，往往都经历先做强再做大的过程。国外出版企业基本遵循了这一规律。因为出版企业只有做强之后，才有雄厚的实力和坚实的基础进入其他领域把企业做大，多元化战略的实施也才能得到必要的支持。到目前为止，我国出版企业的规模经营态势已经显现，我国出版业发展迅速。因此，在这种发展态势下，需要借助行政力量与市场的双重力量，在出版企业品牌化的同时，涉足多元化经营，这样会给出版企业经营带来更多的机遇。

（五）借助“大数据”平台构建出版品牌优势

随着移动互联网、云计算、物联网等信息技术的迅猛发展，一个“出版大数据”时代正在加速到来。传统图书出版企业应使传统业务服务电子化，以满足数字化时代对出版物的需求。因此，我国出版企业应强烈感受到这一时代带来的压力和挑战，将压力当成改变出版企业服务模式、推动出版业务转型的重要机会，重新确定发展战略，并在多个新兴出版服务领域进行积极探索，以数字化内容作为载体，通过资源的集成，实现服务模式和业务模式的转型。在图书、期刊、数据库和文献等方面，实现资源的集成与增值，以此满足国内各类用户对出版资源的多样化需求。

结束语

当今社会，物质生产和精神服务越来越丰富，尤其在新媒体时代，信息的传递和交流越来越频繁和便捷。在这种情况下，消费者受品牌的影响也在不断加深。对出版企业来说，其品牌的本质在于读者对出版物的认知程度，直接体现为出版物的品质和质量，对企业的综合实力与市场信誉会产生深远的影响。当前，在文化产业框架内，出版企业之间的竞争已经趋向于品牌的竞争，出版企业只有重视品牌建设，通过创新不断提升其品牌价值，才能增强核心竞争力，实现可持续发展。本文基于这样的事实，对出版企业品牌建设与创新策略等问题进行了研究，得出了一些结论，当然，这些结论还是初步的，需要在后续的工作中不断修正和完善。

（作者单位：海燕出版社有限公司／河南大学）

中小学教材建设的探索和实践

李　俏

摘要：教材是中小学教学的基本资源和工具，教材的编写应在理论探索的基础上密切结合教学实践，构建合理的教材结构，突出教材表达的适用性，促进教材的视觉传达效应，重视开发教材在学生学习反思与评价中的功能，加强立体化教材资源平台建设，为提高教育质量、促进学生全面发展提供支持与保障。

关键词：基础教育课程改革　教材结构　教材表达方式　立体化资源平台　传达效应

教材作为中小学教学的基本资源和工具，在人类文化传承和知识传递的过程中具有不可替代的地位与作用。我国历来重视中小学教材的建设，尤其是进入21世纪以来，基础教育进入了以提高教育质量为核心任务、以构建创新人才培养体制与模式为深化改革着力点的新阶段。《国家中长期教育改革和发展规划纲要（2010—2020）》（以下简称《教育规划纲要》）按照我国2020年“进入人力资源强国行列”的战略目标，突出强调教育要坚持德育为先、能力为重、全面发展，明确要求加强基础教育课程教材建设、提高教育质量。[1] 如何顺应时代发展的要求，如何利用基本教育工具的功能贯彻落实《教育规划纲要》的精神，使中小学教材能够在编写理念和实践操作上都更加完美，是教材建设面临的重大课题。

在教育部2012年启动的中小学教材修订工作中，教材文化的继承与创新，教材价值的挖掘与实现，教材功能的深化与拓展得到社会各界的广泛关注。本文就教材的结构、表达系统以及教材物理特征的传达效应等方面如何更好地促进教育目标的达成进行分析，从理论与实践两个层面对中小学教材的建设进行探讨。

一、构建系统合理的教材结构

在我国，中小学各学科的课程性质、课程目标、内容目标与实施建议是由课程标准确定的。课程标准是国家管理和评价课程的基础，体现了各学科在知识与技能、过程与方法、情感态度与价值观等方面的基本要求，反映了国家对学生学习结果的期望。课程标准虽然对学生在经过一段时间的学习后应该知道什么和能做什么进行了界定和表述，但是作为教学指导性文件，本身很难对学科具体知识的安排与呈现进行详尽的说明。将课程标准的要求完整地表现出来需要依托教材，教材是课程标准的具体化。怎样将课程标准要求的内容按一定的联系方式、组织顺序及表现形式组成结构合理的教材体系，有效发挥教材的功能是教材建设的关键所在。

如何认识教材的结构，不同的学者有不同的认识范围和认识程度，如有的学者认为教材结构是由目录、课文、习题、实验、图表、注释、附录等部分构成的，还有的学者认为教材结构就是教材的学科知识结构，并且在教材学科知识结构的逻辑性上做了很多的探讨。[2] 但教学实践告诉我们，合理的教材体系不能仅囿于学科知识框架的搭建，更非学科知识的堆砌。自新一轮基础教育课程改革以来，中小学教材一直着力于突破传统单一的以学科知识结构建构方式，力求使教材的学科结构和教学结构协调一致，达到深层的和谐统一。[3]

（一）通过对内容的精细加工，完善教材的学科结构

对于教材学科结构的设计，应在体现学科知识内在发展顺序与层次关系的基础上，遵循精细加工的编排方式[4]，先搭建整体的、全局的教材学科蓝图，再逐步深入细化各个部分。具体设计时，可先抽取出学科涉及的基本概念、原理等，然后找出这些概念之间本质的联系，根据它们内在的逻辑顺序、复杂程度和关联性“画出”结构图，从最基本的概念入手，逐步向更复杂、更详细的内容推进，对教材学科结构进行精细安排与调整。例如，在本次数学教材的修订中，多个版本教材都将传统上数、式、方程穿插安排，函数集中安排的模式，变为数、式、方程、函数穿插安排的方式。这种按一次方程（组）、一次函数、二次方程、二次函数的编排方式，从纵向看，可以分散函数教学这个传统的难点，克服直线式发展所产生的不易理解的弊病，分阶段地不断地深化对方程和函数的理解。从横向看，则加强了方程与函数间的联系。

（二）重视教学结构的构建，使教学结构与学科结构达到深层统一

教材的学科结构直接影响学生相应知识的习得与相关能力的发展，但是构建合理教材结构的主要目的还是要使教材具有最佳的教学功能。对多套教材的静态研究表明，无论多么完美的学科结构，离开学生的心理发展规律和教学规律而生搬硬套进教材，都将失去生命力，无法有效达成既定的教育目标。[5]因此，在构建教材结构时应对教材的教学结构予以特别关注，在对教材的内容、教学实施、学生学习的过程与效果进行全面分析的基础上，以与学生心理发展相符合的形式安排教学内容，设置教学环节，以求将教材的学科结构和教学结构有机整合起来，最大程度地发挥其在教学中的作用。

从教学内容安排来看，中小学教材的结构应随着年级的提升，

不断拓宽和加深学科的基本内容，让每一阶段的学习都为更深入的学习做好准备。目前，中小学教材的内容普遍采用螺旋式上升的编排方式。该方式有利于知识的迁移学习，帮助学生建立相关知识之间的联系，形成知识网络；其次，它符合学生学习活动的进程，与学生能力发展的渐进性和持续性相一致，有效促进新知识的同化与重组。目前，通过审查的多套小学英语教材在读写内容设计时，既考虑到了读写技能发展的阶段性特点，同时，也考虑到了儿童认知过程中对有趣事物的敏感性。如有的版本教材在三年级强化字母、单词的认读；四年级注重阅读组句、小短文；五、六年级展开趣味阅读，文本形式包括信件、日记、便笺、广告、邀请函等各类短小文章。有的版本教材每一单元都包含多个连续的板块，这些板块从整体呈现单元语言到单词、句型、语篇、语音等单项学习和操练，再回到对学生综合语言运用能力的发展上。这种螺旋式的设计组织清晰、层层递进，让学生在知识储备与认知能力方面有充分的准备，便于逐步达到教学要求，在一定程度上降低了学习的难度。

从教学环节的设计来看，很多教材在学科结构中充分考虑了学习活动的开展，将“做中学”引入教材之中，使教学内容逻辑严谨而不死板，基础知识扎实而不固化，应该说这是教材中极具生命力的部分。目前的生物教材教学内容的呈现方式，基本按照“设置问题情景—进行科学探究—得出基本结论—形成重要概念”这种“做中学”的模式进行设计的，改变了过去概念直接传授的方式，而是通过学生的直接活动，包括实验、探究、演示实验、模拟探究、观察与思考等，从活动的过程和结果中获取重要的概念。再如思想品德教材，有的版本教材在单元内设计了“小课题、长作业”式的主题探究，将教材内容的生成和延展都以“活动内容化，内容活动化”的方式展开，引导学生有意识地进行自主、合作、探究式学习。有的版本教材设置了“探究园”“实践与评价”等不同板块，通过各种不同形式的活动，引导学生解决生活中可能遇到的问题，培养学生运用知识的能力和良好的道德行为，丰富学生的情感，提升学生的境界。

二、突出教材表达方式的适用性

不同的教育思想和课程理念直接影响着教材的表达方式。传统教材定位于权威性著作，其内容的呈现方式和组织策略是严肃的、陈述性的，以严格的学术语言向学生陈述有关内容。这种表达方式具有概括性和简洁性的优点，但是过于强调知识本位，忽视了学生学习发展的实际需求。本轮课程改革确立了以学生为本的思想，将学生的情感与认知看作是人类精神世界中的有机组成部分。该思想指导下的教材设计必定要以发展学生的潜能为基本原则，强调教材与学生的需要、愿望、兴趣等的关系。

（一）基于情境认知的教材表达方式

传统的知识观，认为知识应从具体情境中抽象出来，成为概括性的知识。现代知识观认为知识是有情境的，脱离具体情境的表达方式，既无法深刻理解特定背景下形成的概念与原理，也不利于学生将学习知识有效迁移到现实生活的问题解决上。十多年的教学实验也充分证明，学习是一个积极主动的建构过程，学生不是被动地接受外在信息，而是根据已有的经验主动地、有选择地知觉外在信息，建构其意义。因而，知识应置于一定的问题情境中，情境与镶嵌其中的知识是不可分割的。基于情境认知的教材表达方式，对于引导学生建构新知具有不可忽视的作用。[6]

具体来讲，教材在表达方式上应注意以下两点：首先，创设的情境能够反映承载的概念、原理等学习内容，有利于学生对相关知识的学习与理解；[7] 其次，情境的创设具有范例性，也就是说要具有典型性，有利于学生将学习的知识与技能、过程与方法迁移到含有共同元素的情境中去解决相关问题。例如，在数学教材内容表达上，如把要学习的内容置于一定的问题情境中，由具体情境引入，不仅有利于学生对知识形成丰富的理解，而且促使他们在面对各种问题时，能更容易激活这种知识，灵活利用它们解释新现象。再如，英语教材单元中可专门设置语境以拓展语言知识和话题内容，使各部分的学习成为一条完整的语言学习链。听说练习的话题也可由学科拓展到其他活动，要求学生在前面听力活动的基础上互动交流，即对听力材料的再次挖掘；阅读语篇可将本单元所学内容有机结合起来，以信件等形式叙述学生的学习和生活安排，这不仅能让学生感知语言的综合运用，还能为后面语言输出积累相关信息，打好语言基础；写作部分则训练学生从控制性过渡到开放性的写作输出练习。

（二）基于适应性原则的教材表达方式

教材内容的表达不可避免地受到当今社会价值取向的影响，因而要求承载教学内容的素材能够让学生理解、适应。基于此，教材在素材选择上应注意素材的时代性与现实性。

1. 教材内容表达要具有时代性

教材的内容是不断发展变化的，体现了历史进程。为了更好地达到教育目标，教材内容的表达要具有时代价值，反映当今社会或未来社会的需要。

综观以往教材，在时代性的表达上容易走入两个误区：一是简单、粗糙地堆砌一些新事物、新事件。事实上，“新”素材如果不能促进学生构建知识，促进其在心智与情感上发展，就不具有教学价值，没有呈现的意义。二是一切以事物发生的时间远近，机械判断内容表达是否具有时代性。其实，教材是人类文明成果的体现，有很多文化遗产在当代仍蕴涵着时代主旋律的深刻思想，教材如果能够对其进行恰当的表达，也能赋予这些内容崭新的内涵。

针对以上问题，我们提倡教材表达要具有时代性，首要的是能够反映时代精神和要求，因而对素材的取舍并非唯时间的“近”、表达方式的“新”而论。从当前教育的大政方针看，首先，教材必须注意渗透社会主义核心价值体系，进一步突出中华民族优秀传统文化，培养学生健康向上的情感和态度。例如，在美术教材中可加强赏析艺术作品的内容，通过优秀的艺术作品，激发学生热爱美、创造美的积极情感。在生物教材中，通过生态学和进化论的教学，对学生进行辩证唯物主义教育。其次，教材必须着眼于提高学生的科学与人文素质，将富有时代特点的认识、思想以及体现我国和世界最新发展变化，还有学科最新研究成果等内容适度地纳入到教材中来。例如，地理教材在本次修订中，通过已有的科学研究成果和事物的发展现状，对教材中涉及的经济地理、人文地理内容，尤其是“认识区域”中的相关内容，做出全面的核查、修订，甚至对部分内容进行重新编写，使课文表述符合最新的面貌。物理教材从可持续发展角度对能源的分析，引发学生对能源革命的思考及对社会热点问题的关注。

2. 选择现实生活中的素材承载教学内容

选择学生熟悉的素材，不仅能够激发学生参与学习的兴趣，也能够促进学生对学习内容的理解。针对以往教材在某些素材选择上与学生生活不切合的现象，本次教材修订进一步加强了内容表达与生活实际的联系。如物理教材中，在学习“电磁波”时，各版本教材都安排了了解广播电台的发射频率和波长的内容，还帮助学生知道手机和卫星通信等都是电磁波的应用。化学教材中则加强了对空气、水、能源、环境等的关注。这些素材来自现实生活，与承载的教学内容密切关联，有助于学生更好地了解知识产生的背景、理解核心概念的内涵，促进学生有效地利用所学知识解决生活中的实际问题，真正做到学有所用。

三、促进教材的视觉传达效应

教材的物理特征直接影响学生的视觉表征，这些表征信息的获取和传递，在丰富教材内涵、提高教材质量、增强教育效果方面发挥着积极作用。

相比传统教材，课程标准实验教材的色彩更丰富，更多地借助插图等非文字符号呈现认知信息，较以往沉闷、呆板的版面有很大进步。但我们的研究也发现，课程标准实验教材仍存在不足，比如，同一版面字体变化过于多样；插图绘制缺乏精心的构思与设计，不能很好地配合内容，不能准确表达信息。

近年来，随着信息加工理论在教材研究设计中的应用，人们越来越重视教材物理特征的视觉传达效应。有研究者指出，一个版面中的字体类型应该控制在两三种，同一页面中字体字号变换频繁容易干扰学生注意力的问题，影响读者对信息的加工与表征。因而，教材中应尽可能减少同一版面字体、字号的变换频率，提高学生视觉信息处理的效率，加快信息的传递。

对中小学教材而言，插图的合理利用有利于学生形成记忆表象，为知识的抽象与概括提供支持，帮助学生对学习内容进行更深层次的加工。目前的中小学教材应摈弃与主要内容关联性不强、仅仅起着装饰作用，甚至误导学生对知识的理解和掌握的图片，应多采用组织性和解释性的图片，并突出事物的关键特征，深入挖掘插图在传递信息方式上的独特认知价值，更好地体现插图的解释功能和促进功能。[8] 此外，建议教材编写部门与插图绘制领域优秀的专业团队合作，尽量避免以往教材中的图像制作不够精细、清晰而导致的重要信息缺失，影响认知效果的情况发生，力图使插图与版式的设计更适宜学生阅读，真正做到文图交融，相得益彰，更好地发挥教材插图的作用。

四、重视教材在学习反思与评价中的作用

对于中小学生而言，学习更多的是一段历程而非一个目的。伴随课程改革的深入，对学习评价的价值取向也由过去的重结果转向现在的重过程。教材作为教学过程的主要资源，伴随着学生整个学习过程，在教材中应及时提示学生对学习的效果、学习方法与策略进行反思与总结，包括对学生学习过程与结果的评估与反馈，充分发挥教材在学生的学习过程中的评价、反思、调控功能。

在教材建设中，应注重建立促进学生不断发展的评价体系，为学生提供清晰的知识回顾路径与及时的自我反思评价引导，这样不仅可以使教材与学生的学习过程更为贴近，为学生铺设合理、有效的学习台阶，而且能帮助学生随时了解自己在求知历程中所处的位置和实际水平，便于对自己学习过程的监控与调节。例如，小学数学教材，多个版本在学期结束时，都设计了一个用于学生自我反思与自我评价的板块，有的版本甚至在每个单元后面都安排了类似的板块。该类板块通过让学生回顾本单元的学习过程与收获，对所学内容进行整理，并感受自己知识增长和能力发展的快乐。到中学阶段，教材可着重引导学生对所学内容进行梳理，帮助学生形成知识网络，建立起相关概念之间的联系。这样的安排可以使教材更有效地参与到教学过程中，发挥学生学习的主观能动性，认识到澄清和反思学习过程的重要性和意义，帮助学生建立良好的学习习惯。

此外，这样的编排也可以使教师通过观察学生自我评价的过程，及时发现学生学习过程中的问题，有针对性地查漏补缺，为后续教与学做好准备。

因此，充分开发教材在学习过程中反思与评价作用，可以帮

助学生、教师及时调整学习、教育行为，使教学过程更为有的放矢。从修订教材的使用反馈来看，这样的设计思路得到了广大师生的认可。

五、构建立体化的教材资源平台

如何开发操作快捷便利、信息立体丰富的教材，一直是教材编者努力的方向。教育技术在过去一段时间的迅猛发展，为教材的完善与革新提供了有益的视角。

在课程标准实验教材使用阶段，教材就已经开始尝试从静态纸质教材的编写向立体化教材资源平台转变。经过十多年教材编写研发的探索，当前中小学教材已经基本建立起包括纸质教材、电子教材、教师用书、挂图、学具卡片、投影片、录音带、多媒体软件等立体化教材资源平台，为不同地区、不同层次学校根据自身需要选择使用提供了资源保障。

据调查，目前教材出版者都正在围绕纸质教材开发多项电子配套资源，如电子书包、电子课件、远程教育光盘、录音带等。这些产品图文并茂、操作性强，将传统教材静态、单维、线性编排的方式扩展为多维网状体系。教材内容可以跨越时空等因素的限制，按层次和逻辑结构有机组合，直观生动地再现知识之间的联系。

立体多维化教材系统能为学生自主学习提供大量资源。在研发立体化教材时，要注意调动学生多种感官的参与，将纸质教材难以表达的内容通过动画和影像直观准确地表达出来，帮助学生更好地理解所学内容。立体化的教材资源平台可以分担一部分教学的功能，学生的自主学习更为方便。该平台不仅可以通过互动的形式突出教材的重点与难点，帮助学生对比分析与总结，还可以为学有余力的学生提供一定的发展空间，让学生根据自己的兴趣选择一些拓展性的内容进行了解。当然，立体化教材资源的建设应“宜精不贪多”，充分考虑学生的学习时间与接受水平等因素，切忌增加学生的学习负担。

教材无论怎样发展都离不开教学实践，只有在更深层的意义上关注学生，尊重学生的心智成长与人格发展，学生心中才会有教材，教材才能真正利教利学，起到传承人类文明的作用。

参考文献

[1] 教育部基础教育课程教材专家工作委员会 . 坚持与时俱进巩固发展课程改革成果——关于义务教育课程标准修订与审议工作的说明 [J]. 基础教育课程，2012（Z1）：5-9.

[2] 王道俊，王汉澜 . 教育学 [M]. 北京：教育科学出版社，1991：299.

[3] 高凌飚主编 . 基础教育教材评价：理论与工具 [M]. 北京：人民教育出版社，2002：58-62

[4]Reigeluth，C.M.The elaborating theory’s procedure for designing instruction[J].Journal of Instructional Development，1982，5（3）:22-32.

[5] 魏运华，李俏 . 基于静态研究的新课改后各类教材特点的比较 [J]. 课程 · 教材 · 教法，2011，31（9）：29-36.

[6] 张传燧主编 . 课程与教学论 [M]. 北京：人民教育出版社，2008：202-203.

[7] 张建伟，陈琦 . 简论建构性学习和教学 [J]. 教育研究，1995（5）:56-60.

[8] 王小明 . 教科书编写中的若干心理学问题 [J]. 全球教育展望，2005，34（11）：62-65.

（作者单位：人民教育出版社）

大学的本质与大学出版的方向

赵丽华　蔡　翔

摘要：谈论大学出版，必须回到“大学”这个逻辑起点，廓清大学本质和现代大学精神，才能找到根本或方向。大学的主要任务是教学、科研，其本质是自治、自由、自律的学术共同体，而大学出版则是这个学术共同体的重要组成部分。应基于文化、教育事业的特殊性定位彼此之间的关系，构建起多元考评体系、有效的督导体系和选题遴选机制，才能走上共生、双赢之路。

关键词：大学　大学出版　学术共同体

中国出版体制改革范畴内的大学出版，主要包括大学出版社和大学学报两大部分。当前，不管是转企改制大功告成的大学出版社，还是暂时搁置改制议题继续保持学校教学科研编制的大学学报，从表面上看均成果斐然，但其面临的发展瓶颈、困惑以及来自学界的批评却不容忽视。作为大学的一个组成部分和学术生产体系的一个环节，我们的大学出版目前承受着“垃圾制造厂”①这样的指责，大有规模越大、发展越快，平庸之作甚至垃圾越多之势。这对于大学出版，尤其是已经完成转企改制的大学出版社而言，是一种进退失据的悖论。有论者几年前预言：“体制改革成功之日，正是大学社整体滑坡之时”②，这句话未免危言耸听，

① 张曙光．学术共同体的自治和自律 [J]. 学界，2011（6）。

② 姜革文．孤岛与孤岛之围——改制之后大学社的发展态势探索 [J]. 出版广角，2010（4）。

但在这样的背景下思考“大学出版”面临的问题以及未来发展的方向，应该暂时放开从“出版”环节求解的思路，比如转企改制以及预想中的股权多元化、公司治理结构、跨地域兼并重组、上市等等，回到“大学”这个逻辑起点上。

大学出版是出版，更是“大学的”出版，它在出版领域的不可替代性正是建立在它与大学水乳交融的关系之上，是大学理念和学术风气的一面镜子。如果大学办学方针、政策乃至理念有问题，必然牵一发而动全身，作为知识传播环节的大学出版自然会被殃及。解决大学出版问题的根本路径是对大学本质或理念的正本清源。不回到大学这个母体，廓清大学的本质和现代大学的精神，大学出版则难以认清其不可替代性和发展方向。①

一、大学的本质：自治、自由、自律的学术共同体

大学的起源可以追溯到中国的先秦、古代的希腊和罗马，但现代大学之直接源头则是欧洲中古世纪的大学。从大学产生时起，人们对于大学理念与本质的思考就没有终止过。

1862 年，牛津学者纽曼（JohnH.CardinalNewman）的《大学的理念》（TheIdeaofanUniversity）是第一本系统性沉思大学理念的重要专著，它强调博雅和自由，集纳了中世纪大学理念的精华，也构建了对大学本质进行思考的基本框架。之后，值得重点关注的大学理念出现在 19 世纪的德国，洪堡（VonHumboldt）和阿尔托夫（Althoff）等人在革新柏林大学时提出强调学术自由和“纯粹”学术的大学观，德国模式一度成为世界大学的模板。一战以来，尤其是二战之后，美国的大学理念逐渐成为世界大学的风向标，并引领至今。如果说 1930 年美国大学先驱者亚伯拉罕·弗莱克斯纳（A.Flexner）的著作《现代大学论——英美德大学研究》（Universities:

① 蔡翔．回归与守望，大学出版的方向 [J]. 现代出版，2012（1）.

American, English, German)是对德国大学理念的辨析和创新，那么，1963 年前加州大学校长克拉克·克尔（ClarkKerr）在《大学之用》（TheUsesoftheUniversity）中提出的社会“服务站”和“多元化巨型大学”（multiversity）理念则自成新说；而 20 世纪 80 年代以来，随着全球化的加速，克尔《大学之用》中的很多预示变为现实，大学卷入市场的程度日益加深，中世纪以来的传统大学专业运转模式在不断变化，“创业型大学”“学术资本主义”[①] 等大学理念顺势而生，但这些理念至今仍在与传统大学理念的博弈中，未得沉淀和普遍认可。

中国虽然有悠久的太学和书院传统，但我们的现代大学则是模仿欧洲，尤其是德国大学模式而建立的。由于大学办学者中西学兼具的开阔视野，我国大学教育的起点并不低，一开始便与世界现代大学理念同步。1912 年，担任中华民国第一任教育总长的蔡元培手订《大学令》，通过评议会、教授会等形式，建立起中国现代大学的整体性框架。之后，不管民国时期，还是新中国成立以来，不管吸纳何种大学办学理念、采取何种办学模式，我们的大学都经历了外来理念与中国传统文化和中国国情的不断调适过程。新中国成立以来，我们长期借鉴苏联经验，强调大学的行政性、计划性，“文革”中大学基本停顿。改革开放以来，我们以猛起直追的态度对接，甚至赶超世界大学潮流，现在也裹挟在全球化和市场化之中，所谓的“学术资本主义”现象与美国相比有过之而无不及。同时，长期以来形成的高度行政性、计划性仍深刻依附在大学肌体上。这两方面的夹击导致我们现在对于大学本质的认识模糊不清，大学的改革一直举步维艰，更不用提作为其组成部分的大学出版了。

梳理大学理念变迁，我们可以看出以下三种主要的潮流，或

① 参见 [美] 希拉 · 斯劳特（SheilaSlaughter），拉里 · 莱斯利（LarryLeslie）. 学术资本主义 [M]. 梁骁，黎丽译 . 北京：北京大学出版社，2014.

基本方向。当然，这些潮流或方向的分界不是绝对的，而是你中有我、我中有你，从各自的方向共同昭示着大学的本质。

二、强调自治、学术自由的大学理念

加拿大学者许美德在其广受好评的著作《中国大学 1895—1995：一个文化冲突的世纪》中提出，欧洲大学的根本价值观从中世纪开始就奠定了。“概括起来主要有两个方面：自治权和学术自由。”就自治权而言，中世纪大学“universitas”（拉丁文“行会”之意）便“在一定程度上给教师提供了探索知识和研究学问的自主权，使得教学免受地方政府和宗教势力的干涉”，这种自治权虽然是相对的，“然而，无论如何，大学从来就没被政府或教会直接控制过，也没有直接成为一种为上层统治阶级培养接班人的训练工具。”学术自由，是中世纪大学另一个根本的价值观。它的主要含义是：“在大学里，任何学者在其研究领域内，都有权按照他们认为正确的传统和法则，自由地进行知识探索和学术研究。这种学术自由是探索和发展知识的基本前提条件。”而到 18 和 19 世纪，随着许多主权国家在欧洲的出现，大学的自治权和学术自由一方面被保存下来，另一方面其含义也发生了改变，在不同的国家，这两个概念侧重点和含义有所不同。甚至拿破仑时代的法国、十月革命后的苏联也以自己的特色延续和分享着这种传统。①

在第一本系统阐述大学理念的著作中，可以看到纽曼对于大学这种自治和自由本质的经典阐述：

哲学和研究领域中的一所大学就像是政治史上的帝国。正如我已经说过的那样，大学是高级的保护力量，它保护所有知识与

① ［加］许美德．中国大学 1895~1995 一个文化冲突的世纪 [M]. 许洁英主译．北京：教育科学出版社，2000:21–22.

科学、事实与原则、探索与发现、试验与思辨；它划定智识的领地，注意让每一个领域的边界都受到宗教式的尊重，哪一方面也不必侵蚀邻里或者投降。大学的作用就像真理与真理之间的仲裁者，而且，在注重每一个真理的性质和重要意义的同时，予以它们应有的位次。①

可以说，后世许多阐述大学理念和本质的著作都在某种程度上与纽曼对话，或对其进行阐释，大学作为“帝国”，强调自治和学术自由的基因与生俱来。洪堡在柏林大学革新中世纪大学理念,加入专业研究和纯粹学术的维度,但他同时强调,在大学里,“孤独”和“自由”是“支配性原则”，这也是对纽曼大学理念的坚守。而在诸多历史悠久的大学，其章程中也多有对于这种自治和自由开宗明义的表述。比如牛津大学章程写明：保证学术员工在法律允许的范围内享有对现存知识进行质疑、检验的自由，并有权提出新的思想及有争议的或非主流的观点，而不是使其工作职位或权益受到影响；美国哥伦比亚大学章程写明：学术自由意味着所有的教学人员有自由地在教室讨论他们的课程的权利；他们有自由地研究和发表成果的权利；他们可以不因以私人或公民身份表达观点或联想而被大学惩罚。②

中国历史悠久的书院强调德性的培育与人格的养成，其“在野的”传统中，我们可以看到与上述现代大学自治权、学术自由相呼应的某些因素。在蔡元培、梅贻琦这代奠定中国现代大学基础的教育家眼中，这种自治与自由毫无疑义是大学之本。西南联大堪称中国大学史上的奇迹，在战火与动乱中师生能在根本上守住沉潜和思考之心，拿出能与世界对话的学术成果，殊为难得，而这完全可以追溯到蔡元培、梅贻琦等一代教育设计者对大学的

① 转引自[美]雅罗斯拉夫·帕利坎.大学理念重审与纽曼对话[M].杨德友译.北京：北京大学出版社，2014:62–63.

② 熊庆年，吴云香.大学章程中师生权利的规定性[J].复旦教育论坛，2013（2）.

信念和坚守中。

三、强调民族、政党和政治的大学理念

大学就其基因而言有一定的超越性和世界性，但随着民族国家的建立、政党政治的兴起，大学作为社会有机体的一部分，自然会被裹挟其中，其自治的根基、自由的权限必然受到一定程度的限制，与民族、政党或政治产生各种形式、各种程度的关联。这种关联本无可厚非，如果分寸合宜、保持大学的主体性，有可能产生双赢的效果，比如20世纪40年代中国西南联大的辉煌，在很大程度上可以归功于知识分子对于民族主义的信仰；如果分寸失当，大学从整体理念上与民族、政党、政治捆绑，则很容易失去主体性，甚至走上歧途。

这种大学理念在19世纪初期拿破仑时代的法国已初现端倪，当时法国大学实行学区制，中央高度集权，以“国家教育”在教育体系中占支配地位为特征。在十月革命后的苏联，基于列宁主义整体性的国家民族观，大学理念也无疑导向高度集权和党化。对于这种大学理念最为学理化的表述来自德国哲学家海德格尔。1933年，海德格尔加入纳粹党，并任弗赖堡大学校长，在《德国大学的自我主张》这篇就职演讲中，他提出德国的大学要承担或分担“民族共同体”的命运，其本质是德国民族的历史命运和精神使命的最高承载者。① 这种大学理念内含反大学自治和学术自由的立场，很容易被党派所用，事实上也对纳粹主义起到了推波助澜的作用。

我国的现代大学制度是在军阀林立、政局混乱，当权者“拙于文治”时建立起来的，基础是理想型、超越型的。蔡元培任教

① 参见海德格尔．德国大学的自我主张 // 吴增定译．北大激进变革 [Z]. 北京：华夏出版社，2003.

育总长时发表《对于新教育之意见》，鲜明提出教育不能“隶属于政治”，要“超轶乎政治”。“专制时代（兼立宪而含专制性质者言之），教育家循政府方针以标准教育，常为纯粹之隶属政治者。共和时代，教育家得以立于人民之地位以定标准，乃得有超轶政治之教育。”① 不过，国民党掌权后，对教育的这种“超轶”自然不满，受其影响比较典型的便是中央大学。作为在首都的、政府在经费上极力支持、占尽天时地利的大学，中央大学之所以始终无法取代北京大学的地位，“成为引领全国精神潮流的火车头”，正是因为在国民党千方百计加强的“党化”教育下，中央大学比其他大学“遭受国家与政党更多的束缚和干扰，很难弘扬自主办学和自由思想的固有大学精神”②。

新中国成立后，我国借鉴苏联经验重建高等教育体系，1952年又进行院系大调整，打散了民国时期高等教育的基本格局，并用政府的力量将大学工具性地揳入国家建设的具体需要中。这种对教育的政治化、工具化倾向在“文革”中逐步走向极端，大学成为阶级斗争的工具和政治运动的第一线，这无疑是中国大学史上灾难的一页，至今仍有一定程度的后遗症。

四、强调服务、市场、资本的大学理念

这种教育理念兴起于20世纪的美国，这个有着实用主义认识论基础的国家糅合了纽曼、洪堡的教育理念，发展出新的迥异于前者的方向，引领了20世纪下半叶世界大学的潮流和发展趋向。1963年，前加州大学校长克拉克·克尔的《大学之用》提出“服务站”和“多元化巨型大学”理念。如今看来，该理念具有惊人的预见

① 蔡元培．对于新教育之意见 // 蔡元培全集（第二卷）[Z]. 杭州：浙江教育出版社，1997.

② 章开沅．大学啊，大学！．许小青．政局与学府——从东南大学到中央大学（1919~1937）[M]. 序言．北京：中国社会科学出版社，2009.

性，大学不断求新求变，学术也日益与市场结合，发展出一种类似于五光十色的“城市”或庞大的“公司”这样的景观。而20世纪80年代以来的全球化进程，将大学与社会、与市场的楔入推到更深、更广的层面。美国学者希拉·斯劳特（SheilaSlaughter）、拉里·莱斯利（LarryLeslie）即在20世纪末用“学术资本主义”敏锐总结出这一趋势：“学术工作的结构正随着全球市场的出现而发生改变”；“我们将院校或教授为争取外部资金而进行的市场或类似市场的活动称为学术资本主义。这些外部资金……通常用于与市场相关的研究，也就是各种各样应用性的、商业性的、战略性的和目标性的研究。院校也竞相在招收高学费学生方面展开竞争”；“比起像学术创业主义这样的用语，学术资本主义更能抓住利润动机向高等教育的渗透”。[①] 具体到大学内部组织的变化或资源的分配，比如某些系科的设置或取消、某些专业的扩招或缩减、独立公司或研究院区的建立等，市场需求、资源整合、资本运作都成了题中应有之意。

中国的大学对此毫不隔膜，与热情追求所谓的现代化和现代性同步，我们的大学从20世纪90年代开始，积极与这种“学术资本主义”潮流对接：1999年起高校开始全面扩招、各大高校兴起建立独立学院的高潮、规模庞大的“大学城”频频建起、导师们也日益以“项目负责人”（或称“老板”）的身份出现，周旋于各种课题、基金的申报中……而本文所谈的有商业化趋向的大学出版也正处在这股潮流中。

追溯大学理念，我们发现，对大学本质的思考不是越新越好，回到原点、正本清源才能抓住根本。如果我们在回溯历史的基础上对大学本质进行界定，应该在“自治”和“自由”后加上“自律”二字，并限定其为“学术共同体”，即：自治、自由、自律的学

---

① ［美］希拉·斯劳特（SheilaSlaughter），拉里·莱斯利（LarryLeslie）. 学术资本主义 [M]. 梁骁，黎丽译 . 北京：北京大学出版社，2014:198–199.

术共同体。大学出版是大学的有机组成部分，其发展方向必然受主政者大学理念和大学本质观的规约，梳理大学理念是讨论大学出版问题的逻辑起点。

五、大学出版：大学的“有机分支”与“本质部分”

“共同体”概念首先是由德国社会学家斐迪南·滕尼斯（FerdinandToenies）在1887年出版的《共同体与社会》一书中提出的，他认为共同体的形成基于“自然意志如情感、习惯”，以及“血缘、地缘关系”。英国学者齐格蒙特·鲍曼（ZygmuntBauman）则提出共同体包括“有形的”，也包括“无形的”。20世纪40年代，科学哲学家米切尔波兰尼（MichaelPolanyi）在其著作《科学的自治》中首次提出“学术共同体”概念。之后，最值得一提的是科学哲学家托马斯·库恩（ThomasSamuelKuhn）在《科学革命的结构》中提出的“范式理论”，认为这应是学术共同体成员所共有的范例和承诺的集合，大大丰富了学术共同体的内涵。

基于对共同体和学术共同体的概念梳理，有研究者指出，“所谓学术共同体就是从事学术活动的学者们根据某一范围内所具有的共同条件而结成的一个学术组织或团体。”[①]我们认为，大学就是师生依靠院系、研究所、图书馆、出版部等学术媒介结成的学术共同体，而这些学术媒介具有促进学术发展的不同功能，是整个共同体环环相扣的部分。“从本质上说，大学的职责可以说是由三个相互关联的阶段组成的：通过学术研究推进知识；通过教学，包括专业训练，推广和阐释知识；通过学术出版来传播知识。”[②]大学出版从这个意义上讲，是大学这个学术共同体的有机组成部分和学术

① 参见林培锦．西方学术共同体的形成及其与同行评议的关系[J]. 福建师范大学学报（哲学社会科学版），2012（5）.

② ［美］雅罗斯拉夫·帕利坎．大学理念重审与纽曼对话．杨德友译．北京：北京大学出版社，2014:125.

生产体系的重要一环，和大学一起共享基本的理念，也遵循共同的“范式”，不应轻慢对待，更不可能剥离。

对于大学出版和大学的关系，有很多经典的表述。美国最早成立大学出版部（1878年）的霍普金斯大学把出版部与研究室、图书馆称为大学的“第三势力”；芝加哥大学第一任校长哈珀（WilliamRaineyHarper）在该大学建立（同时还有其出版社的建立）的时候宣布：“大学出版社构成了大学的一个有机的分支”，莱英（GordonJ.Laing）在其1941年所撰写的芝加哥大学出版社50周年史中则指出：“没有什么比大学出版社的出版物目录能更好地表征该大学的真实品格”；而耶鲁大学出版社戴伊则谈及：“（大学出版社产出的成果）是耶鲁大学今天的一个本质的部分，有如学生求学所在的院系，为大学所必不可少。”①“第三势力”“有机的分支”“本质的部分”这些表述传达出大学出版的不可替代性，以及它对大学已经或有可能产生的影响力。

六、进行学术评价与遴选

中世纪大学，包括中国传统的书院，更多强调德性的涵养和内心的沉潜；而现代大学自19世纪初德国洪堡（VonHumboldt）进行教育改革，强调“纯粹”学术以来，韦伯所言的“以学术为志业”也有了越来越多的制度化保障和约束机制。出版，尤其是其中的大学出版，正是这样一种对学术的制度化保障和约束机制。理想状态的大学出版是学术评价的有力平台，主要通过“同行评议”（peerreview）制度，遴选、出版大学学者的著作，并使之在学术共同体内建立口碑、确立地位并扩大影响力。大学出版（包括发

① 参见[美]雅罗斯拉夫·帕利坎.大学理念重审与纽曼对话.杨德友译.北京：北京大学出版社，2014:140–141.

表论文的科研期刊，也包括出版学术著作的大学出版社）在这种评议和遴选制度下，“曾经长期是非常精英主义的，仅为一个知识分子小圈子出版重要的著作”[①]。

大学出版进行的学术评价在三个层面产生着影响力。其一，它具有展现所在大学或所处专业整体学术水准的意义。其二，它具有呈现某一学院、研究所或学派学术风貌的意义。比如，当代著名哲学家尤尔根·哈贝马斯的学生罗尔夫·魏格豪斯曾把创办一份杂志或出版物作为一个学派的典型特征之一。其三，它具有认定某一学者学术地位的意义。“不出版，丢饭碗！”（“publishorperish”）理念根植在学术的新陈代谢机制之中，这点对于中西方大学而言都是通例。大学出版是提供学者与学界对话、建立学术声誉、获得研究基金的重要平台，如果缺少学术评价和遴选，那将是整个学术共同体的灾难。

七、推动学术探索与创新

大学出版对于大学而言，是出版平台和评价平台，同时，也同具体的学院、研究所一样，有推动或促进学术探索和知识创新的功能，而且这种推动力量更为整体、灵活和具有预见性。在这个意义上，我们可以说，大学理念也在某种程度上依存于大学出版的理念。

大学出版，尤其是发展中国家的大学出版，推动学术探索和知识创新主要靠翻译、引进展开。比如新中国成立最早的人民大学出版社和华东师范大学出版社，前者对西方政治学、经济学、法学，后者对教育学、心理学专著和教材的成系列引进，对所在大学相关系科的建设和师资的培养方面是起到推动作用的，这两

① ［法］弗雷德里克·马特尔．论美国的文化在本土与全球之间双向运行的文化体制．周莽译．北京：商务印书馆，2013:338.

所大学在这些专业领域建立的学术口碑也与大学出版的探索相关。有学者指出，大学出版社可以“为大学尝试性地进入一个思想或研究的领域提供服务，尽管该大学还没有做好准备把这一领域纳入自己的学术活动之中”，不管这种尝试或探索成功或失败，“大学都将继续依靠它的出版社来帮助和定义它自己的使命和恰当的‘职责’”①。

八、拓展和延伸大学功能

现代大学是随着工业革命以及工业化社会对专业知识、人才的需求而生的，学科分化、专业设置的趋势必然越来越精细，对学生培养的重心也自然是专业知识和专业技能。在庞大的“知识树”建构中，现代大学是推动者、受益者，也是受害者。这种危害一方面是基于学术自身的：“各门科学千差万别。它们探讨对象的方式根本不同。这许多支离破碎的学科，在今天只是被各大学科系的技术组织维系在一起，并且只是靠各学科的实际应用目的而保持其意义。反之，各门科学的根株在其本质深处则已经死亡了”②。另一方面是基于学生培养的：古希腊罗马时期的“学园”、欧洲中世纪的大学以及中国传统的“书院”，都强调人格的养成和德性的涵养，而现代大学过于侧重“专业”和“学术”，在立人、完善人格这些较为宏观、抽象的方面有着天然的缺陷。

现代大学提倡通识教育（GeneralEducation），正是希望在学科分野越来越精细、知识传授越来越遵从专业化需求的今天，通过一定的途径进行纠偏，使教育重回以人为中心的目标上来。在大学开设通识教育课程是一种方式，而大学出版作为大学文化的

---

① 参见[美]雅罗斯拉夫·帕利坎.大学理念重审与纽曼对话[M].杨德友译.北京：北京大学出版社，2014:142.

② 海德格尔语，转引自何中华.现代语境中的大学精神及其悖论[J].文史哲，2002（1）.

培育和传播者，在通识教育领域应该做、可以做的事情则更多。国内一些大学出版社正在努力尝试，从一定程度上拓展和延伸大学的功能。

九、大学出版的方向：与大学共生、双赢

大学的主要任务是教学和科研，其本质上应是自治、自由、自律的学术共同体。当前，大学存在的政府权力集中、行政势力过强、学术自律缺失、利益本位主义等问题，都在侵蚀着大学的基石，使我们对大学本质的认识模糊不清。连带着，作为出版传播环节的大学出版，即便在“出版”这个环节设计出再精致、完善的方案，面对学术生产源头之污、面对学术成果普遍化的平庸、面对围着各种指标和项目团团转的大学教授时，怎能保持精英化和学术引领的姿态？怎能真正履行学术评价与遴选、学术探索与创新以及拓展大学功能这些职责？大学对于大学出版是个源头性的问题。当前，大学理念这个话题频频被提及，落实和扩大大学办学自主权、建立中国特色现代大学制度、推进教育治理现代化、加强学者的自律等成为高等教育改革的热点问题，这是好现象。大学出版必须紧密关注正在进行中的高等教育改革，并向其借势，才能事半功倍；而作为大学出版资产所有者的大学，在设定改革路线图的时候，也理应将大学出版与院系、研究所同等对待，纳入考量的范围，而不是将其作为独立的企业或可有可无的部门搁置在视线之外。大学与大学出版只有基于文化、教育事业的特殊性来定位彼此之间的关系，才能走上真正共生、双赢之路。

十、建立多元考评体系

在当前的大学出版中，大学学报和大学出版社这两者的处境、

问题并不完全一样。自 2007 年以来，全国 114 家大学出版社大部分完成了转企改制，按照企业方式运营，事实上以每年向大学上缴一定的利润为考评核心；大学学报的转企改制议题 2012 年启动以来即遭强烈抵制，因而搁置至今，2000 余家大学学报（其中人文社会科学类学报 1300 余家）大体保持着事业编制的运转模式，大学按照教学科研编制对其考评。这种双轨制着实令人匪夷所思，因为二者在大学出版中是并列和平行关系，不应有这样的差异。

如果我们真正将大学出版视作大学的有机组成部分，就不会有这样的认识误区：转企改制就意味着大学出版社要成为营利单位，要以利润为导向，对其进行考评要以利润为中心。大学出版是面向大学的出版，如果离开大学，那其存在的必要性就很值得质疑。因为大学出版是“大学的”，那我们要面对一个现实：值得出版、传播的学术成果从来就是一小部分，不可能规模化生产和增长，其市场也是小众化、专业化的，不可能带来多么丰厚的回报；值得大量印刷、有较大营利空间的教材比学术专著还要少见，需要付出极高的人力和物力成本进行精耕细作才无损大学出版社的声誉。这种本质上精英主义的取向昭示着大学出版社即便转企改制，也不可能完全按照纯粹的商业逻辑运作。我们对大学出版社进行转企改制，是期待它有自我造血功能，成为能更好地服务大学的主体，从只能被动地完成学校交付的出版任务，到主动探索为学校服务，拓展大学的功能，而绝不仅仅是完成多创利、多上缴的功利指标。诚如有识之士所言，“大学出版社之于大学的意义，不在于它能为大学上缴多少利润，提供多少成果出版的机会（平台），而在于它能在多大程度上提升（支撑）学校教育和科研的价值，以及这种提升（支撑）在多大程度上具有不可替代性。”①

① 袁亚春 . 大学出版的精品化逻辑 [N]. 中华读书报，2015-01-14（12 版）.

文化、教育事业本质上是公益性、非营利的，大学如此，大学出版也如此。可事实上，转企改制后，大学有漠视出版社作为自身有机组成部分的趋势，以利润为中心建立起对出版社相对单一的企业化考评体系。这种利润指标和压力层层转嫁，其结果就是大学出版社在单品种获利空间有限的情况下，为求得利润提升而不断降低自己的遴选标准，扩大规模、增加品种，出版了大量补助书、结项书、职称书；教材也泛滥成灾，看看市场上东抄西抄、彼此辨识度极低、急就章式的教材，我们不禁反思：我们真的需要这么多教材吗？花主要精力去大量出版教材，真的是大学出版社的职志吗？对于企业而言，利润导向本无错，但用在本质上有公益性的大学出版企业身上，这种导向就潜藏着矛盾和风险，如果成为单一导向，那绝对与改制的初衷南辕北辙。

这里可以拿美国大学出版业的情况作为参照。美国的商业化程度和“学术资本主义”精神的渗透都是很彻底的，但大学出版业则多属于非营利性质，在出版业这样传统上属于商业的门类中建立了一些重要的“非商业的分区”。“依靠庇护它们的大学、通过公立地位或者非营利地位获得对它们的直接支持，大学出版社继续维持着不受市场压力的高质量的出版。虽然它们只占出版品种的 8%，但它们的这 1.2 万种书籍对于美国思想和文化的更新依然是至关重要和生命攸关的”。“作为广泛商业化的行业中的非营利的孤岛，大学出版社的作用不在发行量，也不在营业额……大学出版业使数千种图书和至少 700 种期刊得以发表，这些出版物不是仅仅按照市场规则来选择、出版和发行的。”虽然这个行业经历了严重的经济危机，但这些出版社总体情况还算好，“至今仍成功地保留了它们的‘灵魂’”。[①]我们的大学出版社，要保持自己的“灵魂”，必须依靠大学和出版社自身，建构起多元化

① 本段对美国大学出版业的观察，参照 [法] 弗雷德里克 · 马特尔 . 论美国的文化在本土与全球之间双向运行的文化体制 . 周莽译 . 北京：商务印书馆，2013:337–341.

的考评体系，出版社对员工、大学对出版社的考评都必须在利润体系之外，专列多种考评指标，包括学术贡献度、师生满意度、社会口碑、重大奖项等。大学也要对其发展规模和整体方向进行监督和指导，以和自身的学科建设与学术创造能力相匹配；要尊重大学出版和学术生产的内在规律，不可将之片面地视为营利工具，盲目追求做大做强。

十一、建立以学术委员会为中心的督导体系

改制后的大学出版，其出资人和所有者大学，对大学出版社有着财务监督权和重大经营事项决策权，监督其实现国有资产的保值增值。行使该权限的一般是大学的资产经营有限公司，同时，还有一位分管副校长（通常是分管资产与后勤的副校长），并以此为基础尝试建构起董事会。从这种管理架构中可见大学对出版单位“企业”属性的认定。这种管理架构极易造成权责混乱、产权所有者虚置、无人实际负责的乱象。[①] 校与社的关系处置从来就是大学出版改革的一个难点和关键。如果暂时放下如何变成“企业”这个视角，更多从学术共同体的视角、从大学出版的“大学”属性考量，那么我们在处理两者关系上，则可能会发现新的方向。

在当下的大学改革中，减少行政干涉，增强专业权力，向教授治学方向努力是一个大方向。其中最重要的举措便是明确、强化大学“学术委员会”的地位和作用。学术委员会是学校学术型事务评议、审议和论证的权力机构，“教授治学”的实现主要渠道便是学术委员会。2012 年 1 月 1 日，我国开始施行的《高等学校章程制定暂行办法》第十一条明确，大学章程要规定学术委员会的权责范围。接下来，教育部又推出《高等学校学术委员会规程》，

① 蔡翔，李萁 . 公司治理结构 : 当前大学出版社面临的问题与路径选择 [J]. 现代出版，2011（4）.

并于2014年3月1日开始施行，规程明确“高等学校应当依法设立学术委员会，健全以学术委员会为核心的学术管理体系与组织架构；并以学术委员会作为校内最高学术机构，统筹行使学术事务的决策、审议、评定和咨询等职权”。在组成规则上，还明确“担任学校及职能部门党政领导职务的委员，不超过委员总人数的四分之一；不担任党政领导职务及院系主要负责人的专任教授，不少于委员总人数的二分之一”等。虽然这部规程目前还只是在纸面上，在各大高校推进的真实性和有效性有待观察，但在理论上，它对大学理念的正本清源，对学术风气和学术共同体的净化意义是可以预见的。

这部规程还规定大学学术委员会可以就学科建设、科学研究等事项设立若干专门委员会，或在院系（学部）设置学术分委员会，“各专门委员会和学术分委员会根据法律规定、学术委员会的授权及各自章程开展工作，向学术委员会报告工作，接受学术委员会的指导和监督。”如果参照这样的架构，我们可以整合大学出版社与大学学报为大学出版部，成立大学出版委员会，下辖于学术委员会，接受学术委员会对于出版事项的指导、督导和授权。其实，这种把大学出版的审查、遴选和决定是否出版权交与知名教授的做法是有先例可循的。北京大学1919年设立出版委员会，首任委员长为胡适，委员则包括李辛白、张相文、钱玄同、陶履恭、王星拱、张大椿、陈衡哲等知名教授。1931年，北大出版委员会委员长为何基鸿，委员则有杨铎、孙云铸、徐志摩、张慰慈、周作人、胡济等教授。用制度保障由教授来治出版，建立起以学术委员会为中心的督导体系，是保证大学出版水准的重要方式。

十二、建立以同行评议为基础的遴选机制

建立以学术委员会为中心的督导体系，是从大学层面对出版

内容进行把关的有效路径，事实上也是对大学出版遴选体系的一种补充。大学出版在学术共同体中拥有影响力，能够保持精英主义与引领姿态的一个重要原因就是它具有学术遴选和评价功能，这种功能的发挥必须建立在有效的同行评议基础之上，否则大学出版的意义会大打折扣。

“同行评议”制度（peerreview）起源于英国，最初用以评判科学文献的价值，后来逐渐发展和完善，广泛运用于论文发表前的评审、论著发表后的评价、学位论文的评审、课题立项和结项的评审，以及学术奖励的评审等环节，成为学术评价的基本方式，也是学术共同体获取和保障自主性、进行自我管理与控制的基本制度。大学这个学术共同体的运转在很大程度上有赖于这个制度。大学出版更是如此。

坚持精品化战略的哈佛大学出版社，成立于1913年，历史悠久。在相当长的时间内保持每年出书130种的规模，对这130种书稿的选择主要靠的就是同行评议。流程大致是：首先对书稿或项目进行外部同行或专家匿名评审，并写出评审报告，作者根据评审意见写出回应材料；然后出版社将书稿或项目摘要、评审报告和作者回应等材料提交出版社评议委员会，做出该书稿或项目出版与否的决定。出版社的评议委员会有13名专家，由社长根据出版需要聘请，都是哈佛大学不同学科的高级学者，任期通常为三年，可以续任。[①] 可以看出，整个选题遴选的环节都是靠同行评议来运转的。而我们现在的大学出版社和大学学报，还普遍没有建立起建立在有效的同行评议基础上的遴选机制，选题出版与否、论文发表与否很大程度上取决于人情关系、利益关系以及所谓学术权威或明星的光环，基于学术自身的考量往往退居其后，这样出版的成果即便不是垃圾，也多为平庸之作。大学出版在大学里

① 俞青澄．哈佛大学出版社坚持同行评议制度[N]. 中国新闻出版报，2014-10-27（013版）.

日益边缘化，最关键的因素就在于没有找到与学术共同体共生、双赢的有效制度。目前看来，同行评议是见效最快、操作也相对简单的方式。在我们的大学出版中，基于出版社层面、编辑部层面、责任编辑层面，在选题甄别和遴选阶段都要依靠各自的同行评议专家库，层层把关才有可能推出真正值得传播的精品。

当然，"有效的"同行评议是个理想化的假设。有学者指出，同行评议进入中国发生了各种"异化"，被"权力支配""人情主导""标准缺失"等因素异化、扭曲和变质。[①] 而在国外，同行评议制度也曾遭受诟病。比如20世纪70年代末及80年代末，美国的同行评议制度便经受了两次"颠覆性"的批评；20世纪90年代初，英国的同行评议制度也经受了全面的调查研究。但这些批评或质疑更多是因为学科交叉、融合日趋复杂，以及分学科管理造成的学科壁垒造成的，和中国的"变质"大不相同，而美国、英国经过调查得出的结论都是：同行评议无法取代。[②] 在中国，同行评议制度也是必不可少的，目前还看不到能使学术共同体自主、健康运转的更好的制度。要使之真正"有效"，必须加强学者的自律，这当然和大学出版有关，更与我们的大学以及整个学术、教育体系息息相关。

（作者单位：中国传媒大学）

① 李剑鸣. 自律的学术共同体与合格的学术评价 [J]. 清华大学学报（哲学社会科学版），2014（4）.

② 吴述尧. 同行评议方法不可取代 [J]. 科技导报，2014（32）.

学术出版与中国国际话语体系的构建

谢寿光

摘要： 学术出版是学术成果的载体和传播平台，它承载着思想传播、文明传承、资政育人的功能，在当今世界话语体系构建中发挥着不可或缺的作用。应充分认识中国学术的对外话语权是中国国际话语体系的核心部分，将构建中国学术国际传播平台置于首要和先行的位置；应鼓励、支持专业学术出版机构主动作为；要构建可与世界进行学术规范融通、对接的中华学术规范体系，着力提升本土学术出版物规范标准和水平；更重要的是，应推动建立学术研究、学术出版“旋转门”机制，吸引优秀的学术人才在“学术研究”“学术出版”两个领域转化身份，从而实现学术成果价值的最大化。

关键词： 学术出版　国际话语体系　学术研究　“学术旋转门”

一、问题的提出：构建中国对外话语体系势在必行

随着中国成为世界第二大经济体，迈入中等收入国家行列，中国的国家形象、中国的国际话语权和国际中国话语体系建设，就成为举国上下高度关注的问题。近十几年来，中央倡导并实施中国经济文化“走出去”战略，并投入大量的资金和人力物力，在海外收购或创办了为数不少的企业，设立了数百所孔子学院或其他类型的中外文化交流机构，新闻出版类的传播机构也纷纷在国外落地（仅以出版业为例，像上海世纪出版集团在纽约、中国

出版集团在伦敦、中国青年出版社在伦敦，都设立了分支机构）。在本土举办的国际经贸文化活动虽没有经过具体的量化数据的统计分析，但从经验可以做出判断，其数量一定超过中国历史上任何时期。无论从宏观文化实力，还是从微观文化产业层面看，目前，我们国家文化软实力发展态势良好，对增强国际话语权，提升中国国家形象起了很好的作用。但是，目前的状态还远远没有达到预期目标，中国文化软实力的水平和我国作为世界第二大经济体的经济地位严重不匹配，尤其体现在国际主流话语体系中中国话语的严重缺失上。比如：

——中国已成为世界主要大宗商品的消费国，但无论是石油还是铁矿石，抑或是玉米、大豆等，我们均无定价权，也不拥有世界公认的期货价格指数。

——涉及全球性问题的讨论，甚至几乎所有人文社会科学的国际学术会议上，中国因素、中国元素，都是绕不开的话题。但很遗憾的是，中国本土学者的声音极为缺乏，谈中国问题时，外国学者的声音占了大部分，尽管最近几年这一状况已有很大改观，但尚未形成大国本土学者的气势。

——中国每年出版的4万多种中文学术书，真正能被主要发达国家大学图书馆收藏的不到2万种，能翻译成英文进入西方主要流通领域的不到2000种。

针对以上现状，党的十八届三中全会关于全面深化改革的《决定》明确提出，要“提高文化开放水平。坚持政府主导、企业主体、市场运作、社会参与，扩大对外文化交流，加强国际传播能力和对外话语体系建设，推动中华文化走向世界”。习近平总书记在中共中央政治局第十二次集体学习时进一步强调，提高国家文化软实力，要努力提高国际话语权。要加强国际传播能力建设，精心构建对外话语体系，发挥好新媒体的作用，增强对外话语的创造力、感召力、公信力，讲好中国故事，传播好中国声音，阐释好中国特色。

十八届三中全会的《决定》和习总书记的重要讲话，不仅把中国国际话语体系建设定位在国家战略的重要高度，而且做出了具体的制度安排。中国的学术出版企业在国际对外话语体系建设中应当而且有可能发挥主体性作用。

二、中国学术的国际话语是中国对外话语体系的核心

一个国家的国际话语体系的构建是其文化软实力的展示，国际话语的影响力既能展示国家形象，又能围绕国际社会普遍关注的重大问题表达立场与观点。正如每种文明都拥有一种饱含自身独特魅力而又发散影响外域的话语体系一样，发展中的中国，也需要构建一个新的，能够展示国家形象、实力和发展道路的话语体系。

人类话语体系大体由日常生活话语、专业话语和官方话语三部分组成。学术话语属于专业话语，是人类话语体系的核心部分。它引导着一定时空的话语流行和走向。

每一种学术话语（或者通常讲的学术概念）的传播，实际上有一个转换链条。一种学术话语或学术概念通常首先在本学科学术共同体中用于讨论、交流，而后会外溢至相邻、相关学科，学术活动积淀的成果必然要通过学术期刊、学术图书公开发表，随即其他纸媒和网络媒体等对其加以转换传播，学术话语便衍生为大众话语，最终由官方吸纳形成官方话语。

以“社会转型”的概念为例。这一概念源自经济转型，是在20世纪70年代后期最先在研究东欧经济转型（从计划经济向市场经济转型）时，被一些中国经济学家吸纳采用，匈牙利著名经济学家雅诺什·科尔奈先后多次到中国来访问、讲学，“经济转型”概念开始在中国经济学界流行。之后，中国社会学界借由这个概念在80年代中后期的学术圈里讨论“社会转型”的概念，包括陆

学艺[①]、李培林[②]、苏国勋、孙立平等社会学学者在80年代末和90年代的论著、讲演中开始频繁使用“社会转型”一词。这时，有大量的学术论文和著作公开发表并使用这一概念。逐渐地，其他学科，包括政治学、法学等相关相邻学科也开始使用，其间，大众媒体介入，并开始广泛使用。最后，直至党的十六届三中全会，这一概念正式进入我们党的文件，成为一个官方语言。从上面的传播路径可以看出，学术话语体系在整个话语体系的生产、传播链条中具备着独特的功能。

三、学术出版是实现中国话语国际传播不可或缺的平台

学术出版是学术成果的载体和传播平台，是人类出版活动的基本组成部分，它服务于时代，承载着思想传播、文明传承、资政育人的功能，处于整个出版产业链的顶端。学术出版在当今世界话语体系构建中发挥着不可或缺的功能和作用。

——学术出版是实现话语转换的重要环节。可以说，一个地区学术出版的繁荣与否直接决定着该地区的学术成果能否高质量地生产，并有效地传播。就中国而言，学术出版正是中国人文社会科学成果“走出去”的重要渠道与平台。学术出版机构不仅能够通过搭建学术交流的平台帮助中国学者、中国学术观点走出国门，直接进入国际主流话语体系，更重要的是，通过中国本土学术出版的国际化发展，通过与国际学术规范的接轨，中国本土的知识体系能够以国际通行的、易于与西方知识体系对接的出版形态公开，从而有效提高中国人文社会科学知识体系在国际学术界的影响力。

① 陆学艺:《21世纪中国的社会结构——关于中国的社会结构转型》,《社会学研究》,1995年第2期。

② 李培林:《另一只看不见的手——社会结构转型》,《中国社会科学》,1992年第5期。

——中国学术出版“走出去”是突破西方出版机构话语权垄断的重要路径。中国学术出版能力的提高不仅有利于促进本土知识体系升级，构建中国学术话语体系，还有助于掌握内容的主动权，促进中国话语体系的正面宣传。当前，中国学术话语权的状况并不令人满意，固然与中国话语体系自身的能力建设不足有关，但除此之外，西方出版机构和媒体对中国本土内容的“自觉过滤”，也必然会对中国学术传播造成一定的阻力。而通过中国本土学术出版机构的努力，采取中国本土学术出版机构与西方出版机构合作的模式“借船出海”，既能够直接与西方学术出版机构进行对话，也有利于掌控主导权，并最大限度地发挥中国话语体系在国际社会中的传播能量。

四、关于构建中国学术国际话语体系的四点建议

首先，要充分认识中国学术的国际话语是中国对外话语体系的核心部分，应将构建中国学术国际传播平台置于首要和先行的位置。中国要建立对外话语体系，核心的部分是重视中国学术话语体系的构建，关注中国的学术话语体系。中国文化要“走出去”，中国的观念、价值观要输出，学术先行是核心。

其次，专业学术出版机构应大有作为。既然学术出版如此重要，那么，培育中国学术出版企业的国际出版能力，就应该成为一项促进中国话语体系国际化的关键环节。构建中国学术国际传播平台的主体应是中国的专业学术出版机构，应加大政策支持力度，营造良好的外部环境，鼓励支持本土有条件、有能力的专业学术出版机构与世界著名学术出版机构合作，参与国际学术活动，系统推介有关中国的内容，特别是有关当代中国研究的内容，从而促进中国话语全面融入世界主体学术话语体系。

第三，当务之急是构建可与世界进行学术规范融通、对接的

中华学术规范体系，着力提升本土学术出版物规范标准和水平。道理显而易见：没有与国际规范对接的学术规范体系，既不能提高学术成果内容质量，也无法真正进入国际学术话语体系，从而对国际社会产生实质的影响。

第四，建立学术研究、学术出版“旋转门”机制。培养、造就大批有较高专业学术素养和外语功底，具备国际学术视野的学术出版专业人才，并鼓励学术编辑、学术出版人参与学术科研活动。同时，吸引专家、学者从事学术出版活动，使优秀的学术人才可以在学术研究和学术出版两个领域转化身份，即形成学术出版“旋转门”机制，使学术的价值最大化。

学术研究与学术出版的“旋转门”机制意义非凡。20 世纪三四十年代，以商务印书馆、中华书局为代表的中国学术出版乃至中国出版为什么能和世界同步，甚至亚洲第一？这与当时有张元济、王云五这样一批学术大家掌管着学术出版机构直接相关。当时的商务印书馆创造了中国现代出版业的诸多第一，是亚洲最大的出版机构，更值得称道的是，一个出版机构成为堪与北京大学媲美的文化重镇。有相当一批学者在这座文化重镇做研究：张元济、茅盾、陈叔通、周建人、胡愈之、郑振铎、叶圣陶、蒋梦麟、竺可桢……这些光辉的名字不仅写在了中国近代出版的史册上，更写在了中国近代学术史上！然而，近几十年，由于出版地位的降低，有影响力的学人执掌学术出版机构的已经屈指可数。这与社会对出版地位的认知偏低有关。

三十多年前笔者在上大学的时候，听一位著名作家演讲：“一流人才是作家，二流人才是教授，三流人才是编辑。”可见，在他眼里，编辑不过是三流人才，相信有他这种看法的人在当今社会也不会少。我们社会科学文献出版社一年要办上百场各种各样的学术活动，很多学者对此很吃惊，说：“你不好好地做你的出版，怎么在学术圈里做各种各样的学术活动，在组织各种各样的研究课题？”我说，如果你认为我不务正业，那就是不了解真正的学术出版核心是什么。一个真正的学术出版机构应该是中国做学术研究的发动机和组织者，要是没有一批能够懂得学术，能够驾驭各学科，追踪各学科前沿的人，想要做好学术出版，不可能，想要争取到应有的话语权，也不可能。

所以，应该倡导、鼓励各个学科的一流专家参与乃至直接进入出版领域。一个知名专业学术出版机构的专家委员会，一个编委的称号，对于一名学者来说，应该是象征着崇高的荣誉，正如牛津大学出版社、剑桥大学出版社的专家委员会的委员们都具有相当高的荣誉职位一样。如果中国能够真正建立起一套荣誉象征的学术“旋转门”机制，使学者们能够像捍卫学术声誉一般参与到学术出版工作中来，我相信，中国的学术话语权乃至国家话语权的实现也将为时不远。

参考文献

[1]《中共中央关于全面深化改革若干重大问题的决定》，人民日报，2013 年 11 月 16 日。

[2]《习近平主持中央政治局集体学习时强调：提高软实力实现中国梦》，人民日报海外版，2014 年 1 月 1 日第 1 版。

[3] 王伟光：建设中国特色的哲学社会科学话语体系 [N]. 中国社会科学报，2013.12.20。

[4] 张国祚：中国话语体系应如何打造 [N]，人民日报，2012.07.11（007）。

[5] 张志洲：提升学术话语权与中国的话语体系构建 [J]. 红旗文稿，2012（13）。

（作者单位：社会科学文献出版社）

当前新闻出版业投融资现状、问题及对策①

何　奎

自21世纪初中央文化体制改革启动以来，新闻出版业投融资体制逐渐经历了一个由计划经济向市场经济转变、由政府驱动向政府与市场双轮驱动转变、由国内投资向国内外投资转变的过程。虽然新闻出版业投融资体系已经改变了计划经济时代政府资金和银行贷款包打天下的格局，但尚未形成一个相对成熟的多层次、宽领域、开放型的投融资体系。总体来看，新闻出版产业的投融资依旧存在三个突出问题：一是中小企业融资难的问题依旧突出；二是国有资本、民营资本和境外资本身份差异的问题依旧突出；三是政府驱动与市场驱动不够协调的问题依旧突出。它们反映了新闻出版业的投融资不仅面临着供不应求的总量矛盾，也面临着各类投融资主体地位不对等、信息不对称、需求不对称等结构问题。

党的十八大指出，要深化文化体制改革，解放和发展文化生产力，让一切文化创造源泉充分涌流。党的十八届三中全会对进一步拓展文化产业的投融资渠道提出了诸多新的政策措施。最近，国务院又接连颁发了国发[2014]10号、国发[2014]13号、国办发[2014]15号三个文件，围绕推进文化创意产业融合、发展对外文化贸易、加强文化企业的财税金融支持出台了一系列新政策，不仅

① 《中国出版》杂志2014年第11期发表，《新华文摘》2014年第18期全文转载

给整个新闻出版产业注入了新的发展动力，也进一步激发了广大出版传媒企业的文化创造活力。同时也要看到，如何进一步破解新闻出版企业“信贷难”、“融资难”的问题，如何进一步通过资本的力量推动新闻出版业繁荣发展，依旧是一个亟待进一步深入研究和探讨的重要课题。

一、当前新闻出版业的投融资现状

在将文化产业培育成为国民经济支柱产业的政治驱动下，各级政府积极发挥“有形之手”的作用，不断加大财税金融扶持力度；同时，众多文化企业在做强做大品牌的经济驱动下，积极借助“无形之手”的作用，普遍加大直接融资力度，上市融资首次成为文化企业融资的普遍诉求与主流选择。从当前情况看，主要有六种融资方式：

（一）政府扶持资金

宣传文化专项资金主要用于资助大型国有出版传媒企业出版物的前期费用。国家出版基金面向 400 多家出版社累计投入了近 20 亿元的出版资金，已经资助 1200 多个具有重大文化积累和文化传承价值的图书出版项目。国家文化产业专项资金由财政部设立，资金扶持额度较大，一般要求有项目申请单位，同时有一定比例的配套资金。国有资本经营预算主要用于大型项目建设，资助额度较大。此外，还有鼓励出版传媒企业走出去的“经典中国国际出版工程”资助、中国图书对外推广计划资助、国家重点文化出口企业奖励、国际传播能力建设工程专项资金等。

（二）银行融资

主要包括直接贷款授信和银行间市场的票据融资。2010 年 3

月，中宣部、中国人民银行等九部委联合发布了《关于金融支持文化产业振兴和发展繁荣的指导意见》，这是第一个从金融角度全面支持文化产业的指导性文件。2010年，原新闻出版总署、文化部、国家广电总局等相继与有关银行分别签署战略合作协议，会商意向性授信额度。截至2011年底，国家开发银行累计向文化产业贷款余额达1053亿元。北京银行“创意贷”产品累计贷款1700余笔，达270多亿元，打造了《第一书记》《西游记》《画皮》《孔子》《叶问》等一批影视文化精品。

（三）股票融资

截至2011年，已经有45家新闻出版企业或登录国内主板市场、创业板市场，或者登录香港联交所、美国纳斯达克等海外资本市场，总市值达到5700亿元。上市成为众多大型新闻出版传媒集团和高成长性的中小企业的主流选择。

（四）发行债券

包括发行中期票据、企业债券等。2009年，江苏凤凰出版传媒集团首次发行当年第一期中期票据，发行总额10亿元，发行期限三年，票面年利率6.08%。重庆出版集团公司发行了出版行业的第一支企业债券，债券总额为4亿元，主要用于数字传媒出版平台项目。

（五）文化产业基金

2011年，中国文化产业投资基金成立，基金目标总规模为200亿元。它以股权投资方式投资新闻出版发行、广播电影电视、文化艺术、网络文化等领域。截至2012年，我国有文化产业投资基金111支，资金总规模超过1330亿元，主要投向影视、动漫、艺术品、广播电视等领域。

（六）风险投资基金

2008年，民营文化公司磨铁获得深圳基石创投5000万元投资。根据投中集团统计数据显示，2008年至2012年间，国内共有33家民营出版企业累计获VC/PE投资5.09亿美元，平均单笔投资规模为1544万美元。其中，2011年民营出版行业获VC/PE投资规模为1.85亿美元，达到近5年最高值。

二、当前新闻出版业面临的投融资问题

（一）政府投入相对有限

综观全球文化产业发达国家，各国政府通过财政预算、专项基金、税收优惠等多种方式来推动产业发展。自文化体制改革以来，中央及各级地方政府通过财政拨款、产业基金、贷款贴息、项目补贴、政府重点采购和后期奖励等方式支持新闻出版业。但是，当前文化产业的需求与财政投入之间存在较大的差距，各级地方政府用于新闻出版业的投入只占本级财政支出中较小比例。

（二）融资渠道梗阻

一是银行惜贷严重。现有的《商业银行法》和《担保法》规定，企业向银行借贷必须提供固定资产作为质押。这使得银行对以无形资产、轻资产为主的新闻出版企业普遍惜贷。二是资本市场融资难。虽然已有一些新闻出版企业成功上市，但是上市融资的门槛过高，对于大多数中小新闻出版企业可望而不可即。三是风险投资动力不足。受有关法律法规的限制和IPO退出渠道的日益狭窄的影响，国内风险投资除对新闻出版业外，其他领域总体涉猎较少。四是文化产业基金投入少。目前，全国文化产业基金已经有100多支，但大部分是投向网游、电影、艺术品等领域，而向传统纸媒和出版企业投资较少。

（三）政策保障机制不完善

一是财税政策有待完善。欧洲不少发达国家对产业成长期相对较长的新闻出版企业或大幅减少征税或不予课税。我国当前的增值税、营业税政策优惠空间不大，期限不长。二是相关法律法规不够完善。现有法律法规对国有新闻出版企业和民营文化公司的法律主体地位的确认是不对等的，对文化产业基金和风险投资的进入界定过严，对其投资收益权缺乏有效界定。三是版权保护不够严格。知识产权保护不够严格，侵权盗版现象比较严重。

（四）信用评估担保体系不健全

一是缺乏企业信用评估机制。现有的中小企业信用担保体系无法甄别和评估新闻出版企业的信用。按照现有中小企业信用评级体系，绝大多数在BB级以下。二是缺乏有效的软资产评估机制。专有出版权、著作权、影视改编权、网游视频改编权等“软资产”价值不菲，应收账款、预期项目、名家手稿、信件、什物等视同于“虚拟货币”。由于缺乏专业的评估实体机构和专业化人才，其价值常为忽视。三是缺乏有效的担保体系。我国目前还没有文化产业专项担保资金和中小微文化企业专业担保公司，这在较大程度上限制了中小新闻出版企业的融资能力。

（五）产业核心竞争力不足

一是内容创新能力不足。尽管2012年全国图书品种突破40万大关，但具有一流原创水平、具有国际影响、具有较大发行量的优秀作品比较少。二是数字运营能力不足。新闻出版企业尚未形成比较成熟有效的数字平台、商业模式、盈利模式，在产业链竞争中处于“弱势地位”。三是国际竞争力不够。与国际著名出版集团相比，国内新闻出版企业存在内容创新能力不足、资本运作能力不足、法人治理能力不足、国际传播能力不足等问题。

（六）银企信息不对称

新闻出版企业大多由事业单位改制而来，主动接受金融服务的意识不强，普遍不了解现代金融工具，也缺乏透明的信息披露机制；金融业长久以来较少关注文化产业，绝大多数新闻出版企业不具有资信记录，形成大量项目找不到钱、大量资金沉淀在银行的“两张皮”。

（七）投融资服务平台滞后

一是缺乏专业服务平台。文化部建立了一个文化产业投融资公共服务平台，但新闻出版业尚未建立或者委托建立类似的专业化服务平台。二是缺乏有效对接机制。2012 年，原总署在海南书博会上搭建了一个国有大型商业银行与新闻出版企业对接的项目洽谈会，取得了一定效果。但此类银企、资企对接会总体较少，上会项目散、小、杂，金融服务产品比较传统。三是缺乏复合型人才。金融专业人士对新闻出版业务不大熟悉，对其项目的投资需求和盈利前景不大了解；新闻出版从业人士对现代金融投资工具和资本运营方式也不大熟悉。因此，迫切需要一批横跨新闻出版与经济、金融、投资专业的复合型人才。

三、进一步推进新闻出版投融资改革的建议

新闻出版业不仅具有鲜明的经济属性和商品属性，还具有鲜明的意识形态属性和文化属性。这决定了文化产品的生产、制作和销售流程往往不是简单的规模化、批量化、复制化，而是充满个性化、差异化、专属化。因此，新闻出版业需要进一步加大投融资体制改革力度，努力建构一个能够满足不同企业需求、不同产品属性、不同生产流程的宽领域、多层次、开放型的投融资体系。

（一）加大政府投入，完善配套措施

加大财政投入。中央财政资金要继续加大新闻出版业投入力度，优先安排具有战略性、支撑性、带动性的重大项目。各级地方政府要进一步采取配套资助、项目贴息、所得税减免、项目奖励等多种方式，引导带动企业自有资金和社会资金更大力度地参与项目建设。

加大税收优惠力度。在国办发 [2014]15 号文件的基础上，结合新闻出版业的产业链，实行多环节、税基式的税收优惠。在增值税方面，对出版物在制作、出版、发行、进口环节进一步降低现行 13% 的税率；在所得税上，加大对具有高成长性、创新能力强的新闻出版企业的高新技术企业认定比例，适用 15% 的优惠税率。

完善捐赠法规。进一步完善捐赠行为的税收优惠政策，更好地引导民间资本设立公益性文化产业基金，扶持公益性新闻出版事业。

试点文化产业彩票。借鉴西方发达国家通过发行彩票募集文化发展基金的办法，试点发行文化事业彩票，加强新闻出版企业的基础设施建设。

（二）创新产业政策，积极稳妥吸引社会资本

放宽民营资本准入。对于导向正确、创新能力强的中小型民营文化企业，进一步放开其与国有资本之间的产品合作和选题策划领域。有选择地鼓励民营资本参与国有新闻出版企业改制上市、兼并重组。对于导向正确、规模较大、资产较优、资信较好的大型民营文化企业，择机逐步颁发出版资格许可证，按照属地管理的原则，纳入当地出版管理体系。

扩大对外开放领域。在确保国家文化安全的前提下，有条件、有步骤地允许外资参与内容生产制作和进出口业务。例如，可采取中外合资、中方控股的办法成立合资公司，设立由中方代表担任的“首席内容官”，参照中国法律法规的有关规定，对内容导

向具有一票否决权。在股改上市中，积极稳妥引进国外著名出版传媒集团或者优秀金融投资企业作为战略投资者，探索实行特殊管理股制度。

（三）创新融资工具，拓展多层次渠道

加强金融工具创新。金融机构要积极探索版权质押、应收账款质押、仓单质押、艺术品经营权质押、供应链融资、并购融资、融资租赁等贷款品种，逐步扩大无形资产收益权质押贷款的适用范围。对于融资规模较大、项目较多的新闻出版企业，可尝试银团贷款；对于中小新闻出版企业，可尝试联保联贷。

加大债券融资力度。鼓励大型出版传媒集团发行企业债、公司债、集合信托、集合债。鼓励有条件的中小新闻出版企业发行中期票据、短期融资券、中小企业集合票据等。鼓励国家重点文化出口企业在境内发行外币债券，有条件地赴伦敦等境外人民币市场发行债券。

发展多层次资本市场。继续支持大型国有出版传媒集团和骨干文化企业在国内主板和境外上市；适当放宽中小新闻出版企业的注册资本、盈利能力要求，支持更多有潜力的中小新闻出版企业在中小板、创业板上市，在全国中小企业股份转让系统竞价交易。合理放宽政策准入条件，鼓励风险投资基金、私募股权基金等投资新闻出版企业。

（四）探索知识产权证券化，服务中小企业融资

鼓励设立专业 SPV 实体。知识产权证券化的先决条件是通过第三方机构设立一个独立常设的 SPV 载体（SpecialPurposeVehicle）。借鉴美国鲍伊债券和日本专利权证券化的经验，设立一个面向文化产业或新闻出版业的 SPV 公司，通过它构建基于未来现金流、收益权、版权等为基础的知识产权资产池，再通过资产评估、上

市发行等方式探索知识产权证券化。

完善知识产权法律法规。我国应借鉴日本立法经验，加快修改和完善相关法律法规，对知识产权的定价、评估、抵押、转让、信托、承销、合同变更、上市交易等做出系统规定，对资产评估机构、机构投资者、证券承销商从事知识产权证券化评估和投资的权利做出明确界定。

建立知识产权价值评估机制。知识产权证券化过程中的最大难题，就是如何准确地进行资产估值，为此，有必要建立一个公开、公平、自由竞价的知识产权价值估值市场，形成比较合理的价格预期和价值确认。完善知识产权证券的信用评级机制，确保资信评估机构独立、公正、客观地评估。

完善有关税收政策。1997 年，美国财务会计准则委员会颁发第 125 号公告，规定按国际通用的税收中性原则，资产证券化的全部收益和全部损失，都要作为税务征收部门的计税依据。我国应合理借鉴美国的相关经验和做法，切实地减少或免征 SPV 公司在草创之初的所得税、印花税以及营业税等税种，待其成长到一定规模后逐步征税；或者按照税收中性原则进行公平计税，切实减少其税务负担和本金负担。

（五）完善评估担保机制，分散投资风险

完善无形资产评估机制。鼓励建立适合新闻出版企业的专业资产评估公司，对著作权、改编权、数字版权、品牌授权等无形资产的市场潜在价值进行合理评估，更好地发挥文化产权交易所的作用，完善著作权、企业品牌、专利等登记、评估、托管、质押、流转和变现的管理办法。

建立中小文化企业担保公司。安排部分财政资金，以参股、委托运作和提供风险补偿等方式建立中小文化企业担保公司，或设立中小文化企业专项担保资金；明确担保业务补贴、补助认定标

准，增强合作担保公司开拓文化企业担保业务的积极性。鼓励通过再担保、联合担保以及担保与保险相结合等方式融资。

创新保险业务。探索开展知识产权侵权险，重点出版物的印刷、复制、发行环节的完工险、损失险等新型保险业务。鼓励保险公司投资文化企业的债权和股权，引导符合条件的保险公司参与文化产业投资基金。鼓励保险公司探索开展信用保险业务，完善国家重点文化出口企业、重点项目的出口信用保险服务。

6. 搭建服务平台，培养高端复合人才

加强信贷政策和产业政策协调。制定并定期完善《新闻出版投资指导目录》，遴选优质骨干项目，及时更新项目信息，建立优质项目数据库，加大对重点新闻出版企业和重点项目的信贷支持。

搭建银企对接会。建立多部门信息沟通机制，搭建新闻出版业投融资服务平台。通过组织论坛、研讨会、洽谈会等形式，加强新闻出版项目和金融产品的宣传、推介，促进银、政、企合作。

培育专业化复合人才。加大重点企业的投融资业务培训，帮助各类企业熟悉现代金融工具。实施新闻出版业投融资领军人才工程，培养熟悉国际惯例和规则、擅长市场运作、具有战略思维的跨专业、复合型高端投融资人才。

（作者单位：中国出版传媒股份有限公司）

我国科学阅读类图书出版的前瞻性分析

马明辉

摘要： 科学阅读是探知意义的活动，是从科学的多种表征形式中构建意义的尝试。科学阅读与科学普及、语文阅读既有区别又有联系。科学阅读类图书应具有真实性、科学性、深入性与广泛性等几大特点。我国科学阅读类图书的出版，将对我国图书出版领域、儿童科学素养的提高，以及科学阅读新风尚的出现产生深远的影响。

关键词： 科学阅读　科普　大概念　图书出版

提到阅读，人们最先想到的一定是语文阅读。殊不知，科学阅读也是阅读中的一大类别。美国国家研究理事会认为，无论是平民百姓，还是科学家，要做一个有批判性思维的科学产品和工程产品的使用者，都需要具备阅读科学文本或科学相关资料的能力；需要区分推理和观察，区分解释和论证，区分证据和观点。已有研究表明，在科学实践中，阅读占据着中心位置，平均而言，科学家每年花在阅读上的时间为 553 小时，或者占其总工作时间的 23%，科学家认为阅读对他们的工作来说是十分必需的，是激发其创造力的主要来源。[1]

科学阅读因读者群不同，其内容和形式等方面也有很大不同。本文中的科学阅读及相关表述主要指面向儿童的科学阅读。

一、“科学阅读”的概念分析

科学阅读是探知意义的活动，是从科学的多种表征形式——语言、符号、数学运算、图表及其他可视化资源中构建意义的尝试。

（一）科学阅读与科学普及的区别

科学普及侧重点在于普及。它的功能是让儿童了解科学事实、知识、原理等。因此，它对内容的要求是通俗易懂，对形式的要求是轻松活泼，能够激发儿童的阅读兴趣，使儿童无须绞尽脑汁便可以获取相关信息。

与科学普及不同，科学阅读侧重点在于阅读和理解，它的功能是让儿童在阅读中构建大概念[2]，让他们在理解事物本质的同时，构建事物之间的广泛联系，培养科学的思维方式，从科学的视角认识事物、分析并解决问题。因此，它要求内容科学严谨，形式严肃活泼，使儿童获得对事物的概念性理解，而不是零散的、碎片化的事实性知识的堆砌。

（二）科学阅读与语文阅读的区别

语文阅读侧重点在于培养阅读能力。《义务教育语文课程标准》中指出，语文阅读要培养儿童的独立阅读能力，使其学会运用多种阅读方法，有较为丰富的积累和良好的语感，注重情感体验，培养感觉和理解的能力，能阅读日常的书报杂志，能初步鉴赏文学作品，丰富自己的精神世界。

科学阅读，虽然也侧重阅读和理解，但这种阅读和理解是基于语文阅读的，是在具备一定语文阅读能力的基础上进行的，是对语文阅读能力的运用。同时，科学阅读对儿童思维方式和理解能力的培养，又可以在一定程度上促进儿童语文阅读能力的提高。打个比方，如果说阅读是一棵枝繁叶茂的大树，那么语文阅读就是这棵大树的根，科学阅读就是这棵大树繁茂枝叶中的一部分。

二、科学阅读类图书的特点分析

从科学阅读的定义及功能可知，科学阅读类图书应具有自身独特的特点，以充分发挥科学阅读在儿童成长中的重要作用。

（一）真实性

科学是真实的，容不得半点儿虚假。科学阅读类图书的内容也应该是真实的，包括真实的人物、事物、现象、事件等。其表现形式也应尽可能真实，包括真实的照片、模型、复印件等。真实，意味着超强的震撼力和视觉冲击力，意味着高可信度。真实性是科学阅读类图书应具有的首要特点。但是，真实并不意味着对其他内容和表现形式的排斥。有些内容无法真实再现，有些内容不适于以照片的形式表现，这时，科学小故事、结构解剖图、示意图等就显得十分必要。

（二）科学性

科学阅读类图书的科学性主要表现在三个方面：

一是语言表述科学。科学阅读类图书中的词汇经常与该词汇的日常用法不同，比其日常用法更为科学和严谨。[3] 例如，在科学阅读类图书中，科学“理论”是指一个经过严格检验的解释，如电磁理论，但在日常用法中，“理论”经常与“猜测”“猜想”“推测”“预测”，甚至“信念”等混用，如“我的理论是明天将会下雨”。

二是解释和说明科学。科学阅读类图书不仅要给儿童提供丰富的阅读材料，而且要对这些阅读材料进行解释和说明，以使儿童深刻理解隐藏于现象之后的事物本质。如关于“土壤”这一主题的科学阅读类图书，应该对土壤的种类、组成成分、各种不同的土壤适宜什么样的植物生长、我们如何利用土壤等方面进行呈现、解释和说明，使儿童较为深入地理解土壤的本质。

三是图示科学。科学阅读类图书需要大量的图片作支撑，是一种典型的图文书。示意图作为图片中的一大类，应十分科学和严谨。如“土壤的组成成分”这一内容，适宜用饼状图表示，该饼状图及其对该图的分析应力求精准；又如“潜水艇为什么能在水中自由沉浮”这一内容，适宜用结构解剖图表示，该图应能够表示出潜水艇的主要结构和工作原理等。

（三）深入性与广泛性

科学阅读旨在帮助儿童构建大概念，使儿童在理解事物本质的同时，构建事物之间的广泛联系。这就要求科学阅读类图书必须兼具深入性与广泛性，二者缺一不可。科普类图书广泛性有余，而深入性不足，无益于儿童的概念性理解；科学理论类图书深入性有余，而广泛性不足，无益于儿童大概念的构建。如《漂浮与下沉》（美国史密森科学教育中心编写）就是一本很好的科学阅读类图书。它紧紧抓住“漂浮与下沉”这一核心概念，将这一概念与历史、社会和自然紧密地联系起来。[4] 在这本书中，既有不同历史时期各种各样的船，又有当代船模试验池、潜水艇和潜水员，还有各种各样的水生生物等。这就打通了生命科学和物质科学之间的领域界限，将各个时代的人、事、物，通过历史事件、科学故事，以图表、卫星照片、专利复印件和结构解剖图等形式融于一本书中。

三、我国出版领域没有出现真正的科学阅读类图书的原因分析

科学阅读类图书，无论对儿童的成长，还是对图书出版市场的繁荣，都起着重要的推动作用，但目前我国尚未出现真正的科

学阅读类图书，不外乎以下几大原因：

（一）对科学阅读在儿童发展中的重要作用缺乏认识

科学阅读对儿童的发展起着至关重要的促进作用。第一，它可以帮助儿童构建大概念，让他们获得对事物的概念性理解；第二，它可以培养儿童的工具意识，帮助儿童学会从科学的视角分析和解决问题；第三，它可以帮助儿童认识事物之间的广泛联系，在认知层面形成一种大视野。科学阅读在儿童成长中所起的作用是其他阅读无法替代的。

（二）对科学阅读类图书存在认识误区

误区之一：单本内容要全面

人们通常认为，科学阅读类图书的好与坏，内容是否全面是一个重要的判断标准，他们希望本本都是百科全书。殊不知，百科全书式的科学阅读类图书，根本无法承担科学阅读载体的功能，无法发挥科学阅读的作用，甚至不能称为科学阅读类图书。科学阅读类图书不能大而全，而应小而精，若非要把科学阅读类图书做成百科全书，那么置百科全书于何地？

误区之二：内容要轻松，形式要活泼

因为科学阅读类图书的读者群主要是儿童，那么人们大多希望此类图书的内容轻松、形式活泼。从某一角度来看，这种观点也无可厚非：内容轻松、形式活泼的书，显然更容易激发儿童的阅读兴趣。但从另一角度分析，这种观点并不可取。科学是严肃的，科学的本质决定了科学阅读类图书的内容无法太轻松；科学的表现形式是严谨的，这就决定了科学阅读类图书的形式无法太活泼。但这丝毫不影响儿童的阅读和理解，不会减弱儿童的阅读兴趣，相反，这可以使儿童真正理解科学，获得对科学严肃性和严谨性的认识，促进他们对科学之美的追求。

误区之三：单本阅读量不能太大

科学阅读是以一定的语文阅读能力为基础的，因此，很多人认为科学阅读类图书单本阅读量不能太大，不能超出相应年龄段儿童的语文阅读水平。对于此观点，笔者不能苟同。科学阅读基于语文阅读，但不囿于语文阅读水平。科学阅读类图书作为儿童的课外读物，其阅读量可不与语文教学同步，可以而且应当有所超前。只有通过大量的阅读，儿童才可能从中获取信息、获得认识，从而得到理解，进而提高阅读能力和对事物的理解能力，为长大后的学习、研究和工作奠定坚实的基础。如果儿童在阅读过程中遇到了不认识或不理解的字词，使他们的阅读无法进行下去，那么他们一定会向父母或老师寻求帮助；如果他们没有这么做，那么一定是这些字词丝毫不影响他们的阅读。因此，我们不能以成人的眼光来评判一本科学阅读类图书阅读量的大小。

四、我国科学阅读类图书出版的前景分析

我国科学阅读类图书的出版，将对我国图书出版领域、儿童科学素养的提高，以及科学阅读新风尚的出现产生深远的影响。

第一，科学阅读类图书将为我国图书出版领域注入新鲜血液，繁荣我国图书出版市场。

第二，科学阅读类图书将对我国儿童科学素养的提高起到极大的促进作用：使儿童更好地理解、运用科学家对自然界做出的科学解释；提高儿童评价科学证据和科学解释的能力；促进儿童对科学知识的本质和科学发展的理解；为儿童富有成效地参与科学实践和科学讨论奠定基础。

第三，科学阅读类图书的出版将引领科学阅读新风尚，营造全社会学科学、读科学、爱科学的良好氛围，整体提升国民的科学素养。

五、我国科学阅读类图书出版的发展阶段预测分析

笔者认为，我国科学阅读类图书出版的发展，可能会经历以下四个时期：

（一）萌芽期

我国科学阅读类图书出版的萌芽期，特征为以引进版为主，有零星原创图书。在这一时期，由于各种主客观原因，如对科学阅读类图书性质认识不清，没有优秀的作者队伍，没有打通编、印、发各渠道等，因此，原创科学阅读类图书质量参差不齐，总体上难敌引进版科学阅读类图书，此类图书市场被引进版垄断。这一时期与原创图画书发展之初类似。

（二）发展期

我国科学阅读类图书出版的发展期，特征为原创图书迎头赶上，与引进版图书平分秋色。经过萌芽期的积淀，大量引进版科学阅读类图书的出现，使人们对科学阅读和科学阅读类图书的理解更加深入。此时，原创科学阅读类图书在前一发展阶段的基础上，已积累了一定的经验，无论是内文的科学性、图片的精准性，还是读者群的适切性，都大幅提升，因而发展到与引进版科学阅读类图书分庭抗礼的阶段。

（三）瓶颈期

我国科学阅读类图书出版的瓶颈期，特征为原创图书与引进版图书势均力敌，原创图书难有突破。任何事物发展到一定阶段，必定会遇到瓶颈，原创科学阅读类图书的出版也不例外。在这一时期，相关各方——图文作者、审读专家、出版方、发行方——都已竭尽全力，然而依然无法做到尽善尽美，总是有或多或少、

或大或小的缺憾。要突破瓶颈，必须有一种力量，一种由内而外的力量，如凤凰涅槃般重生的力量。

（四）繁荣期

我国科学阅读类图书出版的繁荣期，特征为原创图书突破瓶颈，以压倒性的优势占据此类图书市场的主导地位。在这一时期，原创科学阅读类图书图文精美、印装精良，知识性与思想性并存，严谨性与可读性兼具，与萌芽期相比，定是不可同日而语的。若要发展到这一时期，如前所述，必要经过凤凰涅槃般的重生。那么，如何才能重生呢？

第一，编研一体。所谓“编研一体”，就是在研究的基础上进行编写，在编写的过程中进行研究。首先要通过各种方式对读者进行调查研究，只有充分了解读者，才能根据读者的特点创作出他们需要的优秀作品；其次要认真研究科学阅读类图书的特点，不盲目跟风。

第二，打造精品。与科研院所合作，借助科研院所的科研优势，整体把控内容的科学性、图片的严谨性、图与文的适切性，进而提升图书质量。

第三，借力教材，实现分级阅读。教材是分年级分学期编写的，自然要考虑学生的心理、认知发展水平，分级阅读也正是要考虑学生的年龄特点。因此，科学阅读类图书可以借助教材的这一特点，实现分级阅读的目标。除此之外，在主题、内容的选取，核心概念的确定等方面，还可借鉴教材的相关内容，但并不局限于教材，发挥科学阅读独有的作用。[4]

参考文献

[1]Committeeon Conceptual Framework for the NewK-12 Science Education

Standards, National Research Council.A Framework for K−12 Science Education: Practices, Crosscutting Concepts, and Core Ideas[M].Washington, DC:National Academies Press, 2011:45.

[2]Richard A.Duschl, Heidi A.Schweingruber&Andrew W.Shouse;Committeeon Science Learning, Kindergarten through Eighth Grade; National Research Council.Taking Scienceto School:Learningand Teaching Sciencein GradesK−8[M].Washington, DC:National Academies Press, 2007:39.

[3]Sarah Michaels, Andrew W.Shouse&Heidi A.Schweingruber; National Research Council.Ready, Set, Science!:Putting Researchto Workin K−8 Science Classrooms[M].Washington, DC:National Academies Press, 2007:4−5.

[4] 马明辉 . 我国科普读物教育功能的缺失及解决策略——科学教育视阈下的科学阅读 [J]. 出版广角，2011（4）：60 — 61.

（作者单位：教育科学出版社）

做有文化担当的出版企业

——兼论中华书局百年兴盛之道

庄艺真

摘要：中华书局从创立之日起就自觉地以“传承文化”为己任。在激烈的市场竞争中，中华书局不唯利是图，总是把强烈的历史使命感和社会责任感放在首位，在出版经营中坚持利以义制、以赢补亏。为了更好地选择、积累、传播优秀文化，中华书局想方设法广聚英才，严把出版物质量关，出版了一部又一部对读者有益、对社会有价值的图书，在实现文化担当的同时，创造了骄人的业绩，获得了良好的“双效”。可以说，是自觉的文化担当让中华书局在百年发展中树立了品牌、聚集了实力、扩大了影响，从根本上成就了中华书局的百年兴盛。今天转企改制的出版企业要深化改革、转型升级、做大做强，有必要学习和汲取这个“百年老字号”所积累的成功经验，做一个有文化担当的出版企业，在出版经营中始终以积累和传播优秀文化为己任，出版更多的精品力作，以出版实践推动文化强国建设和中国梦的实现。

关键词：中华书局　百年兴盛　文化担当　出版企业　文化强国

中华书局创办于1912年，是近代出版企业的典型代表之一，而今仍以其著名品牌和辉煌业绩雄峙于市场。其百年兴盛的原因是多方面的，但不能不看到的是它从创立之日起就把强烈的历史使命感和社会责任感放在首位，自觉地担当起选择、积累、传播人类优秀文化的责任，并且因为自觉担当而树立了良好的社会形象，从而获得了更好的经济效益。在转企改制后出版单位面临深化改革、转型升级时，探究中华书局是如何在重视企业经营的同时，坚守文化担当，以良好的“双效”不断做大做强，无疑具有重要的历史意义和现实意义。

一、有担当：开启民智，传承文化

中华书局创办人陆费逵主政中华书局三十年，对中华书局影响颇大。陆费逵有良知、有文化、有抱负，在“社会非有教育、非有风纪不能有为”的社会责任感的驱动下[1]，他以振兴民族文化和富强中华民族为己任。当许多近代有识之士在寻找救国道路时，他选择了教育救国、文化救国之路，即通过创办中华书局，以出版来实现“开启民智，传承文化”的理想。在他看来，书籍是“最善之无形感化物，最精之灭国无烟炮”[2]。他指出：“我们希望国家社会进步，不能不希望教育进步；我们希望教育进步，不能不希望书业进步。我们书业虽是较小的行业，但是与国家社会的关系却比任何行业为大。”[3]这成为百年来中华书局人对出版业重要性的共识，也是中华书局人文化自觉的表现。正是缘于这样的认识和自觉，百年来，中华书局人始终以推动“国家社会进步”为己任，坚持用实际行动践行“开启民智，传承文化”的出版理念和文化担当，把书局办成以出版承担文化发展使命和振兴中华民族的重要阵地。

因为有着“开启民智，传承文化”的担当，陆费逵等创办人敢于冒着被捕杀头的危险在政治风云变幻、新旧冲突剧烈的乱局中秘密编撰《中华教科书》，从而在市场中有了立足之地。因为有着“开启民智、传承文化”的担当，中华书局敢于以先进文化引领时代潮流，从 20 世纪初就开始编辑出版传播马克思主义学说的著作；能够几经周折，持续二十年，编撰出版收词严谨、解释准确、精审细校、影响广泛的大型工具书《辞海》；能够在遭遇“民六危机”，几近倒闭时，坚守探索，总结经验教训，不断完善企业的规章制度，重获发展；能够在“文革”那段动荡、混乱的岁月中，坚持校点整理“二十四史”和《清史稿》，圆满完成我国最大的古籍整理工程；能够在特殊时期坚持“人弃我取，乘时进用”的用人方针，不拘一格广聚英才，“进用”了一批被错划为“右派”的有真才实学的人出版了《永乐大典》、《全唐诗》等一大批基本古籍和现代学者的重要著述；能够在20世纪90年代遭遇发展困境时，乘着文化体制改革大潮，自我革新，开创发展新局面。因为有着“开启民智，传承文化”的担当，今天，中华书局仍以严谨求实的态度，立足于传统文化做经典普及，注重精品书的专业出版和畅销书的大众出版，坚持“守正出新”，扶助学术，促进文化发展。2012年3月22日，时任中共中央总书记的胡锦涛致信祝贺中华书局成立100周年时，指出：“百年来，中华书局恪守传承文明职责，秉持守正出新宗旨，在一代又一代员工的不懈努力下，整理、出版了一大批古籍经典和学术新著，受到广大读者的普遍赞誉和充分信任，为弘扬中华文化、促进学术繁荣、提高民族素质、推动社会进步做出了重要贡献。”[4]

二、有取舍：利以义制，以赢补亏

民国年间，时局动荡、书业混乱、竞争激烈，一些书商在利益的诱惑和驱使下，昧着良心出版低级趣味的色情书、算命书等。作为企业，中华书局当然也追求经济效益，但难能可贵的是，中华书局不唯利是图，总是把强烈的历史使命感和社会责任感放在首位，以推进文化发展为己任，坚守职业道德，出版优质书刊，在出版经营中坚持利以义制，以赢补亏。

在陆费逵等中华书局人看来，优秀的出版物“足以涵性情、培人格、增知识、造舆论、泯祸乱、促进化”，而低劣的出版物则“足以荡心意、涸性灵、淆是非、深迷信、损财产、致死亡”[2]；“书业商的人格，可以算是最高尚最宝贵的，也可以算是最卑鄙最龌龊的，此两者之判别，唯在良心上一念之差”[5]。为此，陆费逵多次强调，出版工作者应具有社会责任，讲职业道德，绝不能唯利是图，迎合读者的不健康需求，出版质量低下、内容污秽的作品，主张“用科学的文化知识培养读者，用健康的精神食粮陶冶读者的情操”[6]，坚持为读者着想、对读者负责。正是基于这样的认识，以陆费逵为代表的中华书局人坚持“利以义制”，“凡属于营业有重大利益，而与教育或文化有妨碍者”，坚决“弃而不作”，“只求于营业之中，发展教育及文化，于发展教育及文化之中，维持营业”[7]。综观中华书局出版的所有图书，虽不能说本本都是精品力作，但确实未出版过品格低下或诲淫诲盗的图书。中华书局能不断发展壮大，与其长期自觉坚持“利以义制”的经营原则、只出版于“发展教育及文化”有益的图书、有效地以营商手段开展文化出版与文化传播有很大关系。

学术出版事关文化精髓的传播和民族精神的塑造，但学术著作总体上讲受众小，长销有可能，畅销却是天方夜谭，有不少甚至是要贴钱出版的。就拿学术出版重镇——商务印书馆出版的学术著作来说，亏本的占 40% 左右，如果商务印书馆停止出版汉译世界学术名著之外的所有学术著作，利润至少可增长 20%[8]。但是，和商务印书馆一样，中华书局采取以盈补亏的经营策略，创办不久就开始着手编辑出版学术著作，并在版本的收集和研究方面投入了大量的精力和财力，逐渐发展成为中国古籍整理出版的旗舰，成为一个学术出版中心。这更多的是一种文化担当。如果亏本就不出版，那么我国的学术研究就会萎缩，文化精髓的传播、民族精神的塑造就会出问题。

三、有保障：广聚英才，严格把关

出版企业的文化担当主要体现在出版“有价值的书籍”贡献给社会。在陆费逵看来，“出一部有价值的书籍供献于社会”，则读者会从中获益；“如以诲淫诲盗的书籍供献于世，则其比提刀杀人还要厉害”[5]。因此，中华书局想方设法广聚英才，严格把好质量关，致力于将“有价值的书籍供献于社会”。

作者和编辑是出版物质量的决定性因素。中华书局非常注重作者和编辑人才队伍建设。对待作者，中华书局重诚信，从不拖欠稿酬，对于某些高精尖的著作，即使亏本，也支付较高的稿费和版税[9]；同时，善待作者交付的每一份作品，在编校质量和印装水平上都坚持高标准、严要求，在作者群中有着良好的声誉。因此，许多作者都乐于向中华书局投稿，使中华书局无形之中获得了优先选稿权。在书局的积极努力下，众多文坛名宿的巨著得以出版传播。在编辑队伍建设方面，中华书局一方面想方设法吸纳优秀人才；另一方面，尽可能地给编辑以好的待遇和照顾，让编辑在书局找到家的感觉。因此，很多有真才实学的文化人愿意在中华书局为人作嫁。重视集聚英才，积极建设作者队伍和编辑队伍，使许多优秀著作家得以团结在中华书局周围，使许多有真才实学、有奉献精神的编辑乐于在书局辛勤耕耘，使一部部精品力作得以出版和传播。

中华书局重视读者利益，始终把使读者受益作为书局经营的根本，因此，对出版物质量总是严格把关。无论多有名气的作者，多么抢手的选题，书稿到了中华书局，都要经过严格的审核把关，毫不例外。中华书局培养的优秀编辑也总能在选题上给作者以启发、在书稿上帮作者完善等。如王仲闻先生修订补充了唐圭璋先生的《全宋词》，沈玉成先生修饰润色了黄仁宇先生的《万历十五年》，周振甫先生编辑加工了钱锺书先生的《管锥篇》，等等。

中华书局的许多获奖图书、精品力作都是作者和编者反复锤炼而成的。除了要求编辑尽职尽责外，陆费逵还强调出版过程中的每一环节都要承担“把关”责任。他在《书业商之修养》中强调说：“编辑者编成恶书付刊，则印刷者有阻止的权限；设印刷者亦未察出，发行者亦有不售的责任。”百年来，中华书局努力做到编、印、发个环节共同把关，致力于“将最有价值的结晶品供献于世”。

四、有成就：铸就品牌，收获“双效”

抱有强烈的历史使命感和社会责任感，是一个文化企业强盛不衰的主要因素。对“开启民智，传承文化”的自觉担当，让中华书局在百年发展中树立了品牌、聚集了实力、扩大了影响，获得的良好的“双效”。在某种意义上，勇于担当成就了中华书局的百年兴盛。

1912-2012 年，中华书局以传承和积累文化为己任，切准时代脉搏，满足社会需求，出版了 20000 多种对读者有益、对社会有价值的图书[10]。其中，有几千种古籍学术著作得到海内外华人认可，有万千普及读物飞入寻常百姓家，有近六百种图书获奖（不少是位列各类国家级出版奖项前茅的）。一部部优质图书铸就了“中华书局”这一著名品牌，让“中华书局”这个名字深入人心。可以说，中华书局是勇于担当、用优质图书创造品牌的典范。不少文化人选购图书时认准“中华书局”，不少作者以在“中华书局”出书为荣。在读者眼中，“中华书局”是高质量的代名词；在作者心中，“中华书局”是高水平的代名词。

在精品图书纷呈迭现的同时，中华书局的经营业绩突飞猛进。成立之初，《中华教科书》满足了教育市场的新需求，抢占了先机，在民国初年几乎独占市场，一度出现“各省函电纷驰，门前顾客坐索，供不应求”的景象[11]。教科书的成功编写和出版，既推动了我国教育事业的发展，也促进了民众素质的提高，还使中华书局因此获利颇丰，当年营业额就达到20多万元[10]。今天，在“戏说”成风的文化消费潮流中，中华书局以传承文化为己任，出版了《于丹〈论语〉心得》等“正说”历史系列图书，为读者提供了科学益智的文化历史知识。《于丹〈论语〉心得》的出版，创造了多项国内出版纪录，如首印数60万册、当日现场签售1.26万册，至今累计销量已超过530万册，海外输出版权卖出10万英镑，打破了由《狼图腾》创造的10万美元成交价的该类项纪录等[12]。百年来，中华书局在用优质图书实现文化担当的同时，创造了骄人的经营业绩：2010年实现销售收入1.35亿元、利润2000万元[10]，实现了社会效益和经济效益双丰收。

五、有启示：在产业路上做有文化担当的出版企业

中华书局是在自觉担当“开启民智，传承文化”这一社会责任的前提下，创造了企业经营上的成功，又以企业经营上的成功践行了“开启民智，传承文化”的出版理念。作为一家出版企业，中华书局既在商言商，又坚守文化担当。这对于今天走在产业路上的出版企业有着重要的借鉴意义和现实启示。

从2003年国家启动文化体制改革试点工作，至2011年年底全国经营性出版单位基本完成转企改制。从作为事业单位管理，到实行“事业单位企业化管理”，再到今天转企改制成为市场竞争主体，我国经营性出版单位的经济责任越来越被强化。作为新型市场主体，改制后的出版企业释放出巨大的生产力，我国的新闻出版也得以迅速发展，极大地满足了人民群众的文化需求。据《中国文化产业年度发展报告（2013）》，2012年，我国文化产业总产值突破4万亿元[13]，而2012年我国新闻出版业总产出就将近1.7万亿元[14]。

新闻出版产业已然成为文化产业主力军，整体发展呈现一种良好态势。但是，在新闻出版业蓬勃发展的大趋势下，也出现了出版的文化担当被弱化的倾向，“坚持社会效益第一，坚持社会效益和经济效益有机统一”这一原则遭遇冲击，有些出版企业只是在口头上“坚持社会效益第一”，实际上主要追求，甚至只追求经济效益。必须清醒地意识到：出版是以内容为主的文化产业，其本质是文化；出版企业是生产文化产品和提供文化服务的经济实体，兼具文化属性和产业属性，其终极目标是传承文化、积累文化、传播文化、发展文化、创造文化[15]；出版单位转企改制只是手段，目的是通过提高其市场竞争力，来推进社会主义先进文化发展，增强国家的软实力，实现我国文化的大发展大繁荣。当年，出版被当作纯政治宣传工具，走上了歧途；今天，中国出版若一味追求经济利润，不顾文化担当，将与当年殊途同归，走上偏颇之路。在市场经济条件下，出版企业理应在商言商，通过市场竞争谋取生存和发展，自觉服务于我国的经济建设，服务于我国先进生产力的发展要求，这是由其产业属性决定的，但与此同时仍要坚守文化担当，始终以积累和传播优秀文化为己任，这是由其文化属性决定的。历史经验一再证明，出版企业只有自觉地以积累和传播优秀文化为己任，才有可能在市场竞争中不断做大做强。百年来，中华书局始终坚守文化担当，为转企改制的出版企业树立了典范。今天的出版企业要深化改革、转型升级、做大做强，有必要学习和汲取这个“百年老字号”所积累的成功经验，在产业路上做一个有文化担当的出版企业，在出版经营中始终以积累和传播优秀文化为己任，恪守职业道德，出版更多的精品力作奉献给社会、奉献给时代、奉献给人民，以出版实践推动文化强国建设和中国梦的实现。

参考文献

[1] 汪家熔.近代出版人的文化追求[M].南宁:广西教育出版社，2002.

[2] 吕达.陆费逵教育论著选[G].北京:人民教育出版社，2000.

[3] 陆费逵.陆费逵文选[M].北京:中华书局，2011.

[4] 李亚杰，璩静.胡锦涛总书记致信祝贺中华书局成立100周年[EB/OL].(2012-03-22)[2013-08-25].http://news.xinhuanet.com/politics/2012-03/22/c_111691557.htm.

[5] 王震.陆费逵传[M]//晋阳学刊编辑部.中国现代社会科学家传略:第4辑.山西:山西人民出版社，1983.

[6] 邵益文.编辑学研究在中国[M].武汉:湖北教育出版社，1992.

[7] 舒新城.中华书局编辑所[J].图书评论，1932(1).

[8] 綦晓芹.中国出版人应有文化担当——商务印书馆总经理王涛访谈[N].社会科学报，2010-06-10(1).

[9] 李湘波.出版印刷事业的开拓者陆费伯鸿先生[M]//俞筱尧，刘彦杰.陆费逵与中华书局.北京:中华书局，2002.

[10] 中华书局百科名片[EB/OL].[2013-08-25].http://baike.baidu.com/link?url=pDa6MjsIvpAc6UODli4BC-IHhC0mHeurttqeIflQum9egDtrj1CFUDJ-VZdDAsPr.

[11] 钱炳寰.中华书局大事纪要[M].北京：中华书局.2002.

[12] 姜子谦.中华书局：坚守文化担当，做个性硬派出版社[N].北京商报，2012-06-04.

[13] 杨磊.2012年中国国内文化产业总产值突破4万亿元[EB/OL](2013-01-06)[2013-09-01].http://gb.cri.cn/27824/2013/01/06/6611s3981031.htm.

[14] 出版产业发展司 .2012 年新闻出版产业分析报告 [EB/OL].（2013−07−10）[2013−09−01].http://www.docin.com/p−685369380.html.

[15] 聂震宁，谢迪南 . 文化 : 出版的本质，出版企业的终极目标 [M]. 中国图书商报，2007−04−17（2）.

（作者单位：福建农林大学）

革故鼎新　顺势而为

马爱梅

摘要：总编室工作是出版社工作的中枢环节，左右着出版社各环节工作的质量和效率，决定着出版社各业务流程的工作水平和效益，影响着出版社整体经营的效果和水平。要做好总编室工作，最重要的是要做到服务到位、协调到位、把关到位、参谋到位和执行到位。

关键词：出版　总编室　业务研究

在传统出版深陷技术革新、兼并重组、产业融合等各种激烈竞争的形势下，出版社总编室工作如何顺势而为，在继承传统出版优质内涵的基点上紧跟出版改革趋势、时代发展潮流、技术前进方向，对各出版社的体制改革与转型发展有着重要意义。在出版业经营环境、管理模式发生重大变化的今天，笔者认为，总编室做好如下重点工作至关重要。

一、深入了解各环节需求，服务要到位

（一）关注编辑需要

编辑工作是出版社的中心环节，及时关注编辑需求，结合工作实际建立高效便捷的编务管理流程，不仅可以大大减轻编辑在选题、合同、发稿、付酬、重印、结算等环节中投入的有效时间，

还可以增进各环节之间数据的共享和良性反馈。比如，2001年起，我们充分调研编辑对编务环节的各种需求，在管理中开始运用各种数字化管理手段，结合编辑业务管理实际先后编写了选题立项、合同申报、图书发稿、支付稿酬、质量检查等信息管理的数据要求和系统流程方案，并在此基础上自主开发了内部编务管理信息系统，在10多年的管理运作中该系统大大提高了我社编辑出版业务的效率和编务管理的水平。

随着市场竞争的不断加剧，编辑在周期、质量、成本控制方面不断有着更高的需求，这就更需要总编室及时了解各种需求，做好相关服务和准备工作。为了科学地保障一线生产、缩短流程周期、保证工作质量，总编室各项工作不仅要高效到位，而且要科学准确。要做到这些，个人体会首先必须在选题论证、质量管理、出版产品统一标识、出版流程设计、三审原则、评奖报奖、重大选题备案、书号申请使用等方面建立规范高效的管理流程和管理要求，抓住各项工作的重点和核心，抓住各岗位的规范操作，制度化、规范化，才能井井有条而不茫无头绪，才能纲举目张而不顾此失彼。

（二）关注生产需要

总编室不仅是出版社生产组织模式的建设者，也是编印发各环节业务模式的协调者，同时，一个真正可以充分发挥作用的总编室还应该是出版社生产组织模式的初始设计者。诚然，要做好以上这些角色定位，关注生产需要、关注生产环节的技术变革等至关重要。

技术的发展必然带来需求的变化，需求的变化必将给出版产业的发展带来极大的影响，随着数字技术的发展，印刷行业的变革之快已经有点超乎想象。以前人们认为只适合做少量、短板和个性化需求的按需印刷，如今在质量、成本、周期等方面有更好的解决方案，喷墨印刷、3D 打印、CTP 技术、喷胶技术等对减少库存、提高品质、缩短周期、减少成本都有很大的空间可挖。结合对虎彩、大恒等按需印刷企业的考查和实验，我们提出了社内部生产组织的新的组合模式，减少了库存、满足了市场需求，也为编辑和作者提供了另一条高效、实用且经济的出版选择。

当然，除了以上两点之外，总编室工作还应该关注领导需要、市场需要，应该随时关注新政策、新动态、新规定、新标准，不断丰富完善内部的数据统计和分析等工作。

二、全面掌握各流程状态，协调要到位

通常总编室工作会包含：协调编印发各环节；组织制定本社各年度上报新闻出版广电总局的选题计划和出版计划；组织图书、音像和电子出版物的年检、自检和评奖工作，组织出版社等级评估工作；负责与行业各协会团体的联络工作；负责质量管理，等等。要做好以上这些工作，仅有编辑经验和一些日常事务的协调能力是非常不够的，必然要有对大量矛盾、问题、突发事件、重点工作需要及时研判、及时协调、合理解决的能力，要做好以上工作，就要随时掌握各流程的状态，如编辑系统业务状况、图书音像电子出版物等各类产品的生产情况、营销和财务状态，各流程相关人员的思想状态，等等。

（一）全面掌握编辑系统业务状况，组织协调好编辑环节的重点工作

编辑环节的选题论证、选题计划安排、生产计划安排、年度计划制定、中长期规划制定、重点书精品书规划、基金书申报，都是涉及出版社核心生产力发展的重要环节，其中有大量环节需要总编室做好组织和协调工作，其中每一项工作均应该有规范的操作流程

和大量基础调研、选择、比较、筹划和协调。比如中长期选题规划的制定就涉及由上至下和由下至上的两三个循环协调组织，不仅要在计划制定之初协调专家、编辑室主任、编辑、发行等进行充分讨论、沟通形成初步设想，要组织多次论证会以确定规划的框架思路、选题结构、营销配比，还要在几次循环讨论和细化细节的过程中逐步协调落实方案，只有协调到位，才能落实到位，规划才能起到其真正的指导和战略意义。

（二）及时掌握生产情况，在保障质量的前提下科学协调生产

在出版环节中，几乎所有工作的重点和所有矛盾的焦点都集中到三点：周期、质量、成本。如何协调到位，上为领导分忧，下为群众解忧，关键也是这三个环节。

首先，要建立完备的质量保障体系。要想协调到位，就要及时掌握生产实际状况，最好用制度管理行为，用制度规范行为，用制度厘清是非。如我们结合实际先后建立的《编辑系统管理办法》《音像电子出版物管理规定》《选题管理办法》《质量管理办法》《出版物封扉版以及相关标识格式》《质量审读综合评价表》《精品书、重点书管理办法》《年度经营计划制订与实施办法》等相关文件在实际工作中发挥了重要的保障和协调作用。

其次，要科学规划流程，及时协调解决生产环节中出现的不适宜新的生产需求的工作手段和工作方法，在保障质量的前提下，尽可能缩短产品的生产周期。同时，还要了解营销、财务、市场等等基础数据，做好成本测算，控制好图书的印量与定价。

三、准确把握各类型政策，把关要到位

出版产品独特的文化属性决定了出版行业的政策性和规范性

比较强，总编室要准确把握各种政策，认真把关，使出版社沿着正确的出版方向健康发展。

（一）要熟悉国家相关法律法规，把好出版物的内容关

在出版活动中，出版社既要严格执行国家的出版方针政策，又要严格遵守国家的各项法律法规。在选题论证、签订合同、发稿、申领书号等具体工作中，总编室应时刻注意图书选题和内容是否有违背《出版管理条例》第25条、26条等条款的相关内容，是否有违反《著作权法》《广告法》《反不正当竞争法》等方面的可能，是否有涉及重大选题备案、地图、保密等方面的内容。要做好以上工作，总编室人员日常就要注重业务学习，熟悉国家相关法律法规，把好内容关。

（二）要熟知各种规程规范，把好出版物的技术关

在出版行业的编辑、印刷等环节有着大量的规程规范，如《中国标准书号》《图书在版编目数据》《文后参考文献著录规则》《图书书名页》《标点符号用法》《量与单位》《出版物上数字用法的规定》等规程规范不仅非常普遍地运用于每一个出版物中，而且每隔几年都进行着不同程度的更新和修订。要使出版社出版的产品长期保持较高的质量水准，总编室必须要熟知各种规程规范，及时跟上各种规程规范的修订步伐，调整修改自身出版行为中与标准不一致的内容，把好出版物的技术关。

（三）要严格执行各项出版制度，把好出版社的政治关

出版物的文化属性决定了它一定意义上的导向性，一个优秀的出版社，必须坚持国家的出版方针政策，坚持正确的出版方向。总编室的工作内容中，应时刻把把好出版物的政治关放在首要的位置，要熟悉国家重大选题备案制度，熟知国家的宗教政策、民

族政策、统战政策和保密规定等具体内容，把握书号管理、分工出版、按资质出版等基本制度，协调教育编辑避免书稿中可能涉及的政治性问题和违反国家政策的重大问题。

除以上重点把关环节外，总编室工作许多方面都涉及细节把关的任务，如发稿、稿档管理、书号使用、CIP 制作、成品数据提交、地图审核等等，无论哪一项工作，都离不开总编室工作人员对政策的学习理解和把握，离不开准确严格、深入到位的把关。

四、科学评估全方位动态，参谋要到位

总编室是社领导了解掌握全社动态的枢纽，是社领导经营决策的参谋，也是业务部门咨询业务政策的窗口。总编室的具体工作中只有通过对具体环节全面深入的了解，对整体流程细致真实的把握，对综合数据准确科学的分析，才能做到参谋到位。总体而言，以下几方面工作尤为重要。

（一）做好选题评估工作

选题论证是出版社编务管理的起点，也是编辑工作的中心和重点。选题论证就是通过信息收集分析，专家分析研判，市场营销预测等多方位对选题可能产生的社会效益和经济效益进行的评估。在这个过程中，总编室应充分调动社会和本社资源，建立信息收集分析的基本制度，组织权威有经验的专家队伍，组织编辑、设计制作和营销人员的整体策划论证。比如可以通过制定格式规范的选题论证手册，涵盖选题评估所必备的信息搜集分析、专家建议、营销方案、设计制作方案、宣传方案等内容，作为一个论证分析管理流程作业单，最终在选题通过后归入稿档管理。

（二）做好生产评估工作

生产数据是一个单位了解掌握自身经营状况的晴雨表，是分析自身生产管理是否正常的操纵杆。总编室通常是出版社各类数据的流转中心和汇聚点。做好生产数据的科学统计和准确归集，对分析把握编辑部门的策划经营效果、生产部门的生产组织能力和发行部门的营销效果有着非常直接的作用。总编室日常要结合生产实际及时分析数据的变化动态和规律，探究数据波动的核心原因，对比数据结构间的细微差别，掌握数据流长期和短期特性中代表的生产状态，等等。做好生产数据的统计分析是为生产提供科学评估，为管理起到参谋作用的重要环节。

（三）做好经营评估工作

总编室是管理的中枢环节，在经营决策中有着非常重要的参谋作用。个人体会，总编室要参谋到位，就应该很好地做好经营评估工作，起到领导管理过程中的智库作用。经营评估来源于生产基础数据的分析、财务和市场信息的研判、国家政策的把握、行业技术动态的了解等等。

五、严格落实多层面要求，执行要到位

总编室工作几乎涉及或延伸到全社的各个环节，只有总编室严格落实出版社内部管理的多层面要求，严格执行到位制度、业务、技术及领导等方面的要求，出版社的整体经营管理才能优质高效，科学顺畅。

（一）严格落实制度要求

出版一直有着一套严格而具体的管理制度体系，很多制度本身有着很强的政治性，关乎国家的政治、经济、军事等方面的重

大问题，所以总编室工作必须不折不扣地落实好这些制度。比如重大选题备案制度、书号实名申领制度、三审制、责任编辑制，等等。

（二）严格落实业务要求

长期以来，出版行业对出版社编印发各环节的业务一直有各种明确的技术标准控制和业务管理。一个出版社要想在国家的出版政策指导下持续健康地做好改革发展工作，一定要严格执行国家相关政策、法律法规、规程规范和工作流程的要求，在各流程的具体环节中落实好相关业务要求。

（三）严格落实领导要求

总编室是社领导经营意志的组织落实单位和监督执行部门，总编室的执行力直接决定着出版社整体经营规划的落实效果，决定着各部门执行整体经营计划的质量和效率。出版社作为一个企业，在生产经营中一定要充分发挥总编室的整体作用，执行到位，严格落实领导制定的各项经营规划和目标。

（作者单位：中国水利水电出版社）

融合是出版业走向未来的关键词

——从转型升级到融合发展

冯宏声

2014年8月18日，中央全面深化改革领导小组第四次会议审议通过了《关于推动传统媒体和新兴媒体融合发展的指导意见》，指出传统业态与新兴业态融合发展的方向，“融合”再度成为文化产业发展的热词与关键词。

在这样的背景下，该如何解读“融合”的概念，如何梳理“融合”的历史发展脉络，如何寻找到新一轮“融合”的具体路径，成为出版业必须深入思考的课题。

一、全面理解出版的基本概念

在探寻出版业的未来之前，有必要先行梳理出版的基本概念。透过各种表象看清出版业如何从过去走到现在，从本质的、基础的概念出发，去寻找更远的未来。

（一）出版＝思想的（表达＋表现＋传播）

这主要是从文化的属性来理解出版的概念。在以印刷技术为基础的传统出版业形态下，出版业务流程通常被概括为“编、印、发”，可以表现为以下流程。

思想是主观的，是人类对客观世界的感知、感悟后形成的。

经历“对思想的表达”以及“对表达的表现”的过程，最终的表现结果会形成宏观概念的文化。表达的结果是内容，表现的结果是内容产品，传播的结果是内容服务。表达、表现、传播，都需要按一定的标准与规范，需要借助有形或无形、物质或非物质的介质（载体）来承载。

（二）出版＝信息的（描述＋记录＋传播）＝信息＋数据＋服务

这是从信息属性来理解出版的概念。完成对世界的描述与记录是人类的历史使命。在现代信息技术出现之前，人类用笨拙的方式进行描述和记录。直到印刷技术普及，出版业成为履行该使命的重要参与部门。

出版业借助各种技术手段，按一定标准化、规范化的方式方法，对信息进行描述与复制，并以结构化或非结构化方式将信息重组，记录为数据。描述的结果是数据，记录的结果是数据产品。描述、记录的过程中会形成标准与规则，即描述规则与记录规则。

（三）出版＝内容（生产＋传播＋服务）

这个公式是对出版本质概念的高度概括，也说明出版文化属性与信息属性的高度统一。

在文化属性角度，内容的概念被强调为思想的表达，这里的思想表达既可以是人对具象的客观事物的认知，也可以是对抽象的主观世界的感悟；在信息属性角度，内容的概念被强调为客观的数据，客观数据既可以是非人力所控的客观世界的数据，也可以是人的活动带来的客观性结果数据。无论从哪个视角考察，出版活动的核心都将落到“内容”上。

（四）信息产业＝信息技术产业＋信息内容产业（含出版业）

出版业与信息技术的关系，实际上是文化产业（包含了出版业）与信息产业的关系。包含了出版业的文化产业是体，包含了信息技术业的信息产业是用。“体”与“用”的紧密关系靠着“内容”来维系。由此，基于信息社会的发展，信息产业可以划分为信息技术产业与信息内容产业，而出版业正是信息内容产业的组成部分。

出版业不只是简单的对人类存量知识的传承、对人类增量知识的不断积累，更是要起到解放人类智力，促进人类文明进步的重要作用。出版业最终要推动建立并不断完善“人类社会的知识累进模式”。

二、从四个维度理解出版业融合

融合，是不同领域的要素之间互相渗透、形成一种全新形态。传统业态与新兴业态的融合，必定是传统的要走到新兴（未来）去，传统业态发展为新兴业态。

融合绝不是简单的传统产业主体与新兴产业主体的融合，而是有多层级、各方面的角色参与。融合是新兴业态对传统业态的继承、扬弃。比如技术公司、网络公司与出版企业之间的融合，就不仅仅是浅层的资本联姻，而是要在产业要素层面实现融合，实现进化。

融合最底层、最基础的维度是出版与科技的融合。在信息社会的大环境下，我们需要从产业内与产业外两种视角、四个维度来理解融合。

（一）产业链各环节的要素融合

这是基于出版业的产业链将发生变化的判断。传统出版业的生产方式是线性的，产业内部的要素也是线性地分布在产业链上。编辑、印刷、发行，不是循环的闭环，而是产业要素单一方向的流动。但是互联网发展以后，打破了这个线性，用户（阅读者）借助网络技术可能成为一次生产活动的主动发起者，而不再是被动的、只能在产业链终端等待接收（接受）内容的消费者。于是，所有的产业要素，在技术的支持下，同一时间展现在终端阅读者面前，并根据受众需求重新进行产业链的临时组合。

例如，图书馆用户基于对数字资源的重新整合的需求，提炼相关素材，形成一个新的个性化内容产品，具体表现为一本“书”，利用馆内 POD 印刷线，当场打印装订成书，这就打破原有的出版业产业链。用户站到生产活动的启动环节，用户的自主性得到体现，是用户端发起的自出版行为。

再例如，作者进入线上社区（web 时代社交网络），或是建立线上社群（移动时代社交网络），用生活化的日常交流、靠用户口碑与口味圈定相对稳定的社群对象，通过不断推送中短篇幅文章，对用户标签化，进而寻找用户其他需求、构建模式，形成线下活动。这是生产端发起的自出版行为。

（二）产业分类层面的要素融合

这是基于资源层面的深度管理能力提升趋势做出的判断。通过政府、行业机构、出版企业与技术企业几年的努力，出版界的数字化生产技术装备配备水平正在不断提高。2013 年央企转型升级项目实施后，一多半的中央文化企业配置了相关工具与系统，其中就包括数字化资源管理软件。2014 年央企转型升级项目继续推进，在 2013 年的基础上开始支持部分出版社先行开展资源库建设。出版企业的资源管理能力不断提升。对这些出版企业而言，在传统时代，资源的概念就是把单本书入库，现在则是能够实现把一本一本书的介质去掉，从内容层面做分解，通过一定的标引规则实现资源的分类、分层级管理，还要实现知识分类体系，进行知识角度的资源管理。这样一来，就具备了可以将内容分解，还原到数据、信息层面，进而不再区分大众、教育、专业的分类。

当要基于资源整合出素材、再重新组装成产品的时候，终端接收的内容产品会根据用户的消费需求进行主题投送，从主题的角度不再区分大众、教育、专业，从内容生产的角度看，同一主题的内容在资源层面出自同一个资源库。在最终的内容产品出口的地方，改为根据用户身份进行投送，而不再从生产者角度将内容分类。

内容产品实现生产端与消费端的“内外有别”，向“服务为重”转型。“内”是从生产环节内部（出版社内部），做好内容资源库，按内容的主题，做好不同主题内容的知识分类体系，对资源库进行结构处理，聚集过程中要对内容资源分出层次与层级；“外”是从消费环节（阅读行为）的用户角度，根据用户身份不同、同一用户的不同需求，划分层次与层级，设定产品最终呈现的内容范围，根据需求在生产端调取资源组装成不同的教育、专业、大众类的内容产品，但在同一端口投送；同时，设定好用户消费场景与付费模式。

（三）出版业与其他内容产业的融合

从内容产品形态的发展趋势看，出版业与其他内容产业的融合是必然趋势。这是基于对新的信息技术时代商业模式发展趋势的判断，也是更深层次的对人类自身发展的判断。

信息技术使得不同种类的内容产业之间打破了原有的边界，可以被直观理解的最简单的现象是，纸张、光盘这些外在的物理介质是出版业、音乐业、电影业所依赖的底层载体，但恰恰是因为这些载体的存在，只能形成一定范围内的载体流动，带动内容流动，如果内容要跨界，会受到载体的束缚。当新的信息技术出现后，出版业、音乐业、电影业的核心内容被抽象出来，回归到《著作权法》文字作品、美术作品、音乐作品、电影作品等“作品”的概念上，不再受限于载体，在互联网环境下成为可以交融的元素。

在信息技术的推动下，技术将改变人类社会。如果从科学的角度看，人脑在发生变化，人与外界信息的互动方式在发生变化，人体内部相关信息接收、分析、转化、消化、再生产、产出、传递、交流的器官也发生着变化。人对信息与知识获取的能力得到提高，从而出现全新的需求。人眼需要同时查阅一个屏幕范围内的所有信息，需要不断跳转、链接，注意力难以集中的同时，“兴趣点转化为知识需求点”，对内容产品形态的需求在发生变化。

近年来，众多网络作品版权拍售，成为下游电影、游戏市场的源动力。这是生产端主动发起的衍生形态，以同一主题为核心，形成立体的内容产品形态。国内作家出版社等部分出版社、盛大文学等网络企业已经开始实践此类项目。但是，目前仍然有一定的限制，包括政策上的、资本层面的、市场运作机制上的。

可以被即时吐槽的电影、电视剧，满屏幕滚动的是观众的吐槽。这些评论（吐槽）活动是什么？如前所述，同样是思想的表达，借助一定技术，表现出来并在用户面前呈现，这是大概念之下的出版活动，是消费端发起的新的内容产品衍生形态。传统出版机构应该得到的启发是，内容产品可以直接做到下游的其他衍生产品形态中，从而融为一体。

（四）出版业与国民经济外部产业的跨界融合

这是出版业成为国民经济支柱性产业的必经之路，也是出版史上已经确定的角色定位。出版业靠内容产品、内容服务融入其他产业的具体生产、营销环节，进而对其他产业的产品及服务带来“内容转换成价值——价值不断提升——内容消费数据转换为生产需求——支撑文化产品及其他产品再生产”的良性循环，从而实现与外部产业的真正融合。

互联网是信息技术产业的产品。互联网具有颠覆性，可以将信息传递效率最大化，从而使很多产业原有的产业环节被取消，减少大量的中间环节，让生产者和消费者之间的信息不对称变为信息透明。但传统产业部门一定存在互联网企业无法颠覆的环节，出版业就是要找到这一门槛。

同时，由于出版业与信息技术产业同属于信息产业的范畴，所以出版业和信息技术之间并不是冲突关系，信息技术的出现与进化本来就是为信息的传递提供支撑的。所以，当互联网对其他产业领域造成颠覆的时候，出版业将在信息技术的支持下，得以破茧重生，更好地融入其他外部产业。

三、政策关键词解读：从转型升级到融合发展

在深入理解出版的基本概念、出版领域融合的概念之后，我们回顾一下 2014 年从中央到部委发布的相关文件，提炼出其中的关键词，来解读出版业发展的政策导向。

（一）关键词：转型升级

2014 年 4 月，国家新闻出版广电总局与财政部联合下发《关于推动新闻出版业数字化转型升级的指导意见》。这个文件是中宣部、财政部、总局基于出版业当前面临的形势，审时度势共同提出总体方向，在深入沟通基础上形成的一份文件，虽然中宣部并未作为发文单位，但中宣部相关部门对转型升级工作的认识与具体的指导与推动，是文件最终出台的原动力，文件内容的编写也有中宣部领导和同志们的参与。

1. 文件指明了转型升级对新闻出版业的作用

文件提出，数字化转型升级是进一步巩固新闻出版业作为文

化主阵地主力军地位的客观需要，是抢占未来发展制高点、参与国际竞争的必然途径。

2. 文件提出宏观方向与目标

在宏观方向上，文件指出，要提高新闻出版业在数字时代的生产力、传播力和影响力，为人民群众的知识学习、信息消费提供服务，为国民经济其他领域的产业发展提供知识支撑，更好更多地提供生活性服务与生产性服务，推动新闻出版业成为文化产业的中坚和骨干。文件最终提出，要把文化产业打造成国民经济“支柱性产业”。

在总体目标上，文件提出，实施项目带动战略、盘活出版资源、再造数字出版流程、丰富产品表现形式、提高资产管理能力、实现行业信息数据共享、促进新闻出版业建立全新服务模式。

3. 文件明确了实施原则与工作步骤

文件归纳了实施原则：改革先行、扶优助强、鼓励创新、示范推广；分步启动、并行实施、迭加推进、市场调节。在实践中，财政部与总局依据该文件，采取中央企业先行探索转型升级路线，再推广至全行业的工作方式。

4. 文件提出具体的实施方式与重点任务

文件表明，财政部、总局作为政府部门，将在未来三年内，采取“补需方”的方式对新闻出版业提供经费扶持，鼓励、支持出版业通过标准应用、技术升级、模式升级、人才升级实现全面的数字化转型升级。

（二）关键词：融合发展

8月，中央深改小组通过《关于推动传统媒体和新兴媒体融合发展的指导意见》。

文件强调，要通过融合发展使主流媒体“增强信息生产和服务能力”，更好地满足信息需求；文件指出，要遵循新闻传播规律和新兴媒体发展规律，强化互联网思维；文件提出，要从内容、渠道、平台、经营、管理等方面深度融合。根据这一文件，总局目前正在酝酿推动传统出版业态与新兴出版业态融合发展的指导意见。

（三）关键词：体制改革

10月，《深化新闻出版体制改革实施方案》出台，是对深改小组指导意见精神的延续和贯彻。

文件提出五个方面的重点任务：一是完善新闻出版管理体制；二是增强新闻出版单位发展活力，其中提到“鼓励和支持传统出版传媒与新兴出版传媒融合发展”；三是建立健全多层次出版产品和要素市场，其中提到“建立全国统一的出版产品信息交换平台”，还提到“促进出版与科技深度融合”；四是推进出版公共服务体系标准化、均等化；五是提高新闻出版开放水平，提出“市场化、商业化、产业化、社会化、本土化”的目标。

对文件中提到的几项具体措施可以做如下理解：出版产品信息交换平台的建设，是构建“新闻出版业信息数据体系”的基础，也是为行业发展奠定数据可交换的基础；出版科技融合是传统产业与新兴产业融合发展的底层支撑；市场化、商业化、产业化的落地，要靠市场模式的融合；社会化的落地，要靠面向行业的服务机构的建立与完善。

理论探讨、实践探索、政策解读，最终要落实到推动产业发展的具体市场活动上，落实到市场模式建设上。而市场模式最终指向的是人。因此，从转型升级到融合发展，一定要从用户角度出发，去想象、设计内容产品的消费场景，在实现出版业与科技融合的基础上，实现出版业内部融合，最终实现出版业与外部产业的融合。希望出版业尽快找到融合发展、通往美好未来的光明之路！

（作者单位：国家新闻出版广电总局）

出版创新四议

王英利

提要：如何借鉴科技等领域的创新实践，反思出版创新的热与冷，不急功近利，也不心灰意冷，着眼5年乃至10年以后中国的出版创新。在大力推进出版创新的过程中，我们还应该处理好出版创新与文化坚守的关系。

创新曾是出版行业里经常被谈及，却又渐谈渐淡的话题。当下，创新作为引领发展的第一动力，已上升为国家战略，中央力推“大众创业，万众创新”，无数年轻人成为“创客”，创新也成为最热门的社会词语之一。如何借鉴科技等领域的创新实践，反思出版创新的热与冷，不急功近利，也不心灰意冷，着眼5年乃至10年以后中国的出版创新，冷静理智分析，形成行业共识，扎实做一点打基础、利长远的事情，应算是我们这一代出版人的责任。笔者并没有能力为出版创新开出好的药方，仅谈几点自己对出版创新的思考。

一、出版创新的三个层面

第一个层面的创新反映了对当代中国伟大改革实践的探索实践和成就，出版承担的主要角色是忠实的反映和传播者；第二个层面的创新反映了出版业自身顺应新技术发展的实践和进步；第三个层面的创新则反映了出版业适应市场经济形态的新发展的实践和探索。出版在上述三种创新中发挥的作用是不同的，把这些作用叠加起来，就是出版的当代社会功能。

现代出版的本质是内容的选择、复制和传播。从出版的三个核心环节出发，出版创新也可以分为三个层面：出版内容的创新、出版载体形式和传播方式的创新、出版者和市场之间交换方式的创新。

第一个层面，出版内容的创新。记录和反映有价值的新思想、新知识、新实践，是出版创新最重要的内容，这三个“新”支撑了出版业传递信息、传播知识、记录历史、传承文化的基本社会功能。内容创新又可以分为三个方面：一是推出新的思想、理论或观点，这是内容创新的最高层面，比如影响人类历史的诸子百家、思想家、科学家创立的思想方法、科学理论等。二是反映新的社会实践和感悟体验。人类社会活动的本质是实践，实践决定了人类的意识，而反映社会实践是出版之文化积累和传承社会功能的核心要义，比如文学、历史等巨著名篇。三是对既有思想或知识的新整理或新解释，比如各种文集、汇编、教材、阐释等。

第二个层面，出版载体形式和传播方式的创新。从结绳记事、甲骨竹简、纸张笔墨，到铅与火、光与电，人类记录文字和信息载体的每一次变革，都带来文明的巨大进步。出版就是在这种文字载体的变革中应运而生并不断发展的。特别是数字技术和互联网的出现，给出版业带来革命性的变化。科技创新带来出版载体和传播方式的创新与革命。而数字化时代，在摩尔定律的作用下，新的媒体形式和复制、传播形式又以极快的速度催生着创新和变革。

第三个层面，出版者和市场之间交换方式的创新，或者说商业模式的创新。不管出版的形式如何变革，在商品经济和市场经济条件下，出版者和读者之间、出版商和出版物市场之间总是要不断发生交换，出版才能继续下去。传统的出版经营方式或者说商业模式经过长期发展，是相对清晰和稳定的，但是在数字化时代，传统的商业模式被打破，新的商业模式不断出现。而这种商业模式的创新对未来的出版方式有着决定性的影响，所以笔者把这类创新也作为出版创新的一个重要层面。

在上述的创新方式中，第一个层面的创新是全社会层面的，体现的是整个国家和民族的创新能力，反映了当代人对社会发展趋势和自然发展规律的认识，反映了对当代中国伟大改革实践的探索实践和成就，出版承担的主要角色是忠实的反映和传播者；第二个层面的创新反映了出版业自身顺应新技术发展的实践和进步；第三个层面的创新则反映了出版业适应市场经济形态的新发展的实践和探索，这两个层面表现为出版方式的变化。出版在上述三种创新中发挥的作用是不同的，把这些作用叠加起来，就是出版的当代社会功能。我们应当根据出版创新所承担的不同社会功能，科学合理地认识出版的定位和作用。比如，既然出版不是社会思想和知识创新的主体，而是选择者和推广者，就不应该为没有伟大的作品而惭愧或受到指责，内容创新不足是个社会问题，没有大师的时代不是出版业的责任。当然，我们也不应对重复出版、跟风炒作等行为而推责。出版业在创新中应该找准自身的定位，承担自己应该承担的责任，做好自己应该做的事情。

二、出版创新中的生态观

以“生态的观点”来看待国家创新能力包括出版创新能力的提升。把创新能力这件事当作一个活体来看待，全面、系统地分析其健康成长所涉及的因素和各因素之间的有机联系，科学合理地按其所需和发展规律办事。作为政府，要尊重社会创新主体，为创新能力的提升创造一个和谐的政策生态体系。

多年来，政府和社会为推动创新已经付出了很多努力，出台了很多政策和扶持措施，效果却不令人满意，原因何在呢？笔者以为，从宏观层面分析，原因有二：一是没有从系统的角度思考创新。创新能力反映的是一个社会的综合指标，涉及国民教育体系、科技发展水平、社会文化氛围、政府法规政策、版权保护程度、人才流动机制、风险投资平台、投融资机制等方方面面，是一个系统工程。单纯从某一个方面着力，很难发挥推动整体的作用。二是没有注重推动创新的各个因素之间的内在联系，出台的政策之间不匹配、不和谐，各自为政，各行其是，不尊重创新自身的发展规律，使得良好的愿望常常落了空。科技创新如此，出版创新也是如此。

怎样才能有效提升我国的创新能力呢？如上所说，出版创新能力的提升是个系统工程，应当在科学分析的基础上采用综合的政策和措施，并施以长期的努力才行。这里有个如何科学分析出版创新的问题，笔者认为可以换一个角度来看待出版创新，那就是要以“生态的观点”来看待国家创新能力包括出版创新能力的提升。何谓“生态的观点”呢？就是要把创新能力这件事当作一个活体来看待，全面、系统地分析其健康成长所涉及的因素和各因素之间的有机联系，尊重其成长的基本规律，科学合理地按其所需和发展规律办事，不急躁，也不懈怠，持之以恒，久久为功，必期其成。作为政府，要尊重社会创新主体，为创新能力的提升创造一个和谐的政策生态体系，不要越俎代庖。好比一棵树苗，若想其生长，必须依其生长所需，而不能单纯靠多浇水、多施肥，更不能揠苗助长，否则会适得其反。

那么，如何以生态的观点对待出版创新呢？首先，政府和行业对出版创新应该抱有一种平和的心态，尊重文化发展自身的规律，慎提跨越式发展之类的口号或目标；第二，全社会要形成尊重创新的氛围，重视对创新主体的权利保护；第三，创造支持创新的外部环境，比如，包容创新的社会文化环境，净化有序的市场环境，和谐的政策支持环境等；第四，更多地发挥市场对出版资源的配置作用，减少对出版经营行为的干预，放松对科技等非意识形态领域图书的管制，等等。

三、出版创新与权利保护

当我们尽情享受知识创新的免费盛宴的时候，却发现这场宴会中有价值的创新知识越来越贫乏，这岂不是违背了初衷？目前大部分从事数字产品碎片化的机构并没有获得作者授权。出版社的创新很容易被模仿，唯有寄希望于行业里建立起彼此尊重、错位竞争的有序环境。风起云涌的大数据给出版业带来极大的创新空间，但是面临的最大的问题就是公众的个人数据被公开和商业性使用。

我们反过来思考，中国创新的最大障碍是什么？笔者认为，在创新生态体系中，最大的障碍就是对创新者权利保护不够。只有充分保护创新者的权利，才能最大程度地尊重创造、鼓励创新；反之，没有充分的创新权利保护，就难言国家创新能力的持续提升。科技创新如此，出版创新也不例外，当前最需要加强的就是对出版创新者的权利保护。

我国自古有均贫富的文化传统，对基于个人创造的成果的尊重意识比较淡漠。例如，大家把摘邻家一个梨子视为偷，把购买盗版图书、软件却视为平常。我国已经有较为完备的知识产权的法律保护体系，对专利、商标、著作权等知识产权的保护程度是比较高的，但是全社会对创新权利保护的整体意识不强，权利保护的法律制度还没有得到很好的执行。科技创新如此，出版创新也是如此。侵权盗版这个顽疾，不仅长期侵蚀着作者的权利，也侵蚀着出版业的健康机体，甚至社会主流意识也常把创新奉献社会视为当然之事。当下有的出版物或者知识共享的项目正在推动中，我们应当肯定倡议者良好的愿望，但是从更长远的角度考虑，似应当审慎推进。试想，既然能够免费获取，谁还愿意付出辛苦呢？当我们尽情享受知识创新的免费盛宴的时候，却发现这场宴会中有价值的创新知识越来越贫乏，这岂不是违背了初衷？这个度不好把握，但是我们应该有这个意识。创新得不到应有的尊重和合理的回报，重复出版、跟风炒作、平庸低劣图书的出现就不奇怪了。

当前，政府对创作者权利保护的重视程度和工作力度很大，出版行业和社会公众的权利保护意识也有了明显提升，这是一个非常好的现象。在为此点赞的同时，也还有一些新情况和新问题值得引起注意。

一是著作权保护中还存在盲区。目前在出版社这个环节，作者的署名权、收益权基本上得到保障，作者和出版社之间的权利划分通过出版合同得到较好的解决。但是，著作权之人身权中的保护作品完整权没有得到应有的保护。比如，在目前的数字化浪潮中，不少的出版机构在做着把一些完整作品碎片化的基础性工作，这无疑是有积极意义的，但是也存在着侵犯作者权利的风险。目前大部分从事数字产品碎片化的机构并没有获得作者授权。尽管目前这件事引起的矛盾尚不突出，有关各方对此认识不足，也没有相应的规制，但是从长期来看，应该予以重视，建议出版机构及早取得作者的授权，避免今后产生著作权纠纷。此外，在市场这个环节上，由于社会公众对作者权利保护的氛围不浓，人们购买盗版出版产品的行为还没有得到有效约束，加之不法商贩侵权盗版行为屡禁不止，不断侵害作者和出版者的合法权利。这件事已经成为社会陋疾和行业顽疾，需要政府、社会、行业通过多种措施，努力加以解决。

二是对出版社自身的创新权利缺乏有效保护。出版社为一本图书的策划、编辑、设计等所付出的努力是很大的，而创新性图书品牌所需要的付出就更大了，这种基于出版社的策划、编辑、设计等创造性劳动而产生的著作权利，同样需要保护。但是这方面常常被忽视，比如，随意模仿其他出版社倾力打造的品牌图书，或者作者轻易换掉为其作品付出巨大努力的出版机构，诸如此类，都构成了对出版社权利的伤害。对这类的权利保护，一要靠规制，二要靠行业自觉和社会诚信。在发达国家的权利保护体系中，除了著作权、商标、专利等法律，还有保护商业秘密法。而商业秘密常常是企业的最核心利益，在我国这方面的立法还没有建立。出版社的创新大多体现在公开出版物上，很容易被模仿，唯有寄希望于行业里建立起彼此尊重、错位竞争的有序环境。解决这个问题，建议从行业自律做起，从业者都多一份尊重权利的意识，共同营造诚信与尊重的行业氛围。不尊重他人的创造，让利己主义大行其道，忘记我们对他人的责任和依赖，终会殃及社会和我们自身。在这方面，社会和实践已经多次给我们以教训。我们应该知往鉴今，从自身做起，共同努力创造一个诚信和尊重的市场环境。

三是对社会公众权利的保护意识不足。这里的权利，包括公众的隐私权，也包括公众的正常生活不被打扰的权利等。目前风起云涌的大数据毫无疑问会给社会包括出版业带来极大的创新空间，但是笔者认为这件事面临的最大问题，就是公众的个人数据，包括隐私数据，被公开和商业性使用。隐私权毫无疑问是个人权利的重要部分，特别是当个人数据被恶意使用时，对公众的伤害就会上升到法律的范畴，所以，基于大数据的出版物要非常重视这个问题。当我们张开臂膀拥抱大数据的时候，我们是不是准备好了做一个透明人或者说在鱼缸里跳舞呢？这个问题如果不注意规范，将来有可能会产生恶劣的后果，政府有关部门应高度重视，不要等潜在问题成为现实问题的时候再亡羊补牢。

四、出版创新与文化坚守

颠覆性的创新常常造成对文化的伤害，对此我们应该有审慎的态度和理智的认识。在大力推进出版创新的过程中，我们还应该处理好出版创新与文化坚守的关系。对于文化领域的东西，不能简单地用科技的创新思维来判断，需要多一分历史眼光，多一点辩证思维，多一份文化情怀。

硅谷是当今世界科技创新的主要源泉，那里聚集着一大批顶尖级的创新人才和浓厚的创新文化氛围。可是几年前笔者参观硅谷所在地旧金山州政府，州政府秘书介绍其施政理念的时候，第一句竟然是“We don’t like change.”（我们不喜欢变革），当然他指的是政策性的变革。这件事给笔者很深的触动，也引发笔者对创新和坚守二者之间的理性思考。创新可能带来发展，但是也会带来对美好的破坏，这种事例比比皆是。从文化传承的角度来说，颠覆性的创新常常造成对文化的伤害。对此，我们应该有审慎的态度和理智的认识。

出版承担着传承文明、开启民智的重要社会功能。在大力推进出版创新的过程中，我们还应该处理好出版创新与文化坚守的关系，保持一份对文化的坚守。不管出版形式如何革新，载体如何变化，出版的基本社会功能不会改变，出版者的政治责任、社会良知和出版业的公序良俗不能改变。特别是在内容创新中，要有一种坚守文化的意识，这里既有对外来文化的选择性吸收问题，也有对传统文化的传承和尊重问题，对涉及价值观层面的东西更要有一种自信的坚守态度。

10 年前，随着网络出版的迅速发展，有人认为传统出版已经日薄西山，会很快消亡。现实是数字化出版发展的确日新月异，但是目前纸介质的图书仍然是大多数出版社的主要出版方式和主要利润来源，而数字出版仍没有找到稳定的商业模式。记得世界期刊协会的前任主席在一次演讲时说过，人类不喜欢把自己的认识建立在虚无缥缈的数字空间上，纸介质出版物有其独特的生命力。笔者认为，纸质图书作为一种陪伴人类文明进程的最重要的信息载体，恐怕不是仅从取代性上考虑就可以被颠覆的。也就是说在第二个层面和第三个层面的出版创新上，也需要一种积极审慎的态度。这绝不是要否定数字化的进步，笔者只是想表明，对于文化领域的东西，不能简单地用科技的创新思维来判断，我们还有很多东西不了解，需要多一分历史眼光，多一点辩证思维，多一份文化情怀。

（作者单位：党建读物出版社）

第二编 编辑类

一个编辑的追求

唐浩明

我是“文革”前最后一届大学生，当时读的是水利工程。毕业后一直在水利部门工作。但我个人更喜欢文学、历史等人文学科，所以，在“文革”结束，恢复研究生制度后，我在一九七九年考入华中师范学院中文系古典文学专业，于是由工科生变成了文科生。三年后毕业，分配到湖南长沙岳麓书社。那时岳麓书社刚刚由湖南人民出版社分出来，建社不足半年，全部人马加起来，也就十几个。大家在一间大办公室上班。另外在不远处新华社湖南分社招待所还租了一间约十平方米的小房子，我被安置在这里。用一个大书柜，将房间分为前后两部分，我在后半部分搭了一张单人床，摆上一张书桌、一把椅子，就算安顿下来了。前半部分，则坐着编辑部主任和另一个编辑。因为有书柜挡着，我坐在后面，有一种拥有独立空间的感觉，心里很安宁。到了下班，这间办公室便是我的一统天下，更觉十分满足。我从小喜欢读书，现在天天与书稿打交道，又可以遇上不少有学问的作者，这工作太好了！

主任是个待人和气的半老头。他那时在看《古文观止》译注的清样。《古文观止》是我一直很想读却找不到的书，现在它的书稿居然就在眼前，我很高兴，对主任说：“您打清样时多打一份，把那一份送给我吧。”老主任说：“用不着留清样，出书时社里每人会送一本。如果你还要的话就找我，每个责任编辑，社里会发20本样书。”

我听了这话后简直惊喜极了。这就意味着，我今后不用花钱，就可以得到很多书。编辑这个职业居然有这么好!

“编辑”两字在我心里一直有很高的地位，如今，我既然做了编辑，就要以张元济等老一代编辑家为榜样，做一个优秀的编辑。

我非常高兴能在岳麓书社这个以出版中国传统文化书籍为职志的古籍社做一名编辑，我以满腔热情投入到自己的工作中。

编辑这两个字，在我的心里一直有很高的地位。我们民族的至圣先师孔夫子就是中国的第一个大编辑。老夫子一生述而不作，整理编辑《诗》《书》《春秋》，论对中华文化的贡献，没有哪个人能超过他。历史上，有许多著名的编辑，如编《文选》的昭明太子，编《唐诗三百首》的蘅塘退士，编《古文观止》的吴氏叔侄，编《古文辞类纂》的姚鼐等等。他们的贡献，并不亚于一个有成就的学者、作家。近代许多文化名人，都做过编辑，如张元济、梁启超、李大钊、陈独秀、胡适、鲁迅、叶圣陶、梁实秋、巴金等。当代编辑中，也有不少文化名人，如张恨水、张友鸾、金庸、高阳、林海音、王鼎钧、巴人、杨伯峻、周振甫、韦君宜、傅璇琮、沈鹏等等。我想，我既然做了编辑，就要以这些人为榜样，做一个优秀的编辑，做一个对文化事业有贡献的编辑。

做一个好编辑，首先得编书。出于这样的思考，在岳麓书社制订庞大的湖南地方文献与古籍整理的出版计划时，我主动请缨接受考验。

做一个好编辑，首先得编好书。

岳麓书社当时制订了一个庞大的湖南地方文献与古籍整理的出版计划，开列了从古代到建国前的两千多种湘籍人士的著作，拟陆续出版，其中特别引人注目的是六大全集，即王船山、魏源、曾国藩、左宗棠、王闿运、王先谦六个人的全部文字。这是六个浩大的文化工程。

我很认同这个出版计划。第一，历经多年劫难后，有许多好书已极难找了，现在重印，可以为读者提供方便。第二，从古到今，书籍浩如烟海，绝大部分其实没多大价值，亟需人作一番清理。把那些经受了时间考验的有意义的书挑选出来，重新印刷，以便引起读者注意，既造福当代，又可将它们引入人类文化长河中。第三，趁着大劫之后，还有一批宿学老成者健在，给他们创造一个传递文明薪火的平台。总之，这是一桩功德无量的事。我向社领导主动请缨：我愿意来做这件事。

这件事，说起来人人都认为是好事，但是做起来毕竟太枯燥乏味，且极耗时日，许多编辑并不愿意参加。于是我的主动请缨很快便得到批准，而且做的是六大工程中最重要的一项，即做新版《曾国藩全集》的责任编辑。我很感谢社领导对我的器重，把这样一个重担交给我。这个信任，促使我以极为高昂的热情投入工作。

接受《曾国藩全集》责任编辑的任务后，才感受到身上的责任有多重。因为它不是一般的出版任务，而是一项巨大的出版工程。

说起我将从事的这个工程，的确非比一般。

首先是曾国藩这个人不一般。他出身于一个普通的农民家庭，靠自己的努力一步步走进了朝廷的权力圈，然后又以文职官员的身份，白手起家组建一支军队，平定太平天国，改写历史。他不但立功，而且立德立言。百余年来，他几乎是所有平民子弟的励志榜样，尤其备受政治家的敬重。梁启超认为他不仅是中国有史以来数一数二的大政治家，也是全世界数一数二的大政治家。蒋介石以他为榜样，毛泽东说“愚于近人，独服曾文正”。但同时，也有人说他是汉奸、卖国贼、刽子手，阻挡历史车轮前进的反革命头子。评价上的反差之大，历史上少有人可比。

其次，老版《曾国藩全集》影响很大。曾氏死后不久，由李鸿章兄弟等人组织编辑刻印的《曾文正公全集》即问世，该书可谓近代个人全集中影响最大的一部。蒋介石将它随身携带，走到哪里带到哪里。毛泽东也很喜欢读它，至今韶山故居还保存着四本线装版曾氏家书，每册左下角都有“润之珍藏”四个端正的楷书。梁启超从中摘取数百条语录，编辑成一本《曾文正公嘉言钞》。蔡锷则据此编辑《曾胡治兵语录》，作为他的部队的教科书。

最主要的，是我们要编的新版全集，很有传奇性。

曾氏是一个档案意识极强的人，他的所有文字包括家书、日记这种私密文字都留有副本。战争年代，每隔一段时间，他要派专人将他的副本，从前线护送到老家保存。他死后，这些文书档案成了曾氏家族的镇宅之宝，世代典守，秘不外示。解放前夕，他的第四代嫡孙宝荪、约农姐弟将其中的一部分手迹，辗转带到台湾，大量的文件则依旧留在曾氏老家富厚堂内。解放后，曾氏家族的一切财产都被没收，充作公产。房屋、田地、古董以及室内的所有家具摆设都成了抢手货，唯有书籍和那些文书档案无人要，被堆放在富厚堂内的砖坪里。摆了一段时期后，有人建议，干脆一把火将这些反动的材料烧掉了事。正在这时，省里的有关人士知道了，决定将这批东西运到省会长沙来，交给湖南图书馆的前身中山图书馆保管。那时正是激情燃烧的时代，图书馆没把这批东西当回事，随便找了一个不起眼的小屋子堆放着。然后一把锁，将它们紧锁起来，从此无人过问。后来，大家也慢慢将此事给遗忘了。

不料，这种待遇恰恰保护了这批材料。到了“文革”时期，在“破四旧”的狂热中，正是因为被遗忘，这批材料才侥幸逃脱那场劫难，被意外地完整保留。

无知无畏的我承担起了《曾国藩全集》出版工程的联络、协调，甚至包括全集体例统一的事情。要知道，这么重要的出版项目一般应由资历较深的主编来负责。

上个世纪八十年代初，中国重返正途不久，中央便成立了古籍规划整理出版领导小组，各省也陆续成立了相应机构。在湖南古籍规划整理出版小组的领导下，学术界和出版界联手，对湖南近代历史文献作了调查清理。于是，尘封湖南图书馆30年的曾氏旧档得以重见天日。学者们将这些材料与光绪年间的刻本《曾文正公全集》一比较，发觉有很多没有收进来。当时的全集，其实是一部选集。大家都认为，很有必要以这些档案为基础，再将台湾上个世纪六十年代影印的《湘乡曾氏文献汇编》合起来，出一部新版曾氏全集。上报国务院古籍规划整理出版领导小组，得到批准，于是便有了这样一个项目。

然而，要将这个计划变为现实，却是一件很不容易的事情。首先得组织一个队伍。明明是一件好事，但学者老师们对此积极性不高。主要原因是高校、社科院不将古籍整理视为科研成果，在评职称、晋级、获奖这些方面都不起作用，他们做此事，除一点微薄的整理费之外，没有其他功利性的收获。好不容易从三四个单位组织了二十余人的专家队伍，因为种种原因，又不能产生出一个主编来。于是，所有的联络、协调，甚至包括全集体例的统一等等事情，便都落在出版社的身上，具体来说就是落在我这个责任编辑的头上。当时的我，因为无知也便无畏，毫不犹豫地就充当起这个角色来。

再就是繁重的清理复印工作。那时岳麓书社没有汽车，我把社里唯一的复印机搬到板车上，与一个小伙子合作，一路颠颠簸簸地把复印机拖到省图书馆。社里派出另一个同志做复印员。从那以后，我每天进库房，把那些百多年前的曾宅老档都清点出来，因年代久远，保存不当，发黄发霉，脱落，腐烂，虫蛀的文档很多，得一一将它们处理归置，然后交复印员一张张地复印。天天如此，风雨无阻，就这样三个多月下来，将除奏稿外的藏件全部复印下来。幸而当时图书馆没有市场意识，没有专门因此事收费，如果按照后来图书馆的规定，资料费便将是一个天文数字。我们无法筹集到这笔巨款，结果当然是这个事情不能做了。

为了真实地感受曾集的深浅，我自己先来做曾氏家书的整理校点。我在省图藏件、光绪年间刻本，台湾影本的基础上整理出的曾氏家书近百万字，分为上下两册，为方便读者阅读，我为每封家书写了提要，又在书后附上人名索引和内容主题索引。1985年10月，这两册家书作为新版《曾国藩全集》最先推出的部分，由岳麓书社出版了。正当我捧着新书欣赏的时候，一件意想不到的事发生了。一天，《湖南日报》突然在重要版面上登出一篇文章，标题好像（我记不大准确了）是《为谁树碑立传》。这是一篇标准的"文革"文章：居高临下的气势，貌似堂堂正正的大道理，饱含着阶级感情，充满着火药味，语气格外尖刻。文章指责岳麓书社为什么要给一个反革命头子树碑立传，许多革命老前辈都有家书，你们为什么不出？"文革"才过去不到十年，这样的文章令人心惊肉跳。最令人害怕的是，它或者有背景、有来头！当天夜里，我便到了主管出版的一位省委宣传部领导家里询问此事。那位领导说："这多半是个人意见，不可能有什么背景与来头。出版曾国藩的全集，是经过国务院古籍规划整理小组批准的，不要动摇。"

好在接下来并没有后续的文章，也没有接到来自领导部门的所谓打招呼的话，我的心才慢慢安定下来。不久，美国纽约《北美日报》发表了一篇题为《还历史以本来面目》的社论，专门祝贺中国出版《曾国藩全集》，说出版此书是，"朝着正确对待历史的方向跨出了可喜的一步"，"是中国文化界人士的思想突破了一大禁区的标志"，"其重要性完全可以和中国发射一枚新的导弹或卫星相比拟"。这事让湖南出版界很兴奋，也让参与整理的学者专家们受到鼓舞。过些日子，我写的《曾国藩对人才的重视与知人善用》一文，被中组部举办的第三梯队培训班选作课外重点参阅论文。此事也成为整理出版曾氏全集的一个正能量。

我的《曾国藩对人才的重视与知人善用》一文大受好评，这也让我意识到客观科学对待历史的时候到了。我开始一边编辑曾氏全集，一边潜心于近代史与曾氏的研读。

我的这篇文章，其实是遵省委组织部之命而写的，我实事求是地写了曾国藩在识人用人方面的一些成功经验。这事给我以启发，现在已到了可以客观科学对待历史的时候了，只要是抱着这种态度研究历史，是可以得到社会认可的。在整理校点曾氏家书的过程中，我已经不知不觉地走进了曾氏的世界。说实在话，在先前我对于曾氏并不了解，只是从教科书上知道他是一个大反面人物。这段时期多次仔细阅读他的一千多封写给家人的书信，我发现他信中所讲的许多观念与我的思想相吻合，我很自然地能接受他讲的那些道理。他的有些话甚至让我震撼。比如他对他的儿子说："若农夫织妇终岁勤动，以成数石之粟数尺之布，而富贵之家终岁逸乐，不营一业，而食必珍馐，衣必锦绣，酣豢高眠，一呼百诺，此天下最不平之事，鬼神所不许也，其能久乎？"曾氏这一段话不是在宣传革命理论吗？身处他的地位，能将世事看得这样通透，说明这个人非比一般。

我决定，向前辈学习，不仅仅只伏案看稿、改正错别字，而且要独立研究，做一个有学问有思想的优秀编辑家。我从此开始一边编辑曾氏全集，一边潜心于近代史与曾氏的研读中。我的编辑工作逼迫我必须一字不漏地啃读曾国藩本人所留下的一千多万字的原始材料。这种笨拙的读书方式，让我看到历史的许多细微末节。而这，往往被不少以研究为主业的历史学家们所忽视。我在学术刊物发表了十多篇研究曾氏的文章，引起了学界的注意。在《曾国藩非汉奸卖国贼辨》这篇文章里，我提出曾氏不是汉奸卖国贼的观点。文章在《求索》杂志上发表后，立即被美国《华侨日报》摘要刊载。文章发表至今已有二十七年，没有见到反驳的观点。可见学界基本上是认同我的这个看法的。在全方位地研究曾氏这个人后，我有一个认识：曾氏既非十恶不赦的反面人物，也不是一代完人式的圣贤，他其实是一个悲情色彩很浓厚的历史人物。他在晚清那个时代身处政治军事的中心旋涡，却一心想做圣贤，一心想在中国重建风俗淳厚的理想社会，这就注定了他的悲剧性。细细品味他留下的文字，可以发现他的内心深处是悲凉的、抑郁的，他的苦多于乐，忧多于喜。这种强烈的悲情氛围，要远远超过他的那些风光荣耀的外在表现。

四十不惑之年，我开始日夜兼程，创作以曾氏为主人公的长篇历史小说。

在 1986 年，也就是我进入四十不惑那年，我做出了一个在当时看来是很大胆的决定：写一部以曾氏为主人公的长篇历史小说。

之所以以小说的形式而不是以评传的形式来写，是基于以下几点：一，借文学元素可以走进人物的精神世界，由此可以将人物写得生动鲜活，尽可能接近我心目中的那个人物原型。二，读者喜欢读文学作品，书的发行量会比较大，我的努力所能够获得的认可面也会大一些。三，我在青少年时代极想做一个作家，我要借此圆我的作家梦。从那以后，我上班时间编曾国藩全集，其他时间写曾国藩小说。每天写作到凌晨一两点。我没有星期天，没有节假日，没有任何应酬，除开睡觉外，也没有任何休息的时间。我甚至连天气变化时序推移的感觉都已不存在。为了获取尽量多的时间，我坚决辞掉了副总编辑的职务。我当时已不年轻了，我有一种时间上的紧迫感。

经过三年多的日夜兼程，我写出了百万字的初稿。到了将书稿交给湖南文艺出版社，正式讨论出版事宜时，长期以来心中的最大顾虑，便立即成了最大的拦路虎。这个最大的困难不是别的，恰恰就是曾国藩本人。湖南刚刚因为出版了《蒋介石秘录》一书而受到很大的冲击，现在又冒出在很长时期里被主流视为是蒋同一个系统的大人物来，很多人认为不能冒这个险。选题多次申报不能通过。直到 1989 年底，湖南省出版局换了新局长，我本人向这位新局长当面陈述两个多小时。新局长终于表示：只要没有政治问题，又不是诲淫诲盗，可以考虑出版。新局长要求每个局党组成员都看一遍书稿，并且签字表态。这样慎重地对待一部书稿，过去从来没有过。书稿终于进入正式出版流程。

我的历史小说出版后，深受读者欢迎，也推动了《曾国藩全集》的发行。我认为，编辑虽说是杂家，但也不能太杂，杂中还得有专。因此，我的编辑工作锁定在了一定的范围。

还在湖南出版界态度不明朗的时候，我请我的父亲与台湾出版部门联系。台湾黎明文化公司很快表示愿意出版。我请人用繁体字誊写一份，托回乡探亲的台胞带去台湾。1990 年 8 月，台湾黎明文化公司出版《曾国藩》的第一部。三个月后，以《血祭》为书名的大陆版《曾国藩》第一部也在湖南文艺出版社出版。没有想到的是，第一部出版后引发的社会反响，大大地出乎人们意料之外。这部书首先在校对室里便招来一片叫好。出版后，来出版社买书、要书的车水马龙。当时印书的新华二厂在邵阳市，因为供电紧张，常常停电。工厂要求供电所供电，所里的人便说，你们拿《曾国藩》来，我们就供电。连文艺社从不读书的门房，都想请责任编辑送他一本书。我听后很感动，立即自己拿出一本来签上名，亲自送给这位工人师傅。

从第二部开始，局党组不再集体审稿了，发稿一事完全由湖南文艺社做主。1991 年，第二部《野焚》出版，1992 年第三部《黑雨》出版。几乎与此同时，台湾也推出了黎明版的第二部、第三部。那几年，社会上广泛流传两句话："从政要读曾国藩，经商要读胡雪岩。"这两句话为小说《曾国藩》做了很好的广告宣传，同时也推动了岳麓书社版的《曾国藩全集》的发行。1995 年，《全集》第一次整体推出，便印了八千套，半年后又印了五千套。三十本的历史人物的全集，两年内发行一万三千套，这种情况很少见。

不但社会喜欢，这部书还得到学界的认可。《辞海》第六版专为岳麓书社版的《曾国藩全集》立了一个词条。

这之后，我策划了《胡林翼集》《彭玉麟集》《曾国荃全集》，并担任这几部书的责任编辑。这几个人都是当时湘军中的高级将领。他们的文集，无疑是研究那一段历史的重要史料。作为一个编辑，我不想四路出击，到处开花，我把目光锁定在一个比较小的范围。这个小范围，一是湖南，二是近代。我认为，这样做，无论是对出版社，还是对我个人，都是有利的。编辑虽说是杂家，但也不能太杂，杂中还得有所专。太杂必流于浅薄，有所专才能走向深厚。

在这个过程中，我继续业余时间的历史小说创作，写了《杨度》与《张之洞》两部书。这两部书的时代背景也框在近代。所以，这三部书被人们称之为“晚清三部曲”。

进入二十一世纪，“曾国藩”出版热的背后是对曾氏身上所体现的中国传统文化中的“道”或忽视或淡化或歪曲。这激起我为曾氏正本清源的责任。

写完《张之洞》后，时间已进入二十一世纪。这时，“曾国藩”这个人和有关他的图书已变得很红火了。有人对我说过，曾国藩成了仅次于毛泽东的近代红人。但是，在看似热热闹闹的图书市场里，却隐藏着两个很突出的问题：一是这些图书绝大部分显得浅薄，互相抄袭；二是这些图书感兴趣的是权谋机巧一类的低层次的“术”，对于曾氏身上所体现的中国传统文化中的“道”，或忽视或淡化或歪曲。作为“曾国藩热”的始作俑者，我的心情颇为压抑。我觉得我有责任为曾氏做一些正本清源的事。于是，我从《张之洞》出版后就明确表示，我今后不再写长篇历史小说，而是做点别的事。

这个事中的最主要一部分便是写“评点曾国藩”系列。确切地说，“评点曾国藩”是评点曾国藩的文字。2002 年推出“评点”

系列的第一部《评点家书》，以后陆续推出《评点奏折》《评点梁启超辑嘉言钞》。对这三部评点，我的写作宗旨是：以走进曾氏心灵为途径，以触摸中华民族文化的底蕴为目标。作为一个文化人，我认为这才是研究曾国藩的正路子。从 2007 年到 2011 年，我又花了整整四年的时间对十多年前的《曾国藩全集》做了一次全面的修订。为什么要修订？这是基于以下三个主要原因。一，这十多年来又发现了一些曾氏文字，特别是台湾出版的“台北故宫博物院”所收藏的曾氏奏折，为数不少，很有补充进去的必要。二，上个世纪九十年代所出版的全集存在着不少差错与问题，很有改正改善的必要。三，由湖南省政府出资的《湖湘文库》将《曾集》列入其中，提供了一个全面修订的好机会。

《曾国藩全集》被列入《湖湘文库》，进行重新修订，弥补了当年编辑的遗憾。

作为《曾集》的重要参与者，这十多年来，我一直为当年因为人员众多、政出多门而造成的不少差错而深存遗憾。现在能有这样一个机会来弥补，且可以增加许多新内容，这是一件太好的事了。我立马中断“评点”系列的写作，全身心投入到修订版的工作中去。2011 年 11 月，在曾氏诞生 200 周年的纪念会上，举行了隆重的修订版首发式。看着用红绸带包扎的三十一册修订版全集，我心里长长地舒了一口气，感觉基本上可以无憾于读者、无憾于子孙了！

去年，评点系列的第四本“评点日记”问世。第五本评点书信、第六本评点诗文也会在今年下半年相继推出。明年，我将把这六本评点合起来，再作一些增删修改的工作，以《评点曾国藩选集》的书名整体推出，为有兴趣的读者提供一个方便的读本。到时，我已整整七十岁，我将以轻松的心情退休，结束三十四年的编辑生涯。

编辑要有“传承智慧，打通古今”的责任。回首三十余年的编辑生涯，我一直朝着作家型或学者型编辑的方向而努力。

自从上个世纪八十年代进入岳麓书社，我就常常想着这样一个问题，我的职业成就体现在哪里？或者说，什么是我的职业追求？

我认为传承人类优秀文化遗产、积累当代文明成果，应是出版社的最主要的职能，至于获得多高的经济收入，创造多大的利润价值，则是对这个职能履行程度的回报之一，而不是衡量它的最重要的指标。具体到我自己，一个古籍出版社的编辑，其立足点则要落在传承中华民族的优秀文化遗产上，把古代的知识、技能，把古人的感悟、体验传承给今人，这其中最为重要的是古人的智慧。一个当代的古籍编辑，要有一种意识，即如何能让今天的读者更方便地接受这一切。所以，我后来慢慢地将这一思想形成八个字，即“传承智慧、打通古今”。

智慧，本是人类的高端成果，但其中仍然有低层次与高层次之分。低层次的智慧是可以用文字来表述的。这些年来，我也应邀讲过一些课，其中有一个课程就叫作《曾国藩的人生智慧》。我写曾国藩的评点系列，也是把很大的心血用在挖掘曾氏的处世做人的智慧上，至于我编辑的二曾、胡、彭等人的文集中，自然也蕴含着作者许多的智慧在内。至于高层次的智慧，则不是文字或语言所能表达的。大家都知道轮扁斫轮的故事。出于《庄子》一书的这个寓言，实际上说出了人世间一个最大的真理，即文字与语言本身的局限性，只不过轮扁的“六经乃糟粕”那一些话，说得太过激、太情绪化而已。许多年后，岳飞所说的“运用之妙，存于一心”，则以平和的心态把这个感悟说得直白而为人们所理解和接受。

那么，高层次的智慧还能传承吗？如果能，它会以什么方式传承呢？我认为，人类的高层次的智慧一定是能够传承的，但不以文字或语言的形式来直接传递，而是隐藏在杰出人物对世事的具体处置上。善于观察和思索的人将此化于自心，心领神会而随机运用。我之所以要倾注自己的几乎全部心血去写三部历史人物的小说，其主要的目的就在这里。我希望借助文学元素来再现历史上那些杰出人士的所作所为，让有心的读者从中去琢磨去感悟那些高层次的智慧。

三十多年来，我走过一条从文献整理到文学创作，再到文本解读的道路，看起来扮演了编辑、作家、学人三个角色，其实我一直立足在编辑这个岗位上。上个世纪八十年代，出版界提倡做作家型编辑、学者型编辑，我很认同这个倡导。这些年来，我的一切努力，实际上不过是朝着作家型编辑或学者型编辑的方向努力罢了。

（作者单位：岳麓书社）

大数据时代下历史类图书市场走向分析及策划建议

张 潜

摘要：近年来，通俗历史读物畅销热潮逐渐消退，历史类图书市场面临读者群体流失的问题，图书选题策划有了新的要求。历史类图书的策划应该利用新的技术手段，把握微观化的整体趋势，重点关注私人史、口述史、回忆录以及具有内在关联性史料的选题，使历史类图书能结合趣味性和知识性，让知识有趣，让趣味有深度。

关键词：历史类图书　选题策划　大数据

自2005年开始，历史类图书成为畅销书的一大类型。以易中天、当年明月、袁腾飞等人为代表的通俗历史畅销书，销量早已超过了以往正统的史书原典和专业历史著作，掀起了“全民读史”的风潮。

然而，2012年之后，由“开卷”统计的年度非虚构类畅销书前三十名就不再有历史类图书的身影，众多出版社在历史通俗化的市场趋势驱使之下，一拥而上地推出的“微博体历史”、私人品史等所谓“新历史”图书并未引发新的读史热潮，却因为质量的良莠不齐导致市场反响平平。今后，通俗历史读物无论从形式上还是内容上都将难以为继，而“大数据时代”（Bigdata）下[1]余音未了的历史图书面临着信息搜集和处理等方面的新挑战，在未来的选题策划上更应把握新的趋势。

一、通俗历史读物畅销热退潮

通俗历史读物的畅销与特定的传播方式有密切关系。以几个代表人物为例，易中天的走红是由于电视节目《百家讲坛》的推动，它以每天一集的连播形式，很好地控制了叙事节奏，用生动通俗的故事做一种知识交流的尝试，此后，易中天的《品三国》（上）登上 2006 年度“开卷”非虚构类畅销书排行榜榜首；而当年明月使通俗历史在网络领域爆红，《明朝那些事儿》系列也在 2008 年至 2011 年大卖；袁腾飞则把趣味化的历史教学带到了公众面前，《历史是个什么玩意儿》和《这个历史挺靠谱》系列不仅代表了通俗历史读物的写作群体范围的扩大，更将读者群体大大扩大了。

既然历史图书的畅销依赖于某些特定的传播方式，则必然面临两种危机：一是新媒体的出现会逐渐取代旧媒体的传播方式，依托于新的传播方式的图书就会对旧的畅销书造成冲击，一个明显的例子就是微博、微信的出现对传统电视节目、网络连载文学的影响；二是同一种传播方式如果没有后继的有潜力的作者和优秀的作品补充，则会走向资源的枯竭。而通俗历史读物恰恰在两个方面均面临问题。

一方面，微博、微信作为新的交流工具，并且成为“大数据”的信息重要来源之一，在当下人们生活中扮演了越来越重要的角色。为了抢占承载历史故事的新媒介手段，许多出版社希望延续新媒体对历史通俗书籍的推动作用，策划出以微博体模仿历史人物发段子的书籍。仅以《微历史》这个书名为例，版本之多让人惊讶。[2]这些书籍朝着畅销书的方向策划却远未达到畅销书的效果，某些书籍形式上确有新颖之处，但新鲜感很快就被扑面而来的大量网络语言冲淡，取而代之的印象是散乱、没有系统，缺乏知识含量。

另一方面，易中天等人走红的原因，除了有效利用了新的传播方式外，在内容上抓住了三个要点：一是流行语的运用拉近历史与当代人的语言距离；二是把历史故事与当下生活联系起来，以古鉴今；三是故事趣味化，强调与正统的教科书有区别，满足读者的“求真”欲望。此后，阎崇年、纪连海、蒙曼、张鸣等人的历史图书均取得不错的市场成绩，但除此之外，通俗历史读物却逐渐在通俗化的道路上越走越远，一些出版社甚至依靠书名、装帧上的噱头来吸引读者的眼球。例如，一本名为《我来剥历史的皮》的书，封面上赫然写着：“当历史遭遇刀子，隐匿千年的非常人、生猛事终于——hold 不住了！”又如《烩历史》一书，大谈“狂炒 24 个王朝不敢示人的隐讳秘闻，全烩 205 位皇帝偷偷摸摸的私人生活史”，[3] 使历史书籍的广告堕入桃色小报的路数，在通俗之下变得恶俗了。

因此，通俗历史读物无论在形式上还是内容上均难以为继。要探讨当下历史图书选题策划的新出路，必须针对历史图书市场新的背景、特征、读者定位、策划方向等方面进行研究。

二、历史图书分众市场新变化

就历史图书整体市场情况而言，近年来呈现明显的二级分众市场。即，除了“通俗历史读物”的读者被定位为大众读者之外，“专业历史著作和历史原典”的读者被定位为历史研究者及版本收藏者（小众）。因此，从 2005 年至 2012 年，大部分出版社的历史图书策划重点在于满足大众读者需求，从而出现为数众多的通俗历史读物。2012 年后，随着读史热潮的逐渐降温，历史图书分众市场有了新的变化。

首先，通俗历史读物的销量依靠几位已经走红的著名“品史”作者引领，他们的忠实读者群可以称为“粉丝群”。这一部分读者还固守历史文化读物的市场，他们与其说是选择图书，不如说是选择作者。显然，“粉丝群”比原来的大众读者群的人数大为减少。

其次，相对固定的属于小众的历史专业研究者。这部分正统历史研究书籍的受众数量相对稳定，但他们所处市场背景开始变化，自2014年开始，许多出版社对历史图书的策划不再一味追求“畅销”，反而不避专业性、学术性，[4]这说明历史图书出版方向的改变在于提高整体的文化性，对于之前历史图书一味追求通俗化有纠偏作用。

由此可见，历史图书市场最为显著的变化就在于有一部分读者群体流失了。除了二级分化的忠实的“粉丝群”和相对固定的研究者之外，减少的读者是介于“粉丝”和“研究者”之间的“历史爱好者”群体，这个群体原本和“粉丝”共同组成通俗历史读物数量庞大的“大众读者群”，并把通俗历史读物推上了畅销书的宝座。现今“粉丝”依旧，市场上的通俗历史读物却已经不能满足历史爱好者的阅读需要了，他们自然就流失了。这正是通俗历史读物无法继续保持“畅销书”位置的原因。

既有某种热潮的消退，就必然有其他的出路。历史爱好者既不像研究者那样要求历史图书的学术深度，又不再认同通俗历史读物的知识水平，而是要求趣味性和知识含量较好的结合，在保持趣味性的同时向专业历史著作靠拢，这就给未来历史图书策划提出了新的要求。

三、大数据时代下历史类图书选题的新趋势

图书市场变化伴随的是策划理念的转变。从早年黄仁宇的《万历十五年》成为学术畅销书开始，[5]微观史学观念已逐渐深入人心：相对于传统历史教科书的宏大叙事，这些书籍在大事件、大人物之外，从一个小的切入点来看社会百态和世情风貌，兼具知识性

和趣味性，很能满足读者的求真愿望。观念的改变使得近年历史图书策划也着重从细节着眼，也使得《万历十五年》从畅销书变成了该领域的长销书，更涌现出一批能经受市场考验的学术著作，如，史景迁的《王氏之死：大历史背后小人物的命运》[6]，孔飞力的《叫魂——1768 年中国妖术大恐慌》[7] 等等。在通俗历史读物中也有不少此类书籍，如《历史藏在细节里（教科书里没有的历史）》《历史不忍细看》[8]，等等。

然而，现今出版业所处“大数据”（Bigdata）时代，能用“大数据”来定义一个时代，意味着不仅信息科技、金融、电信这些领域受其影响巨大，文化产业也身处其中。因此，图书的选题方向仅仅从微观化、细节化考虑已经不够了。在“除了上帝，任何人都必须用数据说话”的年代，[9] 前所未有的海量数据也给历史图书选题提供了更多的丰富性和可能性。

其一，私人史、口述史、回忆录将成为一个大方向。大数据信息来源的重要部分就是服务器生成的数据，如各类日志、文件、移动数字设备等。也就是说，人类的一切生活轨迹在大数据时代都会得到很好的记录。一本 2014 年度广受好评的历史图书很能说明这个问题。英国学者奥兰多·费吉思的《耳语者：斯大林时代苏联的私人生活》[10]，记录了斯大林时代普通人的生活和情感。该书获得了《新京报》评选的 2014 历史类年度好书奖。在后记里，作者说明了写作这本书的方法：采访了一千多人，搜集几百个家庭的材料。而写完这本书，一千多人中一部分已经去世了。北大历史系教授王奇生评论这本书时说：“做历史研究非常依赖文字材料，依赖档案馆里的档案；档案馆总有开放的那一天，只要没有天灾人祸把它消除掉，它总会在那个地方。但是，历史的参与者，历史的亲身经历者是有寿命的。他们很可能再过十年，最多再过二十年，很可能就会离开这个世界。那么，这一段历史，没有他们的参与和记录，会是怎样？”[11]

大数据时代对“采访亲历者”这一材料搜集方式的改变在于困难程度的降低。网络日志、社交网络数据，传感器网络、视频档案等等全部会被保存下来，对于写作者来说，采访某段历史亲历者的时间空间限制会逐渐消失。而对于图书策划者来说，一方面，信息的搜集成为更加容易的工作，会使私人史、回忆录成为微观化趋势下比较容易被采用的形式；另一方面，更需要编者的眼光，看到究竟是哪些作者在越来越浩大的、越来越容易得到的信息中找到了有价值的部分。《耳语者》的成功在于展现了一种意识形态的形成、发展过程，它是触目惊心的，也是非常客观的。它给历史图书策划提供了一个成功的模式：1. 客观的成书形式——（比如采访基础上的）坚实资料基础；2. 一个核心观点或主线的提炼；3. 这个观点必须具有时代的意义和言说的价值。《耳语者》的成功模式在未来的历史图书中可以被广泛复制，而在技术上则更加容易实现。

其二，具有内在关联性史料的选题将成为历史图书的策划重点，这也是最体现策划者能力之处。“大数据”的海量、高速、多样的特征使得完成一本历史图书的基础不再是统一的不变的信息，而是越来越多的混杂的、多向度的史料。并且，要从大数据中找出有价值的材料，不可能再着眼于事件间的表面的因果联系，而关注的是内在相关性，需要的是关联性思维。[12] 史学的发展也会突出这种内在的关联性，即，将看似没有直接关系的事物联系起来，用一种结构主义的方式来解读历史，使阅读的趣味深化的选题，是未来的策划趋势。

以茅海建的《戊戌变法的另面：“张之洞档案”阅读笔记》一书为例，[13] 长期以来谈到“戊戌变法”，学人总以康有为、梁启超两位当事人的说法为证，但是他们由于有明确的政治立场，因此“他们的历史叙事中，多有作伪之举”，而茅海建的书另找角度，通过对张之洞档案的细致解读，使许多表面看来毫无关系的问题得以厘清。毕竟，“历史的丰富性远远超出我们的认知”[14]。而这种对内在关联性的史料的解读，建立在“证史”基础之上，与许多通俗历史读物轻浮“论史”不同，它不仅具备学术价值，而且因为材料与问题之间的“距离”能够引起阅读兴趣，是能经受市场考验的专业历史著作，也是未来历史图书选题策划的又一方向。

其三，大数据给不同行业带来了共同的问题：如何分析数据，如何对大量的、变化着的信息进行智能化处理。对于历史图书策划者来说主要有两方面要求：一是在大数据的基础上，利用处理信息的新技术重新认识旧史料。技术基础上的材料收集变得容易，对材料的解读却要求更高。这就要求作者要有敏锐的眼光，找出新的“关联”的信息，让解释变得有趣，而编辑也要具备史学的素养，才能敏感地发现具有新的关联性的有趣选题；二是要掌握技术的更新，挖掘新的材料。材料是研究工作的基础，大数据的目标正是挖掘海量数据中的价值。

总之，在通俗历史读物热潮消退之后，大数据时代下历史类图书选题不仅应该把握微观化的大趋势，还应该利用新的技术手段和新的眼光，突出私人史、口述史和能够反映历史事件的回忆录这一大方向，关注具有内在关联性的史料的选题，使历史类图书能结合趣味性和知识性，让知识有趣，让趣味有深度，成为历史爱好者和研究者共同的选择。

参考文献

[1] 大数据（Bigdata），指巨型资料或曰海量资料。传统数据库技术无法很好处理海量、高速、非结构化的、多样的数据集，而基于云计算的大数据技术可以从形态各异、数量庞大的数据中快速获得有用的信息。参见【英】维克托·迈尔－舍恩伯格的《大数据时代：

生活、工作与思维的大变革》，盛杨燕，周涛译，浙江人民出版社2012年12月版。

[2] 譬如，《微历史（1840–1949历史现场）》，湖南文艺出版社，2011年8月版；《微历史（1911–1949民国圈子）》，湖南文艺出版社，2012年2月版；《微历史：老祖宗的人精式生存智慧》，浙江大学出版社，2013年3月版；《微历史·风华唐朝》，中国纺织出版社，2012年5月版，等等。

[3] 见石不易的《我来剥历史的皮》，贵州人民出版社2013年版，杜宏娟的《烩历史》，新世界出版社2012年版。

[4] 王坤宁．学术和历史类图书将唱主角．中国新闻出版报，2014–01–09：（013）.

[5] 黄仁宇．万历十五年．北京：中华书局，2006.

[6] 史景迁．王氏之死：大历史背后的小人物命运．桂林：广西师范大学出版社，2011.

[7] 孔飞力．叫魂——1768年中国妖术大恐慌．陈谦，刘昶，译．上海：三联书店，2012.

[8] 浦泽．历史藏在细节里：教科书里没有的另类历史．中国纺织出版社，2013；马一鸣．历史不忍细看．北京：光明日报出版社，2013.

[9] 徐子沛．大数据．桂林：广西师范大学出版社，2012.

[10] 奥兰多·费吉思．耳语者：斯大林时代苏联的私人生活．桂林：广西师范大学出版社，2014.

[11] 王奇生．抢救鲜活的历史更重要．新京报，2015–01–07：（C07）.

[12] 刘炜，夏翠娟，张春景．大数据与关联数据：正在到来的数据技术革命．现代图书情报技术，2013（4）.

[13] 茅海建 . 戊戌变法的另面："张之洞档案"阅读笔记 . 上海：上海古籍出版社，2014.

[14] 戊戌变法的另面："张之洞档案"阅读笔记（好书 2014 推荐语）. 新京报 · 书评周刊，2014-11-15：（B05）.

（作者单位：中国社会科学出版社）

向欧美同行学习学术图书制作的细节

雷少波

摘要： 学术图书最重要的功能就是实现学术共同体成员之间相互的征引和交流。因此，专业的学术编辑要做好作者的参谋和著作的把关人，要通过科学合理的形式语言，尽可能实现学术图书信息背景的完备、指向的准确和检索的便捷，并最终促进作者思想的传递及其与学术共同体的交流。欧美学术出版领域经过上百年的发展，已经形成了一系列规范或约定俗成的处理学术著作的结构和形式的做法，其中很多值得我们借鉴。

关键词： 学术图书　欧美同行　借鉴

学术图书是学术共同体特定成员之间进行学术交流的重要平台。而为了提升交流的效率和水平，学术著作就一定要通过形式细节上的处理，来帮助读者尽可能地实现阅读的便捷、征引的规范、检索的高效与准确。从一定意义上说，这也是学术出版机构和学术图书编辑的价值所在。在这些方面，欧美学术出版界经过近百年的发展，已经形成了一系列的基本规范或者约定俗成的做法。但，由于受到学术传统的影响，再加上与国际学术界的大面积交流也起步较晚等原因，我国的学术图书出版普遍存在一种忽视形式和细节的倾向。本文将通过随机抽样与比较的方法，提出一些欧美同行在学术图书制作的结构和形式细节上值得我们借鉴的做法。

笔者调取来自商务印书馆、三联书店、北京大学出版社、社科文献出版社、复旦大学出版社、凤凰出版集团、人民出版社等国内在社科学术图书出版方面具有重要影响的十多家出版社近5年来出版的学术图书30种（其中翻译图书10种）；同时，提取了来自SAGE、PEARSON、WILLY等欧美著名的学术出版社的学术图书10种。通过对其形式和细节的比较，笔者发现，我们的学术图书存在这样几个问题：1）在学术著作的要件上存在明显的缺陷，比如，一些书没有前言，相当一部分书没有独立的致谢、索引，以及专家或者编辑的推荐语言；2）正文前辅文页码未有与正文页码在标注形式上做有效区分；3）目录处理过于简单，几乎没有著作列出重要图表或资料目录；4）较少使用图表佐证或阐述观点，或者对于图表的编排仅做简单随文处理，缺少位置和细节的考究。

不同性质学术图书在出版形式和细节上的比较

图书类别	样本数量	前言	独立致谢	索引	评论或推荐(他序)	区分辅 / 正文页码标注形式	专题目录	图表使用超过10副
国内原创学术著作	20	15	0	2	16（其中他序13个）	1	0	2
译著	10	9	6	6	8（其中他序4个）	3	0	10
国外原版学术著作	10	10	7	10	10	10	4	10

一、辅文结构应力求完整

学术著作的第一要义是要实现学术观点在共同体中高水平的

交流。而要实现此目的，除了要通过书稿正文详尽地阐明内容之外，还需要通过一系列的辅文来进行辅助。一般来说学术著作应具备一些基本的辅文，如前言、致谢、目录、参考文献、索引、作者介绍、同行专家的推荐或评论等。通过对国内外学术著作在辅文要件上的简单比较，笔者发现，国内出版的学术著作在致谢、索引、同行推荐这三个方面存在明显的缺失。在笔者搜集的 20 种国内原创学术著作中，有独立的致谢的一种也没有，有同行专家评论或推荐的倒是有 16 种，但是其中 13 种是属于他人写作的代序，仅有 3 种书有同行推荐意见放在了扉页或者封底的显眼位置，并有明确的推荐人落款。而在专题或人名索引的制作方面，国内学术图书的缺失就更为严重，在 20 种国内原创的学术著作中仅有 2 种书有明确的专题索引。在 10 本译著中，有独立致谢的为 6 种，有明确的专家或编辑推荐的为 8 种，有索引的为 6 种。虽然译著的情况稍好，但与欧美国家的同类书相比，我们依然有明显的差距。因此，笔者推断，国内译著中有一部分没有了索引或者独立致谢、明确的专家推荐意见的，很可能是在国内出版的时候被出版社或者译者因为某种原因删除了。

那么，我们的这种缺失是合理的么？笔者的答案是否定的。

（一）独立致谢蕴含了丰富的信息

独立致谢虽然只是一两页简短的文字，但是其中包含的意义却非常重要。首先，致谢作为独立辅文放在正文之前，而不是简单地作为前言的一个补充放在前言的最后被顺带提及，这一定程度上体现了作者对于致谢对象的尊重。其次，致谢不是简单地感谢一下帮助作者在著作完成过程中做了什么的家人或朋友，还应该特别关注对一些重要同行的致谢。比如，在写作过程中得到了某位专家重要的观点或资料上的帮助和启发，由于在一般的参考文献中不足以表达作者的谢意，因此需要在这里特别提出来。在这里表达的不但是谢意，而且从一定程度上说，也是公开声称对致谢对象知识上的认可。最后，学术著作一般都要经过重要的同行评议，因此，在著作出版的时候，在致谢中特别对参与著作评议的专家表示感谢，不但表明了对审议人的感谢，某种意义上也为本著作提供了一个形式上的权威性与合法性。正因为致谢包含了以上的诸多意义，因此，其在一本学术著作中并非可有可无。

（二）索引是必不可少的检索工具，在当今学术环境下尤为重要

学术图书最常见的索引大体有文献引证索引或引文索引、关键词索引、主题索引和人名索引等四类。引文索引是对在研究或写作中使用过的全部或主要文献所做的目录，其典型形式是“参考文献”。引文索引则是指向论著以外的文献的，而关键词索引和主题索引、人名索引都是指向论著自身的。近些年国内原创的学术著作参考文献都有，而且也越来越规范了，因此，本文这里就不对其做多余的讨论了。但是，对于要求作者和出版社编辑做更多细致工作的主题索引，国内学术著作却存在着严重的缺失。武汉大学 2011 年做的一项研究显示，国内学术著作中有索引的仅为 3%。学术论著正文之后的各种索引，一般都具有“指引”的功能，它向读者指明某一具体内容在书中的具体位置。正是学术著作索引的这种“指引性”功能为学术著作在学术共同体中相互征引，进而高效率的交流提供了极大的便利。当学术著作的主题索引缺失，或者将其简化为英汉名词对照表便将“指引”功能抹杀了。

当今，由于两个新情况的出现尤其为制作规范、严格的主题索引提出了要求。其一，面对海量的学术信息，学术共同体的成员特别需要高效、准确地定位自己所需要的信息。其二，计算机或网络检索的普及，离不开清晰、准确的主题词。从一定程度上讲，在当今的学术环境下，谁掌握了最有效的检索工具和检索能力，

谁将最容易占据学术的制高点。

（三）同行推荐与评论不应只是简单的表达尊敬与提携

专业而精到的同行或编辑推荐和评论，在欧美的学术图书中几乎是必不可少的，而且绝大多数都放在图书的封底等显眼位置。这种评论或推荐语言都会直指该著作最大的特点和优点，尤其是对其创新之处给以明示。这种方式不但能够提升学术图书本身的权威性，增加读者阅读的兴趣，而且通过这种极其简明扼要的推介也为读者的阅读指明了方向，提升了阅读的效率。不可否认，这是作者和著作本身与读者交流的一条捷径。但我国的学术著作很少有非常专业的同行或编辑推荐，即使有，也大多采取了“他序”的形式，而这种他序大多又是学界前辈或者老师写的，难免落入极其感性的褒扬、鼓励的窠臼，游离于著作本身之外，更多地体现的是一种作者对他序作者的尊重和他序作者对于作者的提携，似乎与读者无干。

二、学术著作的形式细节应力求精细

图书的内容毫无疑问是作者的语言和思想，而形式则是以出版社编辑为核心的出版团队所赋予的。如果说内容是作者的语言，那么形式则是编辑的语言。作者的语言——内容——决定了我们向读者传递什么信息；而编辑的语言——形式——则决定了信息传递的效率和准确性。对于以学术交流和征引为主要目的的学术图书，形式尤为重要。学术图书形式在宏观上包括图书的封面、大的标题层级处理等，而微观层面则包括正文行文中的图表处理、目录等辅文的精细化处理等。

由于学术著作最终是要精确地服务于学术同行的交流和征引，所以仅仅做好宏观的整体装帧是远远不够的，还应该在微观层面的形式上下更大的功夫。通过对来自我国及欧美国家的近 40 种学术图书的比较，笔者发现，在学术图书制作的微观形式和细节方面，我们有三个地方有待改进。

（一）正文前辅文的页码与正文页码的合理区分

正文前辅文主要包括前言、致谢、目录，有些还有序、出版说明、作者简介等。辅文是一部学术著作的重要组成部分，它传达了理解图书内容的重要背景信息，而且越是经典的、不断再版修订的学术著作，其辅文所隐含的背景信息越丰富和重要。由于其往往携带了重要且极有可能被征引的学术信息，因此，我们在制作图书的时候就要为征引这些信息，尤其是其他读者检索这些信息提供尽可能的方便。

笔者在对国内的学术图书与欧美同类书做比较的时候发现了一个有趣的差异。在笔者搜集的 30 种国内的学术著作中，其中 2 种书采用了罗马数字标注正文前辅文的页码，并且这两种书全部是引进版的图书；而笔者搜集的 10 种欧美学术图书都无一例外地采用了罗马数字的形式标注正文前辅文的页码。也许很多读者（甚至出版人）看起来这是一个习惯或者完全没有意义的区分，包括笔者本人一度也这样认为。但是，一封读者来信彻底改变了笔者的看法。某次，笔者收到一个读者的来信，信中说笔者作为责任编辑的《案例研究：设计与方法》（万卷方法）第 8 页上面将狄尔泰的名字误译为了“狄尔茜”。笔者立即调取样书进行自查。但奇怪的是，在反复阅读了第 8 页的内容，甚至把前后都看了之后，怎么也找不到这个地方。最终，我们通过对电子稿件的全文检索才在前言第 8 页上找到了“狄尔茜”。由于该书前辅文页码都是按照和正文一样的阿拉伯数字排序的，所以读者自然就这样指出了。从这个例子我们可以看出，对于正文前辅文页码采取与正文页码相区别的标注方式是很有必要的。

（二）目录要能够为读者提供清晰的结构，并对重要信息做出提示

学术图书的目录对于读者而言有两个重要的作用，第一，它可以使读者一目了然地看清楚全书的框架结构；第二，使读者能够进行有效地检索。一般学者在购买学术著作的时候都会仔细审读目录，因为从目录中他们可以判断是否有自己需要的信息，或者可以基本搞清楚书的大体内容，以及它们之间的逻辑关系。

国内的学术出版社在处理学术图书的目录时总是倾向于简单罗列，或者罗列到二级标题，或者罗列到三级标题。这当然是最基础的处理方式。但通过对大量欧美学术图书的学习，笔者认为在学术著作目录的处理上我们还有几点需要注意。

1. 区分简要目录和详细目录

对于一些体量比较庞大，且目录层次繁多的学术著作，欧美的同类书大都采取上两个目录的办法，其一为简明目录，一般只上一级标题；其二为详细目录，一般要上所有本书的标题层级，使目录尽可能的详尽。后者的处理方式首先通过简明目录，使读者能在最短的时间内看到本书最主要要论及的内容，以及他们之间的先后逻辑关系；其次，由于详细目录把每一个专题下面要论证的标题都罗列出来了，并且在排版形式上往往采取一级一级标题逐级提行的做法，这样每个大标题下面就形成了树状的标题关系图，读者不但能够看清楚其间的逻辑关系，而且也能快速地看到具体讨论的问题，这种处理方式大大缩短了检索的时间。

2. 增加专题目录

一本严肃的学术图书总是离不开用重要的图、表，或者专题资料框来辅助作者的观点，有时候，这些图表或者资料框是难得的资料，它们是作者本人的“独特收藏”，对于读者的吸引力甚至大于正文的内容。但是由于这些内容总是隐藏在正文中，在正文目录上无法体现。因此，为了确保使读者第一时间关注到此类

信息，欧美的一些学术图书上面增加了专题目录，比如图表目录、资料框目录等。

当然，无论是区分详细目录和简明目录，还是是否增加专题目录，都是从一本学术图书本身的特点，以及编辑对于读者阅读需求的判断出发的，并不苛求。

（三）图表丰富而清晰

学术图书对于一些重要的观点、资料通过图表的形式进行直观、简明扼要地呈现是很必要的。很多时候，图表是正文行文内容的进一步精炼提取，即，图表所呈现的内容在行文中都有体现，只不过图表使其得到了进一步的清晰和醒目。正因为图表的这个特点，国内的一些作者或出版社的编辑错误地以为图表是可有可无的，甚至是累赘，将其略去了。笔者在调查的 20 种国内原创的学术著作中，其中 13 种书全书图表少于 10 副，更有 2 种书一副图表也没有。反过来，无论是国内引进自欧美的学术著作（10 种），还是国外原创的学术著作（10 种），其中每种书图表数量都远远超过了 10 幅。这些图表有些仅仅是通过一些简洁的线条关系来呈现某一个概念或理论的逻辑联系，有些是通过图表来体现资料之间的对比关系，还有些是对于某一类数据资料的简单呈现，等等。这些图表所呈现的内容虽然在正文中作者都作了陈述，但是通过图表的再现却大大方便了读者的理解。

图表的有无问题体现了作者对于自己学术成果的提炼水平，以及作者是否能够从与读者交流的角度对作品进行打磨。而当有了图表之后，在排版设计的制作环节该如何更精细地呈现这些图表则体现了一家学术出版社和学术编辑的专业水平。在欧美学术界流行的 APA 格式、芝加哥格式等学术写作的基本规范中对于图表的处理有着非常严格和系统的规定和要求，他们甚至有学者专门写作了《如何呈现你的研究发现：表格制作实践指南》《如何呈现你的研究发现：图片制作实践指南》等非常专业的指导书籍。非但如此，在学术图书的排版上，他们也非常注意对于图表位置的合理安排，不只是简单地随文行走，而要体现在不打断正文叙述的情况下，保证阅读的整体感、流畅感和节奏感。这其中有两个技巧很值得我们学习。其一，在可能的情况下，图表尽量不要出现另面，更不要出现另页的情况。图表的信息往往有比较的性质，或具有连贯性，一旦出现断裂，势必不利于读者的阅读。其二，图表在一个页面上的位置尽量靠页面最上端或最下端，从而避免正文的行文被拦腰割断，这样就保证了正文阅读的连贯性，也能够使图表在形式上凸现出来。这两个小的处理技巧看似非常简单，但却体现了编辑工作的细致和专业，体现了对于读者阅读便利性的关怀。遗憾的是，在国内的学术著作中，图表被简单地随文排版，将图表或行文拦腰斩断的现象比比皆是。

三、结语

一本学术图书事实上是通过两种语言与读者交流——内容的语言和形式的语言。内容的语言是作者所呈现的材料及所要表达的观点，而形式的语言则包括了附着在正文内容上的附件的完整性、内容的呈现细节等，这些则需要编辑为读者提供极其专业的指导和帮助，一定程度上讲这也是学术编辑存在的价值。如果一名专业的编辑能够将这种价值得到最大程度地实现，毫无疑问，这将极大地丰富学术著作的语言，提高交流的便利性，自然这也是在提升学术出版社和编辑自身的价值。

（作者单位：重庆大学出版社）

论编辑的学养

任文京

摘要：编辑的学养，是指编辑应具有的专深和广博的知识，以及编辑的品位与修养。近年来出版快速发展，编辑的学养却被淡忘和遗失了。出版要进入新常态，就要改变目前大多数出版机构只求品种数量而不重文化品质的现状，改变粗糙式发展的模式。编辑学养已经成为制约出版业发展不容回避的问题，重提编辑的学养在当下具有重要意义。

关键词：编辑　知识　修养

我国每年出版的图书品种已经超过 40 万，十年来的增幅超过 60%，[1] 成为名副其实的出版大国。但数量激增的同时也暴露出诸多问题，比如图书有数量缺质量、图书短命化等。导致问题出现的原因见仁见智，但归根到底都与编辑有关，因为每一本书的出版都经过编辑之手。是打造精品经典，还是制造快餐泡沫，这是当前出版业不能回避的问题，由此也引出编辑的学养这一话题。

一、编辑的学术担当

学养是指学问和修养，学问包括知识的专深和广博，修养则指品位与境界。编辑是否要具备专深和广博的知识，现在仍有不同认识。近年来，出版界浮躁，表现之一就是认为能赚钱的就是好编辑，不仅社会，就连出版业界也对编辑的内涵改变了看法，以赚钱为首要目标，视学问知识为累赘，将浮躁喧哗看作时髦，把沉潜积累讥讽为落伍。老编辑忽视知识的更新和积累，新编辑则无所畏惧，选题无禁区，编稿无底线，致使书稿的学术味越来越淡，知识变得无足轻重，这样的图书必定短命速朽，遑论经典传世！前几年在复旦大学出版社庆典会上，有学者说现在 60%、70% 的书可出可不出，有学者甚至从个人的选择标准看，认为 90% 的书可出可不出。[2] 此话令人汗颜，却也点中出版的软肋，触到编辑的疼处。2014 年习近平总书记在文艺座谈会上谈文艺作品，认为存在有数量缺质量、有高原缺高峰的现象，存在抄袭模仿、千篇一律的问题。其实，其他类图书何尝不是如此。近些年出版界一味追逐利润，扩大规模，多元化经营，却忘记了出版承载学术的神圣使命，淡漠了出版传承知识和文化的基本功能，甚至将业界前辈的言行视为迂腐。没有了学术担当和知识底蕴，最终使一些编辑滑向苍白和低俗，变得迷茫和势利，向浅薄、娱乐、愚昧和金钱投降。

人们敬畏编辑，首先是敬畏编辑职业，进而敬畏编辑人，如果我们的编辑丢弃职业内涵，背离职业操守，那么，得到的将不再是“敬畏”，很可能是轻蔑甚至唾弃。明白这层道理，编辑也应该有所敬畏，敬畏文化，敬畏学术，敬畏职业的神圣。杨牧之在谈到编辑的文化修养时，曾引于干关于编辑要成为“T”型人才的观点，“T”的上面一横代表知识的广博，下面一竖代表知识的专深。因为“投来的书稿又是五花八门，什么方面的内容都有，所以要博。但是又要对某一个学科、某一个专业有比较深入的了解，甚至成为某一个学科、某一个专业的有一定知名度的学者”。[3]

知识的广博容易理解。编校质量大面积下滑，知识性错误屡屡出现，其中有编辑粗疏的原因，更多的是编辑知识面狭窄或知识储备不足，如引李密《陈情表》其中一段话，除了衍文和丢字，又将“是以区区不能废远”一句落掉；将《病梅馆记》的作者说成方苞；引陶渊明《归园田居》之三前四句，成了“种豆南山下，带月荷锄归”，“草盛豆苗稀，晨兴理荒秽”两句不翼而飞；引陈毅《赠缅甸友人》前四句诗，句句有错误；说到王国维“三境界”，其三竟是“踏破铁鞋无觅处，蓦然回首，那人却在灯火阑珊处”。更有将严肃的学术著作搞得错误频出，千疮百孔。[4] 试想，编辑的知识若是广博，怎会出现如此低级错误？

编辑学问的专深，业界多以周振甫为例。他担任《谈艺录》《管锥编》的责任编辑，深得钱锺书称赞：“命笔之时，数请益于周君振甫，小叩辄发大鸣，实归不负虚往。”[5] 钱锺书的著作，博大精深，融贯古今中外。周振甫审读《管锥编》第一批原稿《周易正义》《毛诗正义》《左传正义》三部分共 17 万字，竟写出一份数万字、多达 38 页的审读报告。没有深厚的学术功底，难以胜任《管锥编》责编。人民出版社的邓蜀生也是典型的学者型编辑。他不仅是资深编辑，也是美国史专家。他为黄绍湘的《美国通史简编》做责任编辑，写下的审读意见多达 78 页。这份审读报告具有很高的学术价值，显示出邓蜀生深厚的学术功底。他曾说过，要编好书，必须知书，要深入下去，知识却要尽可能广博，还应成为所从事工作的某一方面的内行。[6]

还有一个中华书局出版《苏轼诗集》得到吕叔湘指正的例子，也能说明编辑学问的重要性。《苏轼诗集》于 1982 年出版后，学术界好评如潮。在一片赞扬声中，编辑部却得知吕叔湘先生对此书提出若干意见，在他批阅的《苏轼诗集》第四、第五、第六共三册书上，批改意见达 120 余条，涉及人名、地名、官名、史实、佛典、经传引文等，令编辑和整理者铭佩无已。试举一例：苏轼《书刘景文所藏宗少文一笔画》诗“何需郭忠恕，匹素画缫车”句下施注引《图画见闻志》云：“忠恕画一草角小童持线车，纸穷处，作风鸢，中引一线，长数丈。”吕叔湘在手头并无善本参校的情况下，径改“草”为“丱”。经查，原文确系“丱角”。“草角”费解，“丱角”是形容儿童束发成两角的样子。其原因，是先将“丱”误排为“艸”，形近而讹，继而又将“艸”转换成“草”，遂有“草角”之误。吕先生的指正，“令作者及校编人员汗颜”。[7]

或以为以上所举之例皆为学术图书，故编辑为学者型当无异议，其实一般图书从策划到编辑加工，仍需专深和广博知识做基础。三联书店原总编李昕讲过人民文学出版社副总编辑高贤均的例子。徐贵祥写完《历史的天空》后，交给两家出版社都被退稿，呈送人民文学出版社，两个编辑仍然拿不准，最后请示副总编高贤均。一周后，高贤均请徐贵祥来出版社面谈，他激情澎湃，神采飞扬，双手舞动着讲了一个多小时，对书稿给予高度评价，并预测出版后要获大奖。果然，《历史的天空》出版后共获得四个大奖，实现社会效益和经济效益的双丰收。[8] 高贤均的判断力，有编辑激情的因素，但最主要的，我以为是他的学术积淀和知识的广博。《历史的天空》涉及当时国共关系的敏感话题，这致使有的出版社退稿或拿不准，高贤均的肯定，源于他的判断力和前瞻性，而判断力和前瞻性又来自他学术的专深和知识的广博，激情只是学术自信和知识丰厚的外在表现。高贤均在上个世纪恢复高考时考入北京大学，入学前已经背过英汉、俄汉两部词典，中学时代已经读完《鲁迅全集》。李昕说高贤均的“学识、修养非常让我们佩服”，就是指高贤均作为一名编辑的深厚学养。

提倡学者型编辑，并非将编辑变成科研人员，其本质工作还是编辑。但有学术功底的编辑，能将知识升华为思想和智慧，洞晓某一学科前沿的发展现状，进而增加图书的学术内蕴和知识含量。杨牧之说过：“稿子特别多，忙不过来，或者因为学科专业性强，难以把握，请别人帮助审读。这也是编辑可以采取的一个办法。这里面我们应该做什么工作？我们要选择好外审，我们要做权衡，做比较，要站在整个学术的前沿判断专家提出来的意见。作为一个编辑，就要比他们站得高。”[9] 站得比专家还要高，这就是编辑知识的深厚与广博。一个编辑，他可以不留下学术成果，但必须在责编的图书里留下自己学术思考的印记和知识广博的标识。

二、编辑的文化情怀

我国目前已成为世界第二大经济体，但文化影响还远远不够，与我国的形象很不相称。要提升我国的文化影响力，出版工作责任重大。柳斌杰说过，出版是最有文化品位的行业，社会上文化传播影响力最大的就是出版业，虽然文化传播有十一二种产品，但广播电视一个小时就没了，互联网一闪而过，只有出版是永恒的产品，是国家文明历史记录、民族记忆的最好的载体。出版首先是文化的，其次才是产业的，如果产业做大而丢失了文化内核，就是失败的。所以现在不是出版赚多少钱的问题，而是如何使文化内涵丰富、厚重的问题。我们必须通过出版提升文化的核心竞争力，进而增强国家的文化软实力。

以学术出版为例，与世界出版强国相比，我国出版物的学术影响力还有很大差距。魏玉山曾指出：“学术出版是一个国家、一个民族学术精神和学术成果的重要体现。观察一个国家、一个民族的人文社会科学、自然科学技术是否发达，最简单易行的方法就是看其学术著作的质量和数量，看其学术著作被其他国家引进、购买的品种和数量。世界上的出版强国，首先是学术出版强国。”[10] 英国剑桥大学出版社已有 400 多年的历史，其精品学术著作和教材驰誉全球，这些精品出版物 85% 的市场在英国以外，内容的创新和厚重赢得了众多的版权。美国的《芝加哥手册》从 1906 年第 1 版做起，到 2012 年已经做到第 16 版，真正是百年经典，传世久远。德国的费利克斯·迈纳出版社以学术立社，这个只有 8 位员工的小社却拥有 800 种再版书，全部是哲学经典著作。瑞士

《新苏黎世报》称其为“在哲学出版界久负盛名的出版社之一”。世界著名的科学文献出版公司之一——爱思唯尔，在海外市场的扩展计划中，预计到2020年中国市场将占全球市场的第一位。反观我国的学术出版，却是数量虽多，高质量的却很少，学术垃圾、平庸书占了很大比例，有些书一出版即宣告死亡，职称书、结项书以及用钱换来的学术著作只在很小范围流传，孤芳自赏。即使是计划推出版权的图书也不容乐观，剑桥大学出版社高级经理朱起飞称：这几年接触的国内出版社越来越多，但推荐来的选题呈现同质化倾向，不少是艺术类图书。真正能够吸引西方读者的精品学术著作数量非常有限，有国际知名度的作者，更是少之又少。[10]

上述话题又把我们引向编辑的学养。编辑是出版的核心，编辑的知识是否精深和广博，编辑是否具有浓郁的文化情怀，在很大程度上决定着出版物的品质，而高品质的出版足以影响一个时代。现在的问题是，我们有多少编辑具有浓郁的文化情怀。略加分析，出版业大致有三种情况：一类编辑没有专深和广博的知识，也缺少文化追求，进入出版行业只是为稻粱谋；一类编辑虽有知识却无文化，在市场经济大潮中具有强烈的资本意识和商业思维，但是功夫都在书外，主要精力放在资助、营销、渠道、宣传等环节，没有知识的滋养和文化的浸润，图书的品质可想而知；还有一类编辑，有学术担当，有知识，有高远境界和文化追求，把自己的生命与编辑出版事业融为一体，并从中实现人生价值。当然，讲学问和文化，并非不考虑投入产出，而是把什么放在第一位，把什么作为追求目标。我曾经举过一个例子，现在有些编辑陷在赚钱、赢利的圈子里，忙乱浮躁，非常短视，他们编书就像农民种庄稼，春种秋收，年底清零，第二年又是从头开始，周而复始，疲于奔命；而优秀的编辑则像种果树，开头虽然难，但只要精心培育，摘果子可以持续十年二十年，这就是经典传世，既有文化贡献，又有经济收益。牛津大学出版社、剑桥大学出版社，每年可重印的图书都有几万种，这就是种果树，我们哪家出版社能有这个数量？我们现在一年品种几十万，留下的精品很少，大部分都速朽消失了。

做书就是做文化，编辑只有重视知识积累，有文化关怀情结，有文化自觉意识，有文化担当责任，职业生涯的目标才不迷茫，出版物才有生命力。忽略这些再谈文化的自信和自重，就是一句空话。历史学家李文海针对学术界和出版界的浮躁曾指出，出版界、学术界承担着历史责任，只有拿出精品，拿出不浮躁著述，不是东拼西凑，不是胡说八道，不是天马行空，而是确确实实地在对历史充分把握的基础上提出史学观点的精品，才能慢慢去排挤一些庸俗或是哗众取宠的滥书。[11]既强调作者队伍的学术良知，也呼唤出版者的职业操守，二者相较，编辑的责任应该更重一些，因为作者有写的自由，出版则有底线。编辑应该成为出版的守门人，成为时代的导航者和文化的引领人。

三、编辑的品位修养

编辑除了要具有专深和渊博的知识，还要讲究品位修养。缺失后者，前者再丰厚宽广，也难免走偏。近年来，出版发展如火如荼，但资本的进入和商业浸染，也使传统的出版理念受到冲击。陈昕曾指出："最近几年当出版更多地与资本联姻后，出版的本质被扭曲了，传统出版业奉行的智性价值、审美价值、社会价值丧失了，进步主义的传统丢失了，娱乐主义开始主宰出版，出版有变成单纯营利工具的倾向。"[12]这种情形的突出表现，就是一些编辑品位下滑，修养缺失，出版伦理扭曲。

出版传承知识与文化，服务社会和大众，是一种高雅的文化活动。编辑处于出版的核心，强调编辑的品位修养，以保证出版物健康、雅正，古今中外出版家概莫能外。叶圣陶先生在开明书店时，始终坚持"六不出"的原则，其中包括"思想倾向不好"

的书不出，“趣味低级”的书不出，赢得读者的广泛赞誉。20世纪60年代，英国企鹅书屋总编辑戈德温批准出版法国漫画家西耐作品集《大屠杀》，该书把对罗马天主教会的讽刺与充满色情、渲染性感和低俗的图画结合在一起，引起社会强烈反响，企鹅公司掌门人莱恩毅然将《大屠杀》全部处理掉，戈德温也被董事会辞退。[13]对于编辑来说，你策划责编的图书就是自己形象的再现，代表了你的精神风貌。你有怎样的品位境界，图书就有怎样的品位境界。保持思想尊严和文化纯正，重视品位修炼和德性养成，应该成为编辑的不懈追求。

应该说，现在有些编辑做得不尽如人意，精神萎靡，道德缺失，品位卑下，致使在策划选题或编辑图书时热衷庸俗和势利，满身江湖气。例如，醉心于宣扬致富秘笈，鼓吹功利主义、消费主义，卖弄成功学，传授官场的左右逢源和酒场的察言观色，兜售伪科学，暴露隐私，追求感官刺激，满脑子都是拜金主义、享乐主义、奢靡之风。看看下面这些书，就知道有些编辑庸俗到了什么程度：《送礼的艺术》《把话说到领导心坎里》《圈子对了，事就成了》《关系是喝出来的——酒局应酬实用智慧》，一副无厘头市侩和玩世不恭的样子。编辑不仅策划（或是迎合默认）这样的内容，甚至还围绕这类书摇旗呐喊，鼓噪助威，如在《我不是教你玩阴的——机关中的心理学诡计》腰封上写道：“在机关混的人都要读，史上最生猛的权术教科书”，仿佛使人看到鲁迅先生所说的要榨出皮袍下面藏着的“小”来。有些图书，内容低俗离奇，如网络小说《和美女同事的电梯一夜》，也被编辑拿来做成纸质书，为了几个铜板竟然丧失品质。更不可思议的是，有编辑为解构经典、戏说经典铺路搭桥，经典死活读不下去，可是把经典拆解得七零八落却让他们大为兴奋，于是“麻辣”、“水煮”一起登场。甚至歪曲经典，恶心经典，一本《令人战栗的格林童话》，让人脸红，也为该书编辑感到害羞。叶朗说过，经典事关民族气脉不容解构。从没听说过俄罗斯人以戏谑的态度翻拍托尔斯泰的作品，英国人也不会戏说莎士比亚。[14] 在维护经典的文化价值上，编辑是有责任的。在解读经典或使经典更容易走进大众的工作中，编辑还有许多工作要做。朱自清的《经典常谈》、艾思奇的《大众哲学》、王力的《诗词格律》都是通俗而高雅的图书，它们早已成为经典。但通俗不是庸俗、媚俗、恶俗。出版是文化，编辑应该是高品位和善良的化身。

古人读书讲究境界，要焚香、净手、弹琴，引申一层说，就是敬畏图书。之所以敬畏，是因为图书可以打开一扇知识的大门，里面有真善美。可是，面对上面所列那些庸俗之物，你还有敬畏感吗？编辑要关注世道人心，不能走向平庸、卑琐。编辑要提升品位和修养，培育悲天悯人的胸襟和救世疗人的情怀，面对五光十色的社会，必须睁大警惕的眼睛。之所以这样要求，是因为和教师一样，编辑也是塑造人类灵魂的工程师。

参考文献：

[1] 刘彬，陈恒. 第一出版大国的尴尬 [N]. 光明日报，2013-4-18（16）.

[2] 陈香 . 出版新命题：做资本附庸，还是驯服资本意志 [N]. 中华读书报，2011-11-2（1）.

[3] 杨牧之 . 论编辑的素养 . 郑州：大象出版社，2009：41.

[4] 参见任文京 .《宋文通论》编校错误引发的反思 [J]. 社会科学论坛，2013（11）：103-106.

[5] 钱锺书 . 管锥编·序 . 北京：中华书局，1986：2.

[6] 柴晨清 . 知书，方能编出好书——记我眼中的人民出版社资深编审邓蜀生 // 韬奋基金会秘书处 . 中国好编辑——第二届韬奋出版人才高端论坛论文选 . 合肥：安徽人民出版社，2014：221.

[7] 刘尚荣，宁德伟 . 吕叔湘与《苏轼诗集》的不解之缘 [J]. 书品 .2000（1）：8.

[8] 李昕 . 编辑的激情 // 韬奋基金会秘书处 . 中国好编辑——第二届韬奋出版人才高端论坛论文选 [J]. 合肥：安徽人民出版社，2014：57.

[9] 杨牧之 . 关于优秀图书的编辑含量——从中国出版集团图书奖说起 [J]. 出版发行研究，2007（2）：8.

[10] 曹继军，颜维琦 . 学术出版“走出去”，绊在哪里 [N]. 光明日报，2013−8−23（5）.

[11] 陈香 .《清代理学史》问世引发出版学风新话题 [N]. 中华读书报，2011−4−20（1）.

[12] 陈昕 . 出版忆往 [M]. 北京：海豚出版社，2013：236.

[13] 张宏 . 艾伦 · 莱恩 . 明心见性：真正出版人的造就和养成 // 贺圣遂，姜华 . 出版的品质 [M]. 上海：复旦大学出版社，2012：71.

[14] 叶朗 . 格调很低的东西不能出现在国家舞台上 [N]. 中国青年报，2010−8−19（7）.

（作者单位：河北大学新闻传播学院）

媒体融合下的编辑策划：内涵、模式及其对编辑实践的影响

张　宏

摘要：媒体融合已成为当下编辑出版工作发展的方向。在这种条件下，传统纸质出版编辑策划模式正在发生革命性的变化，编辑策划的内涵已经从内容向内容呈现方式、宣传营销、技术、受众等全媒体化发展，编辑策划模式也正在从以内容为焦点的单一线性模式逐步向互联网思维下的全景式、立体化、多元化的媒体融合模式转化。这些发展和转化给编辑实践带来了巨大的影响和变革。

关键词：媒体融合　编辑策划内涵　编辑策划模式　编辑实践变革

媒体融合（又称媒介融合，MediaConvergence）的概念最早由美国学者伊契尔·索勒·普尔（IthielDeSolaPool）于1983年提出，其基本定义为：各种媒介呈现出多功能一体化趋势。另一位美国学者安德鲁·纳奇森（AndrewNachison）于2006年提出了另一个定义：印刷的、音频的、视频的、互动性数字媒体组织之间的战略的、操作的、文化的合作和联盟。[1] 在这两个定义中，前者侧重于技术上的融合，后者侧重于产业上的融合。

媒体融合在出版业最突出的表现便是数字出版的发展，这已经成为出版业发展的新常态，也可以说是出版业发展的整合目标。就出版业的主要任务而言，无论是纸质媒体还是数字媒体，都是

用以传播内容的途径和手段，两者对内容的传播殊途同归，终极目标都是使内容到达受众，但其最主要的区别在于，一是传播载体不同并由此导致了内容的传播路径和速度广度产生差异，二是在新媒体条件下，出版内容开始逐步融入并成为媒体传播方式的一个有机部分（比如，当人们在使用微博或者微信的时候，他们既指微博或微信这种社交媒体，也指微博或微信的内容），这或许也是麦克卢汉所指的“媒介即信息”的内涵之一，同时也是媒体融合发展的关键问题之一，即内容与技术的关系问题[2]。一方面，无论纸质出版还是数字出版，两者之间所要传播的信息却几乎是重合的，那便是内容；[3]另一方面，内容的传播必须依托技术的支撑。正是由于这种内容和技术之间的密切关联（当然还涉及诸如出版内容组织与技术实施的人才队伍、出版产业格局和出版商业模式等），相对于纸质媒体（比如图书）而言，媒体融合条件下的出版内容的编辑策划内涵要复杂得多，其立体化和多元化程度也高得多，给编辑出版实践带来的影响也更大。

一、媒体融合理念下编辑策划的主要内涵

尽管有学者认为内容为王是一种妨碍媒体转型的思维定式[4]，但就编辑出版工作而言，其核心部分不管是在过去、现在还是未来，依然还是内容，因为媒体从本质上是工具性的载体和通道，其要传播的依然是内容，尽管传播方式的不同会影响内容到达受众的效果。

在传统纸质出版中，编辑策划的焦点在于内容的创作和内容的质量以及寻找内容的合适创作者上。在纸质出版编辑流程中，其最初的阶段便是选题策划设计阶段，而选题便是纸质出版物从题目到内容以及形式的综合呈现。[5]由于纸质出版物作为一种媒介形式是相对固定的，因此其选题策划设计的任务便成为编辑工作

的一项核心内容，也因此形成了编辑主导、内容第一、作者关键的纸质出版的基本特点。在具体的编辑实践中也形成了选题策划设计是核心、重点构思内容的编辑工作思路，并在此基础上形成了传统纸质出版物编辑策划的基本方式和路径（见图 1 和图 2）。

图 1　传统纸质出版物编辑策划的方式和路径：内容策划视角

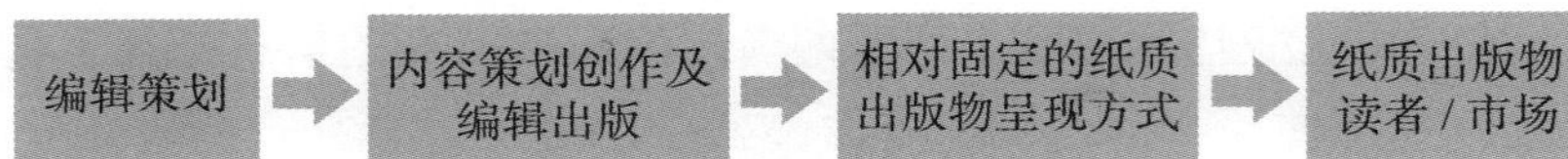

图 2　传统纸质出版物编辑策划的方式和路径：出版物呈现方式

传统纸质出版这种线性的编辑策划方式和路径明显具有这样几个特征：一是编辑策划的关注焦点是内容而非生产和市场；二是纸质出版物的内容呈现方式和传播方式相对固定和有限；三是以这种方式策划的纸质出版物的生产和营销方式也相对固化，技术使用有限。

在媒体融合的条件下，这种线性的编辑策划模式已经远不能适应出版传播的发展以及读者市场的需求。尽管出版者和读者的核心需求依然是内容，但对内容的呈现方式和获取方式已经发生了巨大变化，尤其是互联网的应用、数字内容和数字阅读的日益普及、读者对阅读体验的要求等都是促使出版业态包括编辑策划模式发生变化的因素。在媒体融合的条件下，编辑策划模式随之发生了全新的拓展，其内涵已经远远超出了内容策划和创作等方面（见图 3）。

第一，在媒体融合的条件下，编辑策划中的内容策划同时必须是内容呈现方式的策划。编辑已经不能单纯把策划焦点放在内容的意义、定位和创作上，而必须在考虑内容的同时策划如何能

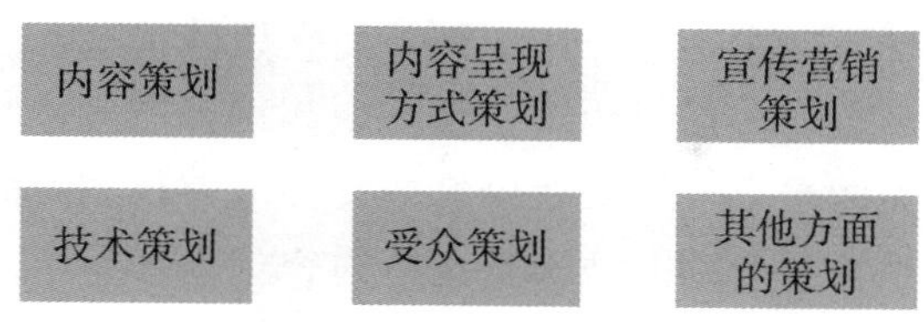

图 3　媒体融化条件下编辑策划的内涵

够以最合理的媒体来呈现这些内容。比如教辅内容已经不能简单地印制在图书里，必须跟微视频、二维码扫描解读、网络在线版、手机移动应用等呈现形式相结合。当下很多出版机构在考虑纸质图书内容时同步推出电子书版本等的策划方式便是这种内容策划与内容呈现方式策划最基本的形式。随着媒体形式的不断丰富，内容策划与内容呈现方式同时策划将成为编辑策划最常规的方式。

第二，在媒体融合的条件下，编辑策划中的内容策划同时必须是宣传营销的策划。在网络时代，内容既是营销的对象，又是营销的手段。编辑策划内容的同时就是在进行内容的营销。在出版实践中，已经存在编辑策划内容的同时通过社交网络或者其他各类互联网媒体不断将内容与潜在读者进行交互，通过读者的评论、转发编辑故意透露的内容情节等进行出版物出版前的营销活动从而通过造势吸引更多读者关注的例子。这种内容策划与宣传营销策划同步的做法尤其能在那些具有大量粉丝的网络名人的作品的出版上取得成功，比如以写作解读金庸小说的作品而出名的六神磊磊及其编辑团队就曾通过微信公众号不断公布出版信息和内容并结合征集书名的方式为其新书造势营销，并最终取得了极佳的销售业绩。

第三，在媒体融合的条件下，编辑策划必须同时进行技术策划。无论内容最终是以纸质或是数字的形式呈现，技术策划已经是编辑策划中无法越过的全新内容之一。编辑策划必须充分考虑内容与技术的关系。具体包括内容的使用格式是单一的还是可以通用的？内容是呈现在一种媒体上还是要全媒体覆盖？所应用的媒体技术是否足以充分展示内容价值？内容可否通过这些技术手段传播到最广大的受众？受众对内容的反馈能否得到及时的处理？内容的修改是否需要即时快速处理？内容创作者是否需要通过某个媒体或平台经常与受众互动？以上海外语教育出版社为例，该社大量的外语教材在策划阶段，都同步考虑教学软件、多媒体视频技术、数字内容标准格式等各类技术的应用，以保证纸质内容、数字内容推出后教师、学生能够方便获取，并同步考虑网络数字内容、教学平台、APP 应用等的未来升级，以全方位满足读者的需要。

第四，在媒体融合的条件下，编辑策划必须将针对受众的内容的传播、受众的体验、受众的管理、与受众的互动等归于策划的内涵。媒体融合已经将纸质出版条件下读者的身份改变为出版物从内容到形式到传播到评论甚至到完善生产等各出版环节的参与者。受众可以从内容策划起步开始全程参与出版物的生产过程。他们的阅读体验、他们跟编辑和作者的互动也已经从拿到纸质读物进行阅读后的反馈前移到随时可以通过社交平台或者其他媒体的全程参与和互动。受众甚至可以影响作者的创作内容和进程，特别是在网络文学的创作和传播过程中。而诸如读者阅读偏好等受众行为的大数据统计反过来也能对编辑策划新的出版物并提高这些出版物的市场针对性带来巨大的帮助。对受众行为的策划和引导已经成为编辑策划的一个有机组成部分。

显然，随着编辑策划内涵的多样化和丰富性，媒体融合条件下的编辑策划方式和路径对当下的编辑出版提出了全新的挑战。从内容策划到内容与内容呈现方式的策划、宣传营销的策划、对技术的策划、对受众的策划等，这些都已经成为媒体融合对编辑策划提出的新要求。

二、媒体融合条件下的编辑策划：从以内容为焦点的策划方式和路径转向全景式、立体化、多元化的策划模式

在单一纸介质媒体的条件下，编辑策划的关注点集中在内容策划上。但在媒体融合的条件下，除了纸介质媒体外，编辑策划需要关注的方面出现了与媒体形式以及传播路径相关联的多元化和立体化趋势。比如，电子书的策划要同时考虑不同阅读器媒介的通用格式，这涉及数字内容转换的格式标准和技术。除了电子书，如果内容还要在其他平台或者媒体上呈现和应用，那么相应的技术问题、所涉及的平台和媒体介质及其呈现特点和方式、其受众获取内容和进行阅读的习惯、相应的营销手段等，都是编辑策划的有机组成部分，不可偏废或者遗漏。又如，对于教育出版物来说，在媒体融合的条件下，编辑策划需要充分考虑这样一些因素：知识和教学内容及其受众定位是什么？纸质媒体与网络媒体同步呈现还是内容的辅助补充呈现？个体使用介质是用多媒体光盘的同步配套还是直接通过网页或是移动应用呈现？音视频的有机使用还是通过二维码扫描进行跨媒体转换使用？是否需要互动技术进行教学者和学习者之间的交流？如何选择适合不同受众的媒体？如何在不同媒体上开展营销策划？

在媒体融合的条件下，编辑策划必须从内容到技术到受众到营销到其他相关的媒体特点全方位地考虑，且通过这种全景式、立体化、多元化的方式进行符合编辑策划意图以最大程度实现编辑策划目标的媒体选择，并最终推出媒体融合式的出版物。通过这样的编辑策划方式、路径和模式产生的出版物，在媒体融合的条件下可能既是一个新型出版物产品的最终呈现，又可能是其新一代产品形态的起点。

在媒体融合的条件下，编辑策划内涵和编辑策划方式、路径和模式已经与纸质出版编辑策划的内涵和纸质出版编辑策划方式、

路径和模式有很大的差别。内容只是媒体融合下编辑策划的组成要素之一，技术策划、媒体策划、受众策划、营销策划等都进入了当下编辑策划的范畴。这种编辑策划方式、路径和模式的丰富及多元化必然引发编辑实践的变化。

三、媒体融合条件下的编辑策划内涵和模式带来的编辑实践变革

随着媒体融合条件下编辑策划方式、路径和模式的变化，现有的编辑实践将产生巨大的变革。主要体现在以下三个方面：

首先，媒体融合条件下的编辑身份将产生巨大的变化，编辑将由纯粹的内容策划和加工者转换成为一个全媒体型的策划运维人员。这种身份的变化是媒体融合对编辑策划带来的冲击所造成的必然。媒体融合条件下编辑策划方式、路径和模式的变化和要求使得编辑工作的内涵和外延都得到了丰富。显然，传统纸质出版物编辑将不得不面对新媒体和数字出版的挑战，除了必须继续保有对内容进行策划设计的专业人员身份外，还必须转化为一个掌握一定的新媒体、网络和数字出版技术知识和应用能力的准技术人员，一个能够驾驭不同媒体传播特征并将之应用到自己所策划出版物的准媒体人，一个善于进行互联网思维使用大数据分析进行受众调动的策划者，一个必须将自己当作内容编辑、内容创作者、受众读者、技术应用体验者的自媒体人，一个通过媒体进行内容营销的营销人，一个全媒体策划运营维护者。

其次，在编辑实践中，现有的编辑部门机构设置和管理方式乃至整个出版机构的设置和管理方式将产生相应的变化。大部分纸质出版机构现有的编辑部门机构设置和管理方式是按照传统出版编印发的线性经营模式进行的，在媒体融合条件下这种模式显然已经落后于新的编辑策划模式所提出的要求。从发展的角度看，

将不同类型的编辑部门改造为不同类型的全媒体中心可能是目前较为可行的一种方式，并在管理上可将内容、技术生产、媒体营销、作者和读者管理等都纳入全媒体中心。这种编辑实践经营管理方式在媒体融合发展过程中将日益体现出其内在驱动潜力和经营优势。据了解，上海音乐出版社正在尝试这种全新的编辑出版运营机制。

再次，媒体融合条件下编辑策划方式、路径和模式的变化将对出版机构的编辑人才培养模式带来全新的冲击。符合媒体融合条件下编辑策划工作要求的人才将是那些符合上文所述身份转换后的编辑人员。在编辑人才的培养上，出版机构将不得不把重点从编辑人员的内容专业和文字加工业务能力转移到包含这两方面内容并加上数字出版技术、媒介传播力、全媒体策划和应用、受众读者管理、网络等新媒体营销能力等方面上来，从而使得编辑策划人员的编辑实践工作更加符合媒体融合发展的需要，以实现出版机构社会效益和经济效益相统一的经营目标。未来的编辑出版人才将不再是那些仅仅具备内容专业知识和文字加工能力的编辑，而是具备媒体融合意识、懂得基本数字技术和媒体应用能力、能将内容与媒体有机结合进行出版物策划和营销的编辑人才，是具备互联网思维能力及其应用能力，尤其是掌握了媒体融合的思维方式和路径等理念和应用技能的人才。

参考文献

[1] 徐沁 . 媒介融合：新闻传播业的新趋势 [J]. 东南传播，2008（6）：71.

[2] 秦艳华，路英勇 . 媒体融合发展的几个关键问题 [J]. 中国出版，2015（7）上：18–21.

[3] 张宏 . 媒介融合与数字出版——关于数字出版内在基本模

式及路径寻找的另一个视角 [J]. 出版广角，2012（1）：70.

[4] 田科武 . 如何打造移动互联时代的新媒体产品 [J]. 中国编辑，2015（1）：8.

[5] 国家新闻出版广电总局出版专业资格考试办公室 . 出版专业实务（中级）[M]. 北京：商务印书馆，2015：9.

（作者单位：上海外语教育出版社有限公司）

第三编

报刊类

辽宁省报刊媒体融合的现状与思考

刘海军　马金彪

2014 年被视为中国的“媒体融合元年”，“融合”和“整合”成为传媒产业的关键词。从 2014 年 6 月到 2014 年 12 月，根据国家新闻出版广电总局的统一部署，辽宁省新闻出版广电局组织专家，历时 7 个月的时间，对全省图书（含音像、电子）出版单位和报刊出版单位的数字化转型工作进行了评估。作为专家组成员，笔者有幸全程参加了这次评估工作，获得了大量的第一手材料，也因此对辽宁省传统出版单位的媒体融合工作有一个全方位的了解。本文拟从报刊角度，对这次评估的收获做一个总结，也阐述了自己的一点思考。辽宁的媒体融合现状并不能代表全国，但作为区域性报刊媒体融合的一个标本，相信它会为有关决策者和研究者提供一个特殊的视角。

一、评估工作的概况以及样本的选择

本次数字化转型评估工作，报送材料的辽宁省传统报刊出版单位共计 31 家（其中集团单位 2 家），占全部 439 家报刊出版单位的 7%。其中，报纸出版单位 15 家，占省内 110 家报纸出版单位的 13.6%；期刊出版单位 16 家，占省内 329 家期刊出版单位的 4.9%。

从上述数据可以看出，各单位报送材料的总体比例不是很高。

在随后的电话访问中，笔者了解到，一些单位没有报送材料是因为自身的数字化转型工作开展得不好，觉得没有成为“示范单位”的资格，而大多数报刊单位根本就没有开展这方面的工作。这充分说明相关出版单位对这项事关未来发展的事业重视程度不足。相比之下，报纸出版单位的数字化转型意识较强，期刊出版单位的数字化转型意识较弱，这大概是因为报纸面对互联网的竞争，所以有更大的危机感。

按照国家新闻出版广电总局规定的转型示范单位评估程序，专家组根据申报的书面材料，对参评的报刊出版单位进行了初审筛选，共有 13 家单位的申报材料符合条件，获得评估复审资格。本文的相关数据，就是以进入复审的 13 家报刊出版单位为样本统计得出的，基本体现了辽宁省传统报刊出版单位数字化转型（或者说媒体融合）工作的总体水平。

二、基本特征的定量统计

一是战略组织。战略规划方面，在本次评估过程中进入复试阶段的 13 家报刊出版单位，100% 制定了结合自身特点的、具有针对性的数字出版战略规划。其内容涵盖了总体目标原则、组织保障、资源规划、产品布局、技术布局、人才建设、市场推广等各方面，完整翔实，为实现数字化出版转型提供了操作性较强的蓝图。组织架构方面，从事数字化转型业务的团队属于全新部门且独立运营的比例为 76.92%，属于增设部门并沿用主业运营考核体系的比例为 23.08%；该数字化团队与其他业务部门（采编、发行、广告等）属于平行关系的占比为 84.62%，隶属于某一业务部门的占比为 15.38%。领导力量方面，报刊社（集团）最高领导分管数字化转型业务的占 61.54%，报刊社（集团）的副职分管数字化转型业务的占 38.46%。管控模式方面，数字化转型业务采用全面预算管理方式的比例为 23.08%，采用目标责任制管理方式的比例为 53.85%，采用动态绩效跟踪评估预警管理方式的比例为 23.07%。其中，76.92% 的单位建立了专门针对数字化转型业务的监督、评估与控制机制。

从战略组织范畴所包含的四个项目指标数据分析可以看出，参评单位的共同特点是领导重视、规划合理、组织到位、目标明确。

二是资源实力。人力资源方面，13 家进入复试阶段的报刊出版单位拥有新闻传播学、出版编辑实务教育背景的人员情况是：1 ~ 40 人的占比 58.33%，40 ~ 100 人的占比 8.33%，100 ~ 200 人的占比 8.33%，200 人以上的占比 25.01%。拥有计算机及其相关技术专业背景的人员情况是：1 ~ 6 人的占比 50%，6 ~ 12 人的占比 16.67%，12 ~ 25 人的占比 16.67%，25 人以上的占比 16.66%。其中，在数字化业务团队中，拥有互联网从业经验背景的人员情况是：1 ~ 5 人的占比 50%，5 ~ 20 人的占比 8.33%，20 ~ 40 人的占比 16.67%，40 人以上的占比 25%。技术资源方面，数字化转型业务的核心技术来源于外部技术供应商合作的占比 58.33%，向外部技术团队购进的占比 33.33%，而完全由内部自主研发团队独立开发的仅仅占比 8.34%。资金方面，最近 3 年来，在数字化业务上已经投入 1 万 ~ 50 万的单位占比 50%，50 万 ~ 200 万的占比 16.67%，200 万 ~ 300 万的占比 16.67%，300 万以上的占比 16.66%。

从资源实力范畴所包含的三个项目指标数据分析可以看出，参评单位无论是在专业人才数量、质量，还是在资金投入方面，离数字化转型的需要还有不小的距离。技术资源方面，几乎所有的报刊单位还依靠外部支持，多数不掌握核心技术。

三是产品形态。就进入复审阶段的 13 家报刊单位的总体情况而言，产品形态比较多样，基本覆盖了当今数字出版的各种类型。其中，100% 的单位建立了基于媒体属性的新闻网站（官网、区域新闻门户等），23.08% 的单位创办了经营性的网络平台（区域商业门户、团购、社区、电子商务等），76.92% 的单位应用了移动互联网的终端，84.62% 的单位出版了手机报，7.69% 的单位开通了城市（社区）数字阅报栏（屏）。无论属于哪一种形态，其产品（项目）都与报刊社（集团）传统产品具有高度的关联度，是对既有媒体资源的强度整合利用。就与传统主业之间的关系而言，该产品是本单位重大战略转型项目、符合数字化发展趋势和多元传播规律、源于并高于原有报刊的占比 85.62%，产品和品牌与传统报刊高度融为一体、只是应用了数字采集和发布新技术的占比 7.69%，品牌一致，但产品截然不同的占比 6.69%。

从产品形态范畴包含的项目指标数据分析可以看出，参评单位在产品形态方面表现较好，覆盖了当今数字出版的各种类型，产品也符合数字化发展趋势和多元传播规律、源于并高于原有报刊，但是在质量和水平方面尚有待提升。

四是市场表现。产品（项目）的受众覆盖方面，对本单位原有报刊媒体的受众覆盖率达到 1% ~ 50% 的占比 33.33%，对本单位原有报刊媒体的受众覆盖率达到 50% ~ 70% 的占比 16.67%，对本单位原有报刊媒体的受众覆盖率达到 70% ~ 90% 的占比 8.33%，对本单位原有报刊媒体的受众覆盖率达到 90% 以上的占比 41.67%。新增用户方面，达到原有报刊媒体受众比率 1% ~ 10% 的占比 50%，达到原有报刊媒体受众比率 10% ~ 20% 的占比 16.67%，达到原有报刊媒体受众比率 20% ~ 50% 的占比 8.33%，达到原有报刊媒体受众比率 50% 以上的占比 25%。更关键的一个指标是收入情况，统计发现，产品（项目）启动以来累计形成收入达 1 万 ~ 5 万元的占比 75%，累计形成收入达 5 万 ~ 10 万元的占比 8.33%，累计形成收入达 10 万 ~ 50 万元的占比 8.33%，累计形成收入达 50 万以上的占比 8.34%。

从市场表现范畴包含的项目指标分析可以看出，参评单位对于新媒体的开发，明显提升了原有媒体的受众量，但是数字化的盈利模式还不清晰，未见明显经济效益，投入产出很不对称。

三、关于区域报刊媒体数字化转型的分析与思考

树立互联网思维，由浅层次的、局部的媒体融合向深层次的、全方位的媒体融合转变。尽管作为示范单位的10家报刊在数字化转型过程中进行了大胆的探索，某些报刊单位接触数字出版的时间甚至很早，但客观地说，都还谈不上实现了深度的媒体融合，而是停留在一个浅层次、局部探索的阶段。至于那些未申报材料的绝大多数报刊单位，其数字化出版水平就更不用说了。它们要么没有进行数字化的尝试，要么虽然推出了所谓的数字报纸，但不过是传统纸媒的电子版，新瓶装旧酒而已。这种简单的内容搬家与真正意义上的数字出版距离甚远。笔者认为，很多报刊单位之所以在传统出版与数字化融合过程中水土不服，根本的原因之一就是传统办报办刊思维根深蒂固，缺乏互联网的基因，对于互联网，仅仅是有一些肤浅的了解，但不能真正按照互联网思维出牌，以至于从战略设计、产品生产到市场传播和营销，仍然固守传统那一套。这就如同让一个赶马车的人去驾驭新款的汽车，不出问题才怪。因此，树立互联网思维至关重要。

关于互联网思维，学者们下了很多定义，笔者不想一一引述。归纳起来，笔者认为，数字出版完全颠覆了传统出版的单向思维，具有开放性、平等性、协作性和共享性。互联网思维的核心是市场，强调的是树立用户意识、传播意识和反馈意识，注重的是用户体验，始终以促进平等交流、互动传播，满足多元化和个性化的需求为己任。传统报刊的数字化转型，都应该围绕这个出发点进行。这也是实现传统报刊媒体与数字化媒体深度融合的思想基础和保证。一家传统的报刊媒体，真正树立了互联网思维，接下来的组织创新、流程再造、资源整合就成了顺理成章的事情。

借力国家推动媒体融合发展的东风，创新体制机制，解决制约数字化转型的问题。媒体融合说穿了也是一个资源整合的问题。传统报刊媒体拥有内容的优势、政策的优势、团队的优势、地域的优势和平台的优势，但在机制、技术、融资、专业人才等方面的确存在短板。现在，大多数传统媒体面对互联网的竞争，往往不注重发掘自己的优势，却过分强调自己的劣势，为了改变自己的劣势，往往不惜投入大量人力、物力，从零开始去与技术上成熟的互联网公司竞争。这是不现实的。在全国范围看，一些大的互联网公司其实正纷纷与区域性媒体展开合作。以《华西都市报》为例，它们先是与阿里巴巴合作，深耕本地，志在共同打造西南部中国的电商基地；紧接着又进驻百度，成为西部唯一一家进驻该传媒平台的传统媒体，在投放纸媒的同时，增加了互联网上百度的流量，大大提升了附加值。这从某种程度上指明了未来区域性媒体融合的一个方向。因为互联网思维最重要的一个指标就是开放合作，也就是 i-cooperation 理念，传统报刊应敞开胸襟，充分发挥自身的各种优势，与更多商业伙伴尤其是互联网公司共创紧密的合作模式，一起开创数字出版的未来。

当然，合作绝非依赖。在引进资金、技术等资源要素之外，传统报刊单位也要实现自身的涅槃，即在体制方面勇于创新。笔者认为，很多时候体制问题被业界过分夸大了，有时候它甚至成为那些惰性比较重的报刊单位的挡箭牌。其实，无论是国家倡导的文化体制改革，还是正在积极推进的传统媒体和新兴媒体的融合，都已经充分释放了鼓励出版单位进行体制创新的信息。体制创新一方面旨在解决组织优化、流程再造等制约数字化出版的关键性问题，另一方面也将为资源整合，尤其是人才激励机制提供可行的方案。目前，除了党报党刊和少数报刊出版单位，我国的大部分报刊已经实现了企业化的转型，是可以因地制宜、在不违反国家政策的情况下设计激励机制的。比如，传统报刊完全可以借鉴互联网公司的“双通道”模式，将薪酬和升迁与个人的能力直接挂钩。这并不是什么需要突破政策门槛的大问题。在人才储备方面也是如此，如浙江传媒体集团可以堂而皇之地到互联网公司“挖人”，根据相关报道，该集团近年来先后从腾讯、阿里巴巴、盛大、新浪、华为等公司挖来 70 多名数据工程师，可谓大手笔。一般的报刊出版单位则可以从内部挖潜开始，即通过经常性的、有针对性的技术培训，储备自己的数字化出版专业人才。就数字化出版自身而言，除了少数关键性岗位之外，对普通编辑的要求绝不是高不可攀的，只要员工的意识转变了，培训工作到位了，每个人都可以从容利用互联网提供的技术，完成编辑、出版的数字化转型。

总之，体制创新应着眼于建立适应传统出版与数字出版融合发展的管理新模式、激励新模式、融资新模式，以解决资金、人才、技术等各项制约数字出版发展的瓶颈问题，盘活自身存量资源，整合新资源，赋予传统报刊出版单位以全新的生命力。

充分运用互联网提供的多样化的技术手段，实现传统报刊由新闻载体向信息服务平台的转变。传统报刊向数字化出版转型的方式和路径，是报刊出版人和研究者更为关注的一个课题。笔者认为，面对汹涌而来的数字出版大潮，报刊从业者需要坚守“内容为王”和“服务为王”的意识，并积极探索在互联网的背景下，如何重塑这一理念，也就是如何按照互联网传播的规律来改进和创新新闻报道的模式和服务受众的模式，充分利用互联网技术带来的便捷性和有效性，扩大新闻的传播水平和信息服务的质量。

就传统报刊向数字化转型的具体手段来看，移动终端受到越来越大的重视。以本次评估进入复审阶段的报刊单位为例，76.92% 的单位应用了移动互联网的终端，84.62% 的单位出版了手机报，这是一个很有代表性的说明。就全国范围而言，大多数报刊也是借助移动上位，尤其是以 APP 客户端为主导。上海报业集团的新媒体产品“澎湃新闻”“上海观察”等则是其中的佼佼者。与这样的全国品牌相比，辽宁报刊的客户端产品，无论其影响力还是质量，都有待于进一步提升。客户端之外，是微信、微博等产品。2014 年，微信官方公众号的发展空前活跃，据相关报道，其数量已经突破 580 万。这当然也成为传统报刊向数字化转型过程中争夺的一个阵地。就辽宁地区而言，半岛晨报社的相关产品表现比较突出。其官方微信是东北第一家媒体公众平台，粉丝数接近 15 万，微信阅读数排行榜稳居全国 20 强。《半岛晨报》的新浪官方微博“粉丝”数为 42 万，在活跃度、传播力和覆盖度三大官方指标上稳居辽宁第一，并多次跃居全国十强。

这种“报刊 + 手机客户端 + 微信”的模式，可以有效克服传统纸介质的短板，嫁接新媒体的优势，及时推送和深度解读新闻信息，加强生活服务功能，实现采编与读者、读者与读者的紧密互动，意义深远。一方面，这是实现传统媒体和新型媒体融合的扎扎实实的一步；另一方面，也是新闻载体向信息服务平台升级的必要准备。其实，说传统报刊的数字化转型也好，说媒体融合也好，都是在大数据和云计算背景下进行的动作，这就决定了它不仅仅是信息采集、传播手段等形式方面的变革，也是一场脱胎换骨的革命，即由一个新闻载体向信息服务平台的华丽转身。《华西都市报》正致力于打造的资讯平台（i-Media）、社交平台（i-Link）和电子商务平台（i-EB）等，最终将涵盖资讯、社交、电子商务甚至互联网金融等多方位的产品，为全国报刊媒体的数字化转型提供了一个参考。

如上所述，报刊出版的数字化转型，要走一条“新闻 + 服务”的模式，即在提供新闻之外，以用户为核心，提供各种生活便利和增值服务。2013 年 11 月上线的“辽沈晚报惠生活”云服务平台是辽宁地区的一个典型。作为整合全媒体资源打造的一站式民生服务平台，“辽沈晚报惠生活”目前已着手建设产品溯源系统、食品安全监测系统、平台入驻筛选系统、生产基地诚信档案系统、冷链运输体系、终端查询系统、物流配送系统、实体店等，并以线下的辽沈晚报红马甲发行站为依托，涵盖衣、食、住、行、医、购、娱、游等各个领域，消费者只要通过电脑和手机随时随地就能享受到现代服务业的快捷和便利。传统报刊业在这种无微不至的服务中，探索新的营利模式。

2014 年 10 月 11 日，蒋建国在全国出版传媒集团主要负责人座谈会上发表的讲话中，转引了习近平总书记关于传统媒体和新兴媒体关系的概括，那就是“坚持传统媒体和新兴媒体优势互补、一体发展，坚持先进技术为支撑、内容建设为根本，推动传统媒体和新兴媒体在内容、渠道、平台、经营、管理等方面的深度融合”。就这个意义上说，传统出版和数字出版是互相促进的关系，是你中有我、我中有你的关系。两者应通过融合实现一体化，有效整合各种媒体资源和生产要素，实现信息内容、技术应用、平台终端和人才队伍的共享、共通，从而焕发强大的生命力，实现华丽转身。这也正是地方报刊媒体融合的指导思想和方向。

（作者单位：辽宁北方期刊出版集团 / 辽宁省新闻出版广电局）

学术期刊编辑的学术评价功能及其实现途径①

臧莉娟

摘要：学术期刊编辑的学术评价功能和作用不可忽视，探讨学术期刊编辑与学术评价的关系及其学术评价功能的实现路径具有现实意义。学术期刊编辑是学术成果的“伯乐”和“把关人”，是学术评价的“组织者”，学术研究的“助推者”，学术导向的“引领者”。其学术评价功能的实现需要充分利用和发挥学术共同体的力量和作用，在期刊的编辑中抵制不良外在评价的影响，重视与读者的交流，集聚学者群体力量，坚持学术标准，净化学术家园。

关键词：学术期刊　期刊编辑　学术评价　把关引领

现阶段，我国的人文社会科学研究陷入了“非为学术而学术”和向“庸俗实用主义”堕落的窘境，[1] 人文社科类学术评价也因采用技术性治理与量化考评制度等问题而饱受诟病。正常情况下的学术评价是为学术发展服务的，现在则仿佛是学术研究为学术评价服务，迎合学术评价体系仿佛成为学术研究的出发点和终极目标。[2] 这一现状需要引起学术期刊界的高度重视和深入研究。学术期刊编辑在学术评价中地位重要，其评价功能和作用不可忽视。

---

① 本文为全国高等学校文科学报研究会第七届（2013）编辑学研究基金一般资助课题“我国期刊评价与学术评价现状之反思”（项目号：2013YB08）和2013年中央高校基本科研业务费专项资金项目“大学学术评价及学术影响力研究”（项目号NO.30920130132046）阶段性研究成果。

本文将对此进行深入和具体的探讨。

一、学术期刊编辑与学术评价的关系

学术期刊甄选稿件本身就是学术评价的过程。那么，学术期刊和学术期刊编辑在现行学术评价体制中的表现又是怎样的呢？不可否认，我国的学术期刊在学术发展过程中发挥了重要作用，在一定程度上引领了学术发展。但在我国目前的学术研究和学术评价大氛围里，学术期刊和学术期刊编辑的地位和作用有些畸形。现行的急功近利、工具理性占据主导的“以刊评文”模式导致学术期刊，尤其是核心期刊的编辑们由过去的学界“边缘人”成为了学术舞台上的活跃角色，从“为他人做嫁衣裳”的“幕后英雄”演变成号令“学界诸侯”的“无冕之王”，学术编辑的学术权力获得了空前的膨胀。[3] 在学术评价中地位的提升使得学术期刊的学术评价功能得以显现和强化，这对学术期刊的发展而言有一定的积极作用，但期刊评价功能的过度放大和学术考评制度对期刊评价的过度依赖也给学术期刊和期刊编辑带来了负面影响。

那么，学术期刊编辑在学术圈的角色定位应该是什么？学术期刊编辑的学术评价功能又应体现在什么地方？首先，编辑在甄选稿件时应具有高度的自觉性和主动性，要对来稿进行初步的学术判断，识别稿件的独到之处与创新性，是“伯乐”和“把关人”，这也是学术期刊编辑的重要职责之一；其次，初选稿件后，编辑根据稿件的专业方向选择、邀请审稿专家对其进行学术评价，因此他们也是学术评价的“组织者”；再次，学术期刊编辑不仅仅是坐等稿件，他们需要具备较强的创造性和前瞻性，要提前介入学术研究，确立选题，开展组织策划工作，进行约稿和组稿，在一定程度上，他们是学术研究的“助推者”；最后，学术期刊是传播媒介，传播的是优秀学术研究成果，在现行学术评价体制下，编辑面对着种种诱惑和压力，但在挑选稿件时必须捍卫学术导向，因此编辑应是学术导向的“引领者”。

二、学术期刊编辑学术评价功能的实现

（一）充分利用和发挥学术共同体的力量和作用

学术期刊编辑对稿件的学术评价中最核心的要求就是在甄选稿件时以审稿专家即学术圈内的学者和学术共同体的意见为主要评判标准。稿件的初选任务在编辑，很多编辑有自己的专业方向，也是学者，是学术共同体的一分子。学术期刊通过编辑初审和审稿专家的审稿甄选出优质稿件，因此期刊应该有较为完善的审稿制度。而学术期刊要想建立完善、合理的专家审稿制度必须通过多种渠道建立拥有数量庞大、专业门类齐全的审稿专家库，以确保能够将稿件送给研究方向对口的专家审稿。审稿必须采取匿名审稿制度，抛开挑选稿件上的“精英主义”和“门第观念”。学界被褐怀玉者、学界新人、后起之秀不断涌现，应通过匿名审稿制度挖掘新人，培养年轻作者，不断积累作者资源从而形成自己的作者队伍。

我国学术期刊和学术共同体的关系和美国等国家不同，他们的学术期刊主要依托学术共同体，基本以专业期刊为主，而我国的学术期刊很大一部分是综合类的，刊登学术论文的学科门类较多，多而不专，因此和学术共同体的关系也不是很紧密，仅仅是在需要审稿时才会联络相熟的审稿专家，而由于审稿专家数量有限有时又会出现专业不对口的现象。实际上，那些科研实力较强的学术共同体也需要具有其学科优势和特色的期刊来传播他们的学术研究成果，彰显学术自主性，搭建学科对话平台，而学术期刊恰恰是学术研究成果的传播媒介，它也需要形成自己的特色，学术期刊编辑和学术共同体保持密切联系可以改善目前学者、学

术共同体与期刊在学术交流方面的疏离状况，这对双方的发展都是有利的。学术期刊可根据自身的优势特色栏目，依托相关学术共同体，邀请学者担当栏目主持人，组织前沿选题；也可以主办各类学术活动，让学术期刊真正参与到学术研究活动中，与学者和学术共同体密切合作，并成为学术发展的引领者。这其中要特别强调学术期刊编辑的主动参与，鼓励编辑开展学术研究，融入到自己研究方向的学术共同体中，这样更方便挑选优质稿件，选择恰当的审稿专家，也更容易集聚志同道合的学者。不同期刊依托不同学科门类的学者、学术共同体，重点打造不同栏目，形成不同的特色，才有利于形成差异化、特色化的学术期刊群体。

（二）在期刊的编辑中抵制不良外在评价的影响

以评价者是否在被评价者所在的学术圈内为划分标准，学术评价主体可分为两大类：内在主体和外在主体，其对应的即学术内在评价和学术外在评价。就学术评价的现状而言，外在主体主要包括学术管理机构（科研管理部门等）、专业评价机构等；内在主体主要有学者、学术共同体等。一些科研管理机构在开展学术评价时主要依赖学术期刊是否是所谓的“核心期刊”，这就导致了学术期刊的不均衡发展：一方面，进入“核心期刊”队伍的期刊来稿量和来稿品质形成良性循环；另一方面，普通期刊稿源紧张、稿件质量不高形成恶性循环，因此出现了学术期刊极度重视期刊评价，争进“核心期刊”的现象。现行期刊评价标准以量化数据为主，有的学术期刊为了指标的提升甚至放弃了自己坚持多年、长期培育和发展起来的精品栏目或特色栏目，只因为这些栏目的文章可能对指标的提升贡献不大，这种“宁信度，勿信足”的做法值得编辑警醒。部分人文社科类期刊则在栏目设置和稿件选择方面受外在期刊评价标准影响，舍弃了长期培育的文史栏目，转而开辟容易提高量化数据的栏目，比如经济管理类栏目等；选择稿件也是尽量减少文史类等对量化指标贡献小的学科稿件。不同学科门类应有不同的评价标准，不能采用同一标准来衡量，尽管大部分期刊都能清醒地认识到这一点，但面对现实他们还是选择了屈从，导致期刊越来越失去特色，大同小异。

学术期刊编辑对“核心期刊”要有清醒的认识，不能被其左右。由于核心期刊和非核心期刊的生存境遇的确有所不同，在巨大的反差面前，很多刊物都希望能够进入核心期刊行列，并因此一味地去追逐、迎合核心期刊的评价指标，千方百计地刊发易被引用的文章，提高被引用次数。但是，盲目地迎合评价指标、刊发易被引用文章等方式，即使在现行期刊评价体系中也难以长久维系其地位。随着人们对现行评价机制的不满，以及期刊评价机构对评价标准的积极改进，未来对于学术期刊将确立起一种学术本位的判断标准，学术刊物通过刊发不同的稿件而赢得不同的学术声誉，并根据学术声誉的不同决定其学术地位。结合现行的期刊评价体系，真正对期刊发展有益的部分理应重视，可以适当调整栏目设置或改变稿件遴选方式，但绝不能被其所左右，否则会让期刊失去自己的特色，降低学术品位。学术之弊的根源并不在于学术期刊本身，而在于学术功利主义笼罩着整个学术生产机制，学术期刊只是首当其冲的矛盾积聚之地而已。[4] 尽管如此，学术期刊和期刊编辑还是应该在学术期刊的编辑过程中自觉抵制学术外在评价的不良影响，坚持自己的学术导向和学术评价原则。

此外，期刊编辑还应重视学术批评，重视学术争鸣类栏目。中国科学院李醒民教授曾指出，批判是学术的生命。[5] 学术批评对学术研究的重要性学者们都很明白，但是“批评的退化”被学术界诟病也是客观存在的。批评已失去了应有的锐气。目前学术批评受到诟病的一点，就是批评功能的丧失，或由于是同行、或由于是师生关系，碍于情面，使学术批评往往成了无根据的吹捧和不讲原则的“醒评”。学术批评变成了学术赞美，不但对甄别学术成果的价值没有帮助，反而会混淆是非。[6] 现在只有极少数期刊开设真正的学术批评或学术争鸣类栏目，这类栏目如果组织得好，能够活跃刊物的学术气氛，吸引学者的更多关注，进而集聚更多的学术精英。

（三）重视与读者的交流，集聚学者群体力量

我国的学术期刊被人戏称为“作者的期刊”，很多编辑部也只重视作者而忽略读者。事实上学术期刊是一种传播媒介，是沟通作者和读者的桥梁，是学术成果展示的平台，其出版发行不是为了给作者评职称，而是为了将学术成果展示出来，供读者学习、交流，以促进学术发展。没有读者的学术期刊也就失去了存在的价值。因此，读者对于学术期刊至关重要，必须充分重视和利用读者力量。学术期刊的读者也以学者群体为主，他们对于期刊的评价牵扯的利益因素较少，评价较为中肯，其意见对学术期刊发展有积极意义，他们也是学术期刊潜在的作者和审稿专家，是极有可能积聚在期刊周围助推期刊发展的力量。因此，学术期刊和期刊编辑应重视加强与读者的交流，听取读者的意见，从读者中挖掘作者，挖掘审稿专家，通过交流汇聚更多学者和学术精英。只有集聚众多学者的期刊才能在挑选稿件时作出正确的学术评价。

学术期刊可以定期召开读者交流会，听取读者对期刊栏目设置、稿件质量等方面的意见和建议，甚至可以开辟专门的小栏目刊发读者来信等，也可以通过组织、参与学术研讨会等主动展示自己的期刊，拉近与读者的距离，让读者认识和走近学术期刊。既与作者紧密联系，也与读者密切沟通的学术期刊，才能真正发挥沟通桥梁的作用。在此基础上，与学者、学术共同体共同开展学术内在评价，才能挖掘出优秀的学术研究成果，才能真正发挥学术传播、学术交流的功能。

（四）坚持学术标准，净化学术家园

当下不少编辑部挑选稿件时会依据作者身份，有“门第观念”和“精英主义”倾向，甚至明文规定某类学校或某种学历作者的来稿不予刊发；有时却又因为人情、关系等因素刊发质量较差的文章。这种选稿方式在一定程度上伤害了学者的学术研究积极性，助长了学术浮躁心态和弄虚作假之风，扰乱了正常的学术生态，同时也影响到学术期刊的学术权威性，损害了学术期刊在读者和作者心目中的形象。这类编辑工作制度理应受到质疑，并应不断被纠正。

稿件的初选权和定稿权在学术期刊和期刊编辑手中，因此编辑在一定程度上掌握着稿件的“生杀大权”。学者的研究成果能否刊发、能否与读者见面，很大程度上取决于编辑。在此情况下，学术编辑要真正发挥其学术评价功能，必须坚持学术的独立和尊严，服膺学术道德，对学术有虔诚和敬畏之心，以学术标准为甄选稿件的唯一标准，并竭尽所能守望学术家园，而不受其他因素影响。

真正以学术内在评价方式挑选稿件，短期内会给期刊带来一定的压力，比如拒绝人情稿带来的种种影响等。但是，这是学术期刊和期刊编辑的责任，也是学术期刊逐步步入正轨，并不断趋于良性发展的必经之路。学术期刊可以根据期刊的现实情况准确定位期刊发展方向，对于阻碍期刊发展的各类关系稿、人情稿以及与期刊定位不符的稿件都应予以抵制，如此才能促进期刊长远、良性地发展。

参考文献

[1] 李艳午.人文研究学术场域的殖民化及其脱困 [J]. 燕山大学学报：哲学社会科学版，2013（2）：32.

[2] 余三定. 谁在推动学术评价走向疯狂 [J]. 云梦学刊，2013（4）：28.

[3] 杨玉圣 . 学术编辑的道义担当 [N]. 中国社会科学报，2006-02-16.

[4] 江飞 . 不要妖魔化学术期刊 [N]. 中国社会科学报，2013-02-01.

[5] 李醒民 . 批判是学术的生命 [N]. 中国社会科学报，2011-6-28.

[6] 杨元业 . 学术的“德性” [N]. 中国教育报，2007-02-12（3）.

（作者单位：南京理工大学学报（社会科学版）编辑部）

中国科技期刊集群发展之路探讨

刘天星

摘要：通过对比国内外科技期刊集团和集群发展现状，分析了自存储、机构存储和学科存储、学术社交网络、学术搜索引擎、开放获取、语义出版和数据出版对传统出版带来的冲击，从科学交流系统演变的角度探讨了中国科技期刊集群发展应集成现有的各种新的网络技术，使科技期刊集群从出版业向服务业转变，走一条不同于外国科技期刊集团的、跨越式的发展道路。

关键词：科技期刊集群　期刊集团　开放获取　科学交流系统　学术社交网络

科技期刊集群化发展已成为当下中国科技期刊界最热门的词汇，从最初的期刊从业者及学者的倡议[1-4]，到中国科协等行政主管部门的政策引导[5]，再到目前国内出现的大小十几个分学科科技期刊网络集群的实践[6]。特别是以中华医学会和中国激光网为代表的网络刊群，在经营管理的体制机制和网络技术开发应用方面对科技期刊集群化发展进行了大胆实践和有益探索[7-10]。但从中我们也可以看出，中国科技期刊集群的实践还在初级阶段，成熟的商业模式和服务功能还远未形成，大部分期刊集群还处在“砸钱”的阶段，完成可持续性、成熟的运营方式尚需时日；同时，中国特有的期刊主管—主办—出版体制和总量控制的刊号审批制度，也是中国科技期刊集群化发展不能照搬照抄国外科技期刊集群的模式的主要原因。虽然以 Elsevier、Springer 和 Wiley 为代表的网络科技期刊群经过近 20 年的发展已经很成熟，但在 OA 运动的推动下也面临着进一步的转型，这对中国科技期刊集群化发展既是挑战、更是机遇。本文通过中外科技期刊集群化发展路径的对比，探讨了在网络技术和 OA 运动影响下学术交流模式的转变，进而提出了有中国特色的、面向未来的、可持续的科技期刊集群化发展之路。

一、中外科技期刊集团（集群）发展对比

科技期刊集团与集群两者之间既有相同叠加又有区别差异，相同是集团和集群都是有一定规模的科技期刊组成，但集团的组织模式是通过一定的资本、经营管理关系联结在一起的，而集群与其所包含的企业之间可能有组织关系，也可能没有[11]。由于没有形成集团的集群与其所包含的企业没有组织关系，因而也就对其没有约束力，因此在一定程度上了集群的竞争优势不如集团。国外科技期刊更多是表现为集团形式，而在我国目前的期刊管理体制下，由于无法实现集团的经营，更多探讨的是科技期刊的集群化发展。

（一）国外科技期刊的集团化发展路径

二战前，国外科技期刊大都是由学会和大学等非营利机构出版，科技期刊的营利能力非常弱，常常要依靠补贴才能维持出版的持续性。二战后，随着科学技术日益成为国家综合国力竞争的重要组成部分，科技对国家经济、社会的带动作用也日益凸显，因此各国政府都加大了对基础科学的资金投入。大量的政府资金和产业资金进入科研领域产生了一个最直接的结果，就是科技从业人员和科学产出（论文）呈现出爆发式增长的态势。在这个过

程中，学会和大学出版等机构由于受到各种原因的限制，日益满足不了科技期刊出版发展形势的需要，而商业出版公司逐渐看到了科技期刊的盈利潜力，则纷纷进入该领域。尤其是从二十世纪六七十年代开始，商业出版公司通过创办新的学科期刊、代理专业学会的出版、互相之间的兼并等方式，逐渐成长为以 Elsevier、Springer 和 Wiley 为代表的国际三大科技期刊出版集团 [12]。据估计，2002 年三大出版集团共出版了世界 42% 的期刊论文 [13]，其中 Elsevier 的利润率达到了 36%，而世界期刊平均利润率只有不到 5%[14]。所以，无论在出版规模还是在利润率方面，一般中小型出版机构都难以与其比肩，集团化的优势在日渐庞大的 STM 产业中也越来越显著。从国家分布方面看，美国、英国和德国出版的期刊数量占全世界出版期刊的近三分之一 [15]。

20 世纪 90 年代中期以来，随着万维网技术的发展，大型商业出版公司利用资本、人力等方面的优势，迅速组建了自己的数字期刊出版平台 [2]（如：Science-direct，Springer-link 等），数字化技术应用降低了生产成本，提高了利润率，进一步拉大了与中小出版机构的差距，最终形成了在世界科技期刊市场的垄断地位。另外，由于其在经验积累、资本规模和市场份额等方面的优势，一些潜在的竞争者很难撼动这些大型商业出版社的地位 [16]。

（二）我国科技期刊的集群化探索和现状

我国科技期刊的真正发展是伴随着 20 世纪 70 年代末“科学的春天”而到来的，经过 30 多年的发展，我国科技期刊从几百种发展到现在的 5000 种左右。与国外科技期刊发展路径不同（其数量增加更多是依靠市场的力量和学科扩张），我国虽然在短短几十年的时间实现了数量的大跃进，但由于我国的出版体制和刊号审批制度，及办刊主体多元化、办刊资源分散，缺乏退出机制等原因，一直无法形成与国外类似的科技期刊出版集团。虽然近年来新闻出版主管部门规划了科技期刊改革的路线图，但由于我国特有的出版管理制度没有发生根本性改革，所以很难实现只有在市场化条件下才能发育成熟的科技期刊市场，因此以做大做强为目的的科技期刊集团化改革可以说举步维艰，难有作为。如何在目前国家宏观管理制度框架内，实现科技期刊业的做大做强，国内各界纷纷进行了多种尝试。这种尝试主要的驱动力还是来自于网络技术的发展和商业模式的创新[1，3]。

以中国知网、万方数据、重庆维普为代表的网络期刊群基本覆盖了中国所有的科技期刊，并且形成了覆盖全国的发行网络，从网络期刊规模上可以说超过了世界任何一个科技期刊网络平台。但这些平台只是各个科技期刊的网络发行平台[4，17]，与科技期刊的编辑出版则完全分离，难以做到整合出版资源及对期刊的质量和办刊人员有效管理和提升，更不可能像国外科技期刊网络平台可以创办新期刊、关闭不盈利期刊、期刊出版机构的兼并重组等[18]。所以这种网络集群很难与国外出版集团的平台相抗衡。

近年来，以中华医学会出版平台和中国光学网为代表的十几个学科期刊网络集群是期刊的主办或出版部门为主导进行的新型探索[7-10，19-22]。这种探索，涉及了期刊编辑部的协同合作、出版资源的整合、编辑人员的交流学习、出版内容的深度挖掘和新的业务拓展（比如，会展、广告、在线教育等）[6]。虽然目前还处在发展的探索期，但一些未来的可持续的商业模式和出版模式已经初露端倪[23-25]，代表了我国科技期刊集群化发展的方向。

我国科技期刊集群化相对于国外科技期刊出版集团的网络平台建设可以说先天不足[26]。一方面，我国起步要晚 20 年左右，国外科技期刊网络平台凭借数字化网络化的红利，依靠低成本的发行、订阅完成了资本的原始积累，而我国科技期刊集群起步阶段就遇到了席卷全球的开放获取运动，很难实行像国外数据库依靠网络发行、卖数据库的商业模式；另一方面，仅依靠现有期刊资源进行组合，不能根据市场需求创办和停办期刊，则难以实现市场环境下出版资源的有效配置。所以，我国科技期刊网络集群化发展必然要走一条全新的符合我国国情的发展之路。

二、数字网络技术和 OA 出版模式对传统出版模式的冲击

传统出版模式在数字网络技术和 OA 出版模式的冲击下，不断进行调整和适应，在出版领域出现了许多新的技术应用。虽然这种应用目前还不是出版业的主流，但其显现的强大威力正逐渐重塑科技期刊出版的未来。以下对各种主要的新业态的优势和不足分别进行了简要分析，提出了未来科技期刊集群建设中如何综合利用、取长补短。

（一）开放获取

开放获取运动从 1993 年开始至今获得了快速的发展，2009 年大约有 191000 篇文章发表在 4769 个 OA 期刊上。从 2000 年开始，OA 期刊年均增长 18%，OA 论文年均增长 30%[36]。目前，WebofScience 收录的期刊大约有 10% 是 OA 期刊。OA 运动不仅实现了商业上的可持续模式，而且逐渐得到了政府的支持。2012 年英国政府推出“GoldenOA”政策，所有政府资助项目产生的论文要立即开放，2013 年美国政府推出“GreenOA”政策，所有美国政府资助产生的论文要在 1 年后对公众免费下载[37]。政府作为全球最大的基础研究资助方对 OA 的支持，将大大推动 OA 期刊的发展，并将彻底改变现有期刊订阅的商业模式。

未来科技期刊集群的建设必须抛弃传统贩卖全文数据库的模式，建立在 OA 期刊基础上，寻找新的价值增长点和商业模式。

（二）自存储、机构存储库和学科存储库

学科存储库出现于20世纪90年代早期，以某个学科和主题为分类存储论文；机构存储是以某个机构建立服务器，存储本机构发表论文；自存储是指作者将自己发表前的预印本（如arXiv）或者发表后论文（如Pubmed）存入某个学科或者机构存储库。20多年来，类似的存储库获得了快速发展，据估计截止2006年世界上大约有不少于600个类似存储库[27]。我国大学和图书馆界从2008年左右开始推进存储库的建设，但目前进展仍然比较缓慢[28]。

论文存储库有利于促进文献共享和科学交流，但目前的存储库建设存在两个问题：一是建设主体多样化，且由于只有投入没有回报，缺乏维持其长期可持续发展的机制；二是机构存储库的使用效果并不理想，如果没有用户的访问存储库的论文将成为死论文，存储库存在的价值就会降低，归根结底存储库没有能融入学术交流的体系。

（三）学术搜索引擎

以GoogleScholar和Scirus为代表的学术搜索引擎，经过10多年的发展已经成为科研人员重要的学术信息搜索工具[29-30]。这些搜索引擎不仅涵盖了大量的学术论文等网络上的学术资源，而且针对科研人员的需求，越来越精准化和个性化，解决了科研人员对目标文献最简单快捷的需求指向，而且提供了下载源方便用户下载全文和引用[31]。

随着网络上的论文资源越来越多，搜索引擎的使用范围会更加广泛。但是搜索引擎发展也存在一些问题，除了会带来相应的论文版权问题外，搜索引擎只能解决“能找到”的问题，解决不了“找什么”的问题[32]。也就是说如果科研人员想找某篇文章，通过搜索引擎能很快定位资源，但不能帮助科研人员解决要了解一个科学问题应该去找哪些文献，哪些文献对自己更重要、更值得阅读。

（四）社交网络

社交网络（SocialNetworkSites）是在互联网技术背景下，以人为中心，依靠人与人之间的连接关系进行信息的分享和传播。社交网络及其应用工具以近乎“零壁垒”的信息发布与传播方式以及丰富实用的应用功能，快捷、高效和交互式地传递着各式信息。在Facebook、QQ、微信等社交媒体上，每天都有数以亿计的人们在沟通信息，传播思想[33]。尽管社交网络具有强大的信息交流功能，其在科技期刊网站以及科学论文的传播并不普遍，而且科研人员对社交网络的态度更多认为是用来娱乐，很难将之视为严肃的科学交流手段[34]。有研究发现，社交网络在科研人员中最多的三个应用是：寻找合著者、会议、安排会面[35]。

ResearchGate这个网站力图改变科研人员对社交网络的认识，它将用户集中在科研人员范围，通过科研人员分享自己的论文和会议等信息试图构建出专业科研人员的社交圈子。从2008年创建至今，已有包括4位诺贝尔奖得主超过400万全球用户注册，展现出社交网络在科学交流中强大的应用潜力。科技期刊群的建设也要充分利用社交网络的理念和技术，实现以人为核心的知识生产和传播的网络。

（五）语义出版

DavidShotton等在2009年首次提出了语义出版的概念，即发掘并丰富文章的知识内涵，使其在网络上能够更方便地被自动发现，可以自动链接与之语义相关的文章；支持对文章中所包含的各种知识进行访问并操作，文章之间各种知识能够便捷地进行关联和集成[38]。语义出版主要技术包括社会网（Web2.0）、语义网和文本挖掘技术。在Web3.0环境下，科技期刊的网站进行语义出版模式的各种探索，其核心为实现知识关联与共享[39]。英国皇家学会（RSC）在语义出版方面进行了开拓性的探索并成功应用于期刊的实际生产过程。

未来科技期刊集群的发展必须建立在语义出版的基础上才能最大限度地发挥集群的知识聚集和知识挖掘的功能。

（六）数据出版

从20世纪60年代开始，由于卫星技术、生命科学测序技术等新技术的发展和“大科学”组织模式的出现，大量数据的产生已经不能通过论文的形式展现和传播。RobertCompbell认为：期刊面临的最大挑战可能是由于新技术和E-Science带来的大量数据的产生[40]。

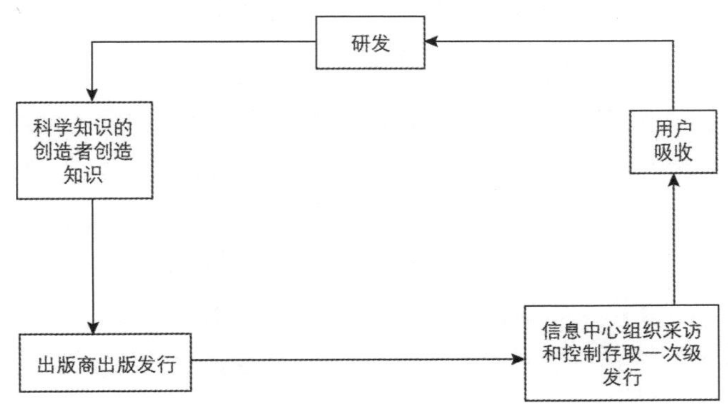

图1　Lancaster信息链模式

出于对数据的保存目的，国外许多期刊已经开始要求作者在投稿的时候需要提交原始数据以供同行评议检查和发表后的存储。另外，美国国家基金委（NSF）也推出了大数据环境下的数据保存项目[41]，如生态环境领域的DATAONE数据库专门用来存储NSF资助产生的科研数据，一些国际组织也开始对数据进行DOI注册。尽管不同学科的数据在存储和元数据处理方面存在很大差异和障碍，但延长数据的使用生命周期，保存和出版科研数据已经成为未来发展的必然趋势。

三、网络环境下科学交流模式的演变

除了网络技术应用带来的对科技期刊出版的冲击外，还必须重新定位科技期刊出版在整个科学生态系统中的位置，以适应科学交流的新需要。在传统纸版发行的时代，科技期刊是科学交流系统最重要的正式交流渠道，“既是龙头，又是龙尾”[42]；而在网络时代，科学交流系统正在发生重大的演变，未来科技期刊集群应该在新的科学交流系统中承担什么角色，这些问题都需要首先梳理科学交流系统的演变过程。

（一）纸版时代的科学交流系统

美国图书馆学家 FWLancaster 针对科学交流的“正式交流系统”提出了“情报传递环圈”模型[43]。该模型强调了信息传递的循环特征（图 1，成全，2010），此模式细化了文献信息交流情况，突出了信息中心与信息服务在整个信息交流循环圈中的作用[44]。纸版的科技期刊所承担的“龙头龙尾”科学交流功能无疑是这个模型的最完美解释。

（二）网络时代的科学交流系统

随着数据库技术和网络技术的发展，不断又有学者提出了一些新的交流系统模型，艾卿森（Aitchison）在 Lancaster 模型基础上引入数据库的应用，提出的 Aitchison 信息链模式；FjordbackSndergaard 认为互联网从支持正式学术交流的一种单纯非正式的学术知识交流工具演变成为一种能够同时承担正式科学交流和非正式科学交流功能的重要工具；2004 年 Hurd 在 Garvey-Griffith 模型基础上改进并预测了 2020 年科学交流模式[45]（图 2，成全，2010）。Hurd 的预测模型的提出基于以下三点考虑：首先，科学研究是基于合作的，而不是科研工作者的个人行为；其次，研究结果及其赖以开展研究的信息组成了研究报告的主要内容；最后，所有与研究相关的成果都以数字形式出现[46]。

所有这些模型虽然看到了网络环境下，正式交流系统（如期刊论文等形式）和非正式交流系统（如通信、谈话等）的融合，但仍存在两个问题：一是交流的内容仍是研究报告或者研究论文；二是信息流动的方式仍是链式逐级传递。没有将网络技术带给科学交流最大的优势发挥出来。

（三）E-Science 环境下的科学交流系统

Garvey 认为“交流是科学的本质”[47]。传统科技期刊通过出版活动将科研人员的最终成果的和研究任务进行前的准备工作形成一个闭合的信息链，只是承担了科学研究“龙头”和“龙尾”的信息交流。E-science 环境下，科研过程中的实验数据、科研成果以及参加的会议和讨论随时可以在网络上公布，与他人共享。因此，这部分传统交流系统中的“灰色文献”也将成为科研活动的重要信息来源[48]，这也是传统科技期刊出版所不能涉及的科学交流领域。因此 E-science 环境下的科学交流系统将是服务于科学全过程的全新系统[49]。

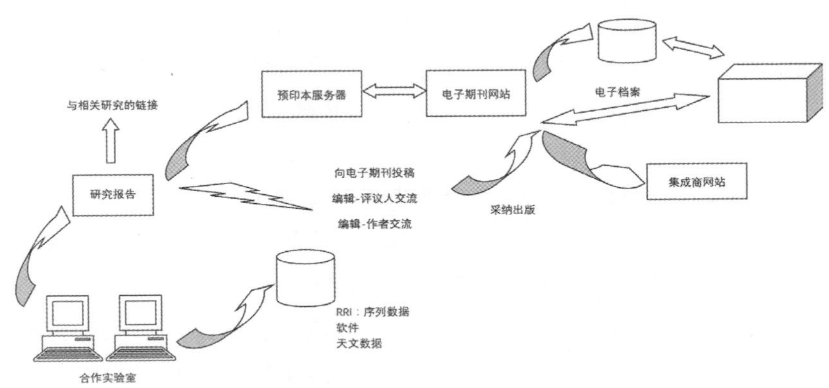

图 2　Hurd 预测科学信息交流模式

四、中国科技期刊集群发展之路

综合以上分析，中国科技期刊集群不能简单模仿西方科技出版集团的网络平台，更不能仅仅将纸版信息传播模式简单搬到网络上进行，而应是充分应用网络技术的各种进展，使科学知识的生产、呈现和传播三个过程效率更高，知识得到更充分应用。未来科技期刊集群应具备以下几个主要特征。

（一）以用户为核心的学术社交网络

无论国内还是国外，科技期刊数字化平台都是以期刊或者论文为主要的核心资源，通过文献之间的链接关系构建出科学资源网络。而文章的作者只是成为类似文献分类号一样功能的、论文的一个特征标注。在网络化时代，文章的作者日益成为学术交流系统中的活跃因素，科学家之间非正式交流的信息（比如会议、讨论、师承关系、项目关系等）日渐成为正式交流信息（文献）的重要补充，许多科学信息资源通过科学家之间的直接获取要比通过文献作为中介间接获取要更快、更有效。通过构建以用户为核心的学术社交网络，不仅使学术交流服务的主体（科学家）之间直接建立联系，省去了中间环节，而且活跃的用户能为科技期刊集群贡献除了期刊文献更多的信息，这些信息都能成为网络集群进一步凝练和加工形成新产品的数据基础。

（二）以期刊为核心的学术资源汇集平台

科技期刊作为正式交流系统中的主力军，在未来相当长的一段时间将继续发挥科学交流主渠道的作用。科技期刊集群应该还是要把科技期刊作为核心资源之一，科技期刊的投审稿系统将成为学术社交网络的基础功能之一，并且由于科技期刊对科学家的黏性作用，将使学术社交网络保持长期活跃度，有利于其他社交功能的拓展。科技期刊集群应该具备以下为加盟期刊服务的功能：投审稿系统、作者和专家库的共享、生产流程的整合和标准化、期刊出版元数据的分析和挖掘、期刊论文的语义挖掘、学术搜索引擎的集成与应用等。

（三）信息产品多元化

除传统的科技期刊和论文产品外，科技期刊集群还应该增加图书、会议报告（PPT）、工作（讨论）论文等。通过对这些资源的组织、编辑、加工，打包成新型的信息产品。另外，通过社交网络功能，应该深度挖掘科学全过程中用户还需要哪些信息，通过分析用户需求，创造新的产品形态。比如，可以和研究生教育结合开发出在线的教育课程等。

（四）学科存储库功能

科技期刊集群的学术论文将不能仅仅限于加盟期刊的发表论文，应该建立学科论文存储库，成为包括中英文学科学术资源的集成平台。在版权问题解决的前提下，通过用户的自存储功能、通过加盟科研机构的机构存储功能，存储更多的学科相关文献。未来甚至承接科研基金资助方（比如基金委）的委托存储功能，将不同来源和类型的科学信息集成到一个平台上，让传统已经存档或者入库的“死”掉的文献通过科学家之间的社交网络重新被发现、被使用，延长文献使用的生命周期。

（五）数据出版平台

面对越来越大量的科研数据，由科学家本人和科研机构承担数据存储功能有诸多弊端，其保存的长期性和互联互通性都存在天生不足。要使数据存储实现“活”数据的目的，必须与现有的活跃的科学交流系统相结合，也就是和科技期刊出版活动相结合。

但科技期刊出版机构很难在现有的流程中加入数据存储功能，即使能加入此功能，面对不同出版机构之间的存储数据的互通和协调，也面临很大问题。科技期刊集群具备跨出版机构的特点，又与科技期刊出版活动密切相关，应该承担起数据存储和出版的职能。通过数据的DOI注册，建立起数据与文献的链接关系，实现“活”数据的目的。

（六）基于OA的新的商业模式

在政府逐渐介入OA运动的情况下，未来国际科技期刊出版界OA将逐渐成为主流，传统卖数据库和期刊全文的商业模式将面临越来越大挑战。未来科技期刊集群在商业模式上将会转变且具有以下特征：期刊全文都是免费，而且会出现更多的论文数量，但是科学家对如何寻找和选择使用论文将面临更大困难，如果帮助科学家进行信息的分析和提取，提供有价值的二次信息产品将成为未来科技期刊集群商业模式的基础。

（七）开放式平台

不同角色的合作至关重要，科技期刊网络集群将重构学术交流与出版生态系统，使学术交流系统中不同角色（如期刊出版者、平台技术支撑单位、科学家、图书馆、图书出版商、教育者、学生等）都能在平台上找到自己的生态位，实现利益相关方的合作共赢。未来的科技期刊集群必须是开放系统，集中利益相关者的优势，通过协议和合同关系实现分工和合作。

（八）服务于科学研究全过程的信息平台

中国特色的科技期刊集群，应该是独立于每个期刊出版方和其他利益相关方的独立第三方，通过提供合作的网络平台和相应的服务运营，实现价值的增值。其核心价值应该是：服务于科学共同体，服务于科学研究全过程，服务于个性化科研需求，通过服务汲取资源，实现价值整合和再造。

五、结论

中国科技期刊与国外科技期刊集团相比，一方面由于期刊管理体制障碍而使得集团化难以短期内实现突破，另一方面在数字化和网络化发展中又落后于国外科技期刊集团近20年。在这双重压力下，中国科技期刊集群不能照抄照搬国外科技期刊集群的发展模式。通过分析目前国际上新出现的网络化带来的对科学交流系统的几方面冲击，未来中国科技期刊集群应该充分利用和挖掘这些新兴的形态和功能，更好地把握发展趋势与机遇，构建学术社交网络和学术社区，由期刊出版业向信息服务业的转型，从而实现中国科技期刊集群的跨越式发展。

参考文献

[1] 陈辉．中国科技期刊网络化发展方向[J]．中国科技期刊研究，2009，20（1）：9–12.

[2] 程维红，任胜利，王应宽等．国外科技期刊的在线出版——基于对国际性出版商和知名科技社团网络平台的分析[J]．中国科技期刊研究，2008，19（6）：948–953.

[3] 邢海涛．集群化是科技期刊发展必由之路[J]．编辑之友，2009，（6）：39–40.

[4] 曾建勋，宋培元．我国科技期刊网络化发展动因与趋向[J]．编辑学报，2008，20（4）：283–285.

[5] 沈爱民．顺应时代发展潮流打造中国科技期刊的“辽宁号”[J]．中国科技期刊研究，2014，25（1）：1–4.

[6] 黄洪民，马爱芳，张晶.我国科技期刊专业集群化网络出版现状 [J]. 中国科技期刊研究，2013，24（2）：238-241.

[7] 李慧，马建华.中国科协期刊的集约化运作案例研究——以中华医学会为例 [J]. 中国科技期刊研究，2011，22（6）：860-862.

[8] 刘冰，游苏宁.集群化医学期刊数字出版的思考与实践 [J]. 中国科技期刊研究，2010，21（3）：282-285.

[9] 段家喜，郑继承，童菲等.《中国激光》杂志社集群化发展与体制改革的新进展 [J]. 中国科技期刊研究，2011，22（2）：176-179.

[10] 邓迎，郑继承，童菲等.中国光学期刊网数字出版服务探索与实践 [J]. 中国科技期刊研究，2013，24（5）：951-954.

[11] 孔庄.中国期刊集群化发展的战略构想 [J]. 编辑之友，2006，（2）：7-9.

[12]Edwards R，Shulenburger D.The High Costof Scholarly Journals:（And What To Do About It）.Change:The Magazine of Higher Learning，2003，35（6）:10-19.

[13]Morgan Stanley.Media Industry Overview:Scientific Publishing:Knowledgeis Power.Equity Research Report Europe，2002，September30.

[14]Competition Commission（UK）.Reed Elsevier Plcand Harcourt General，Inc:A report on thepropose dmerger.2001，Competition Commission，http://www.competition-commission.org.uk/rep_pub/reports/2001/457reed.htm#full（accessedAug25，2005）.

[15] 于媛，金碧辉.从期刊基本特征的定量分析看世界科技期刊发展现状 [J]. 中国科技期刊研究，2006，17（2）：175-178.

[16]Glenn S.Mc Guigan，Robert D.Russell.The Business of Academic Publishing:A Strategic Analysis of the Academic Journal

Publishing Industryandits Impactonthe Future of Scholarly Publishing. Electronic Journal of Academicand Special Librarianship.2008，9（3）URL:http://southernlibrarianship.icaap.org/content/v09n03/mcguigan_g01.html.

[17] 黄敏 . 关于新形势下出版企业科技期刊集群发展策略的思考——以中国科技出版传媒股份有限公司为例 [J]. 编辑学报，2012，24（5）：461–465.

[18] 邓晓群，孙岩，吕芳萍 . 搭建“一专多能”科技期刊网络学术平台的设想 [J]. 出版发行研究，2011，2011（8）：68–72.

[19] 张雁，刘美红，杨蕾 . 中国激光杂志社基于网络平台的集群化发展 [J]. 中国科技期刊研究，2010，21（5）：656–658.

[20] 江少卿，郝梓国，孟庆伟，费红彩，章雨旭，周健，张玉华，任保良 . 区域性地学期刊网站群建设的思考 [J]. 编辑学报，2010，22（3）：267–270.

[21] 刘英 . 科技期刊网络出版运营模式探析——以龙源期刊网为例 [J]. 编辑之友，2010，2010（9）：64–65.

[22] 尹仔锋，刘彤 . 加快科技期刊集群化发展的步伐——以气象类期刊为例的集约经营策略探讨 [J]. 中国科技期刊研究，2013，24（4）：638–641.

[23] 管兴华，郑芹珠，黄文华等 . 上海市科技期刊数字化盈利模式现状及对策 [J]. 中国科技期刊研究，2013，24（5）：858–861.

[24] 张婧，余振刚 . 科技期刊网络增值服务模式研究 . 科技管理研究，2013，2013（14）：174–178.

[25] 高建平 . 科技期刊产业集群研究 [J]. 中国科技期刊研究，2004，15（3）：237–240.

[26] 张惠 . 科技期刊数字化运营的困境及出路 [J]. 出版科学，2013，21（4）：94–96.

[27]XIA Jing feng，LI Sun.Assessment of self–archiving in

institutionalr epositories:depositor ship and full-text availability.Serials Review，2007，33（1）：14-21.

[28] 郭清蓉 . 我国知识库自存储现状分析及对策研究 [J]. 图书馆，2010，2010（4）：85-86，109.

[29] 汤梅，杨旭东，郑迎新 . 主要国际性学术搜索引擎的比较分析 [J]. 中国科技期刊研究，2011，22（3）：385-387.

[30]Noruzi Alireza.Google Scholar:The new generation of citation indexes.Libri，2005，55（4）：170-180.

[31] 于宁，庞海燕 . 科学搜索引擎与学术搜索工具——Scirus 与 Google Scholar 比较研究 [J]. 现代情报，2009，29（6）：159-160，166.

[32]Jacs ó ，P é ter.Google Scholar:the pros and the cons.On line in form a tionreview，2005，29（2）：208-214.

[33] 王贤文，张春博，毛文莉，彭恋 . 科学论文在社交网络中的传播机制研究 [J]. 科学学研究，2013，31（9）：1287-1295.

[34]Chakraborty Nirmali.Activities and reasons for using social networking sites by research scholar sin NEHU: astudy on Facebook and Research Gate.2012，8th Convention PLANNER Sikkim University，

[35]www.ucl.ac.uk/infostudies/research/ciber/socialmedia-report.pdf.

[36]Laakso M，Welling P，Bukvova H，etal.The Development of Open Access Journal Publishing from 1993 to 2009.PLoS ONE，2011，6（6）:e20961.doi:10.1371/journal.pone.0020961.

[37]Richard Van Noorden.US science to beopen to all-Governmen tmandates that taxpayer-funded research be freely available within12 months.Nature，2013，494:414 - 415.

[38]Shotton D.Semanti cpublishing:the coming revolution in scientific journal publishing.Learned Publishing，2009，22（2）:85-94.

[39] 翁彦琴，李苑，彭希珺 . 英国皇家化学会（RSC）——科技期刊语义出版模式的研究 [J]. 中国科技期刊研究，2013，24（5）:825–829.

[40]CampbellR，MeadowsA.Scholarlyjournalpublishingwheredowegofromhere.LearnedPublishing，2011，24（3）:171 - 181.

[41]TenopirC，AllardS，DouglassKL，etal..Datasharingbyscientists:practicesandperceptions.PloSONE，2011，6（6）.

[42] 卢嘉锡 . 既是“龙尾”也是“龙头”——要重视并做好科技期刊工作 [J]. 中国科技期刊研究，1990，1（1）:2.

[43]LancasterFW，SmithLC.Science，scholarshipandthecommunicationofknowledge.LibraryTrends，1978，27（3）:367–387.

[44] 马振萍，杨姗媛 . 基于 Web3.0 的网络信息交流模式 [J]. 情报资料工作，2011，2011（1）：61–64.

[45]HurdJM.Thetransformationofscientificcommunication:Amodelfor2020.JournalofTheAmericanSocietyforInformationScience，2000，51（14）:1279 - 1283.

[46] 成全 . 网络环境下科学知识交流与共享模式研究 [J]. 科学学研究，2010，28（11）:1691–1699.

[47]GarveyWD.Communication:Theessenceofscience.Elmsford，NY:PergamonPress，1979.

[48] 庞蓓 . 基于 E–science 科学研究生命周期理论的图书馆学科化服务 [J]. 高校图书馆工作，2012，18（4）:81–83.

[49]DeelmanEwa.Workflowsande–Science:Anoverviewofworkflowsystemfeaturesandcapabilities.FutureGenerationComputerSystems，2009，25（5）:528–540.

（作者单位：《中国科学院院刊》编辑部）

中国科协科技期刊国际影响力分析

刘筱敏　马　娜

摘要：中国科技期刊国际影响力提升计划的实施是国内迄今为止对英文科技期刊资助力度最大、目标国际化程度最高、影响力最深远的专项支持项目，期刊的国际化发展再次受到强烈关注。本文从JCR的数据出发，用期刊分区、特征因子、施引期刊分布等数据，以中国科协期刊为例分析了这些期刊的国际影响力现状，用数据的构成内容说明我国期刊距离真正的国际影响力还存在差距。通过数据分析，为期刊国际化发展提供制定实施方案的数据基础。

关键词：期刊国际影响力　特征因子　期刊互引　自引率　国内期刊引用

科技期刊作为国家创新体系的有机组成部分，是科技成果集中传播的基本载体，一个国家科技期刊的地位和影响力，在一定程度上表现了该国科技发展的状态。根据统计，我国科技期刊在数量上（4953种）仅次于美国（17000余种），居世界第二位[1]，科技论文的产出与科技期刊的数量都可以列入大国的行列，但如何从大国走向强国，在国际科技交流圈中产生影响力，在科技界具有引领的作用，还需要更多的努力。2012年以来，中国科协实施了中国科技期刊国际影响力提升计划，2013年此计划成为六个部委联合资助的项目，这是国内迄今为止对英文科技期刊资助力度最大、目标国际化程度最高、影响力最深远的专项支持项目。该计划整体分两步实施：第一步力争到“十二五”末，引导一批学术质量高、重要学科领域的中国英文科技期刊 JCR 影响因子进入学科 Q1、Q2 区。创办一批代表我国前沿学科、优势学科，或能填补国内英文科技期刊学科空白的高水平英文科技期刊。第二步力争到 2020 年，形成具有我国自主知识产权的世界顶级科技期刊群，使我国一批英文科技期刊学术质量和国际影响力达到世界先进水平 [2]。

期刊国际化发展目标的实现，需要以目前期刊发展的现状为基础，制定详细的发展步骤和实施方案，推动期刊国际化目标的实现。基于此，本文以 SCI 的 JCR 数据提供的描述期刊特征的系列指标为基础，以中国科协主办、主管，并进入 SCI 的期刊为对象进行数据分析，希望为期刊国际化发展实施方案的制定提供数据参考。

一、数据选取及数据概况

本文的数据来自于 Thomson Reuters 的产品 JCR（Science Edition）2010—2012 年版数据。2010—2012 年 JCR 报告中涉及的期刊数分别是 8073、8336 和 8471，我国（不含港、澳、台）在 SCI 中的的期刊数量分别为 128、134、135 种，期刊品种略有变化，其中中国科协科技期刊为 74 种（期刊名称变化视为不同的期刊品种）。我们以 74 种期刊为对象，利用 2010—2012 年三年 JCR 报告中的指标数据，深入分析其国际影响力的现状。

通过对 JCR 指标的统计，三年以来 74 种期刊总体发展平稳，绝大部分期刊在影响因子、被引频次等经典指标方面稳定发展，并略有上升。在 JCR 的期刊分区中，进入 Q1 ~ Q3 区的期刊数量持续上升 [3]，显示了比较好的发展态势。

我们在关注各种指标数据绝对增长的同时，利用 JCR 的数据来进一步分析这些数值的构成。我们在 JCR 的各种指标数据中，选取 JCR 分区排序、施引期刊和特征因子（Eigenfactor）三个指标数据作为深入分析的基础。

JCR 分区排序，是指利用 JCR 分区的结果，统计 74 种期刊在分区中的排序位次，以便于了解在分区中的定位。JCR 分区是根据期刊影响因子分为 176 个学科类目降序排列，将每个学科类目期刊总数平均分为 4 等分，Q1 区为影响因子最高的的区域，Q2 区次之，Q4 区影响因子最低。当一种期刊属于多个学科类目时，在不同的学科类目下会有不同的区域分布，如果出现这种情况，本文中选取期刊最优区域。

施引期刊是指引用 74 种期刊的期刊，JCR 报告中，将每一种期刊引用频次大于 2 的施引期刊一一列举。由于学科范围不同，施引期刊数量不一致，因此我们依据施引期刊的引用频次降序排列后，统一选取被引频次最高前 20 种施引期刊（以下称 TOP20）进行分析。

特征因子（Eigenfactor）[4] 是 2007 年 JCR 推出的新指标，其计算方法是以期刊被引频次为基础，在计算过程中排除了期刊自引，并根据施引期刊的质量赋予每种施引期刊不同的权重。这种计算方法从单纯地计算被引频次，改变为对引用行为进行分析，通过对施引期刊赋予不同的权重，说明一种期刊如果能被其他优秀期刊引用则更能印证期刊的质量，强调了期刊在核心区域中的影响力。

二、数据分析

（一）JCR 分区排序分析

通过 JCR 的分区统计，选择当年中国科协科技期刊表现最好的分区位次，可以看出中国科协科技期刊在不同区域中的期刊分布相对稳定。

以分区结果最好的 2012 年数据为例，统计期刊在本学科类目中的排序位次，将期刊所处位次与该刊所处学科的期刊总数进行比较。图 1—图 4 中，如果每种期刊距离中心点越近，则表示在本区域的位置越靠前，反之，则说明期刊在该区域中的排序越低。进入 Q1 区的期刊排位处于所在学科领域的前 15% 左右的位置（图 1），Q1 区的期刊不仅进入了本学科类目最前沿区域分布，而且在本学科类目期刊排序中也位列前茅。进入 Q2 区的期刊位次基本保持在本学科类目期刊总数的前 25%～46% 的区段中（图 2）。进入 Q3 区的期刊位次则基本保持在本学科类目的 53.19% ~ 74.59% 的区段中（图 3）。根据 JCR 分区的规则，每个区域期刊是期刊总数的四等分，那么，当 Q2 区、Q3 区期刊排位分别接近 50%、75% 时，说明期刊在 Q2、Q3 区的下线边缘，从图 2 看，Q2 区中接近 50% 下线的期刊比较少，在图 3 中，接近 75% 下线的期刊明显占有一定的比例。Q4 区域的期刊不仅位于本学科类目排名的低端（图 4），而且期刊位次排名也多接近与学科类目的末尾。

通过期刊排序位次分析，我们可以看到虽然期刊同在一个区域，但位次的前后还是存在较大的差别。同时发现期刊分区越靠后，期刊位次分布也越接近于该区域的分区下线，在 Q3、Q4 区的期刊在国际上的影响力比较微弱。

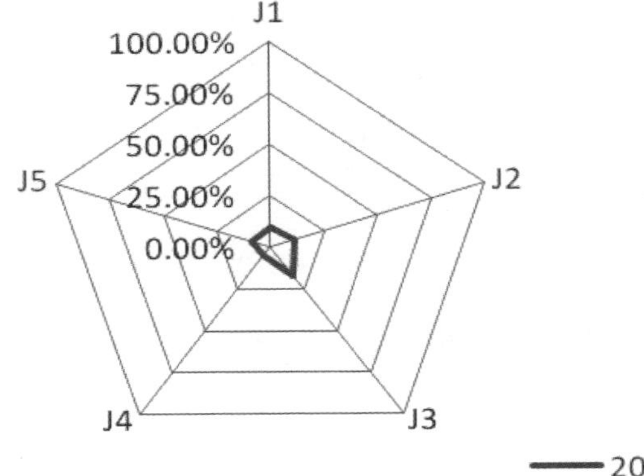

图 1　2012 年 Q1 区中国科协科技期刊排位图

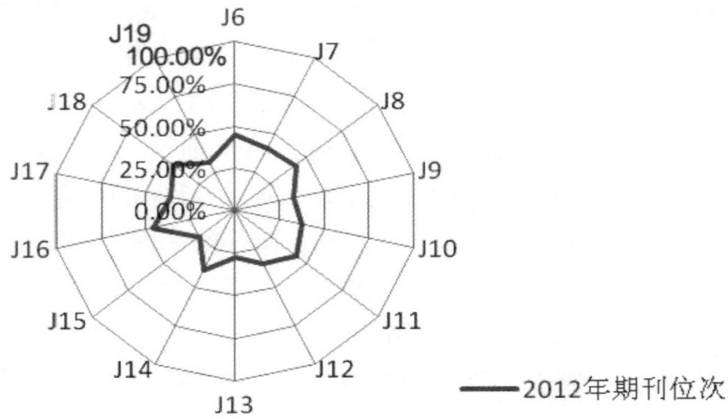

图 2　2012 年 Q2 区中国科协科技期刊排位图

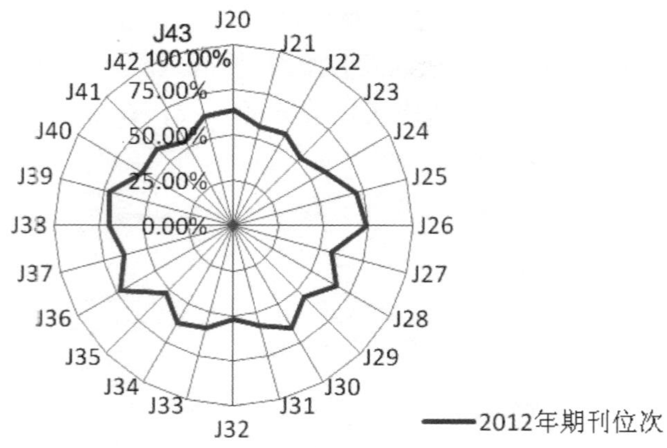

图 3　2012 年 Q3 区中国科协科技期刊排位图

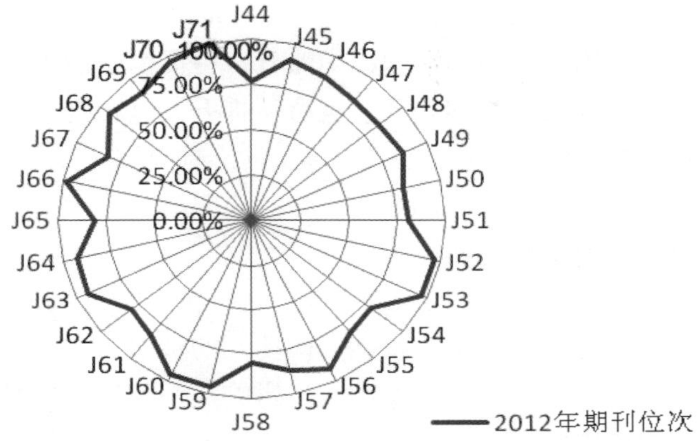

图 4　2012 年 Q4 区中国科协科技期刊排位图

（二）特征因子（Eigenfactor）分析

通过对JCR2010—2012年三年全部期刊的特征因子统计发现，由于 JCR 的期刊数量和期刊质量的相对稳定，所以 2010—2012 年每年的平均特征因子变化极小，可视为一个稳定数值。三年 JCR 平均特征因子为 0.011。

中国科协科技期刊三年期刊平均特征因子分别为 0.0032，0.0035，0.0039，年度分值略有增加，说明了施引期刊质量有所变化，但中国科协科技期刊三年平均特征因子均低于 JCR 期刊平均特征因子。

在中国科协科技期刊中，其特征因子大于 JCR 平均特征因子的期刊为细胞研究（英文版）、中国物理快报（英文版）、纳米研究（英文版）、中华医学杂志（英文版）、分子植物（英文版）。其中细胞研究（英文版）、中国物理快报（英文版）两种期刊三年特征因子均大于 JCR 平均特征因子。

虽然中国科协科技期刊的特征因子与国际大刊相比尚存有明显差距，但大于 JCR 平均特征因子的期刊数量呈年度增长的状态，从 2010 年的 2 种，增加到 2012 年的 5 种期刊。从特征因子的年度分布看，中国科协科技期刊稳中略升，特征因子的表现说明中国科协科技期刊的施引期刊质量也有所提升，这种提升将促进中国科协科技期刊在国际重要期刊群体中的影响力。

（三）施引期刊分析

不论是依据影响因子的 JCR 分区，还是特征因子（eigenfactor）的计算，都不能忽视数据的基础，即期刊的被引频次。期刊被引频次的构成是可以进一步了解期刊的影响范围和辐射区域，分析期刊影响力的内涵，因此本文选择了施引期刊进行统计，进一步分析中国科协科技期刊的传播范围。

中国科协科技期刊 2010—2012 年间具有 JCR 被引频次数据的期刊为 73 种。我们利用 JCR 报告中“Cited Journal”提供的数据，对每一种期刊的施引期刊数量进行统计后，可以得到，中国科协科技期刊的年度平均施引期刊数量为 2010 年 269.5 种，2011 年 281.7 种，2012 年 316.9 种，施引期刊数量占 JCR 期刊总数 2010 年（8073 种）的 3.33%，2011 年（8336 种）3.37%，2012 年（8471 种）的 3.74%。中国科协科技期刊的施引期刊品种量每年度有所增加，施引期刊数量的比例也呈年度上升趋势，说明中国科协科技期刊影响力范围在逐渐扩大。

施引期刊形成的被引频次由自引频次和他引频次两部分构成，2000 年时，SCI 通过大量的数据进行统计分析，认为当自引率超过 20% 时，则定义为期刊引用行为为过度自引 [5]。

依据 JCR 提供的期刊自引率数值，对 73 种期刊的自引率进行分析，我们发现 2010—2012 年期间，自引率大于 20% 的期刊占当年中国科协科技期刊总数的比例有所下降，三年以来自引率小于 20% 的期刊品种数占当年期刊总数的比例分别为 60.66%、65.21%、72.22%，在表 1 中可以明显地看出自引率小于 20% 的期刊数量明显上升，期刊的自被引频次得到了有效的控制。纵观三年以来自引率的分布，期刊平均自引率从 2010 年的 18.93%，下降到 2012 年的 18.33%，自引率略有下降。从数据上看，虽然自被引频次得到控制，但极小部分期刊的自引率仍然超过了 60%。如果期刊的学术特征极具中国特色而产生的自引，可以认为是地域特色造成的，但从期刊的学科特征上看，自引率过高的情况不局限于此。

表 1　自引率各区域期刊数量分布

年代	自引率 <=20%	自引率 20%~40%	自引率 40%~60%	自引率 >60%
2010 年	37	19	5	0
2011 年	45	18	2	4
2012 年	52	13	4	3

Q1 ~ Q4 区期刊进行自引率分布的比较，Q1 区的期刊不仅通过影响因子的排序进入了所在学科的前 25% 名，而且自引率很低，《细胞研究》（英文版）2012 年自引率仅有 1.2%，2010 年的自引率也不过为 1.42%。在 Q2 ~ Q4 区期刊的自引率分布不均匀，没有出现自引率随着分区的扩大而增加的现象，但超过 20% 自引率的期刊全部都分布于这三个区域中，虽然有一些期刊在影响因子的排序处于该学科领域中前 50% 的位置，但自引率过高，影响因子的分值多来自于期刊的自引贡献。

从被引频次的集中度看，我们通过计算每种期刊的 TOP20 施引期刊的引用频次占该刊总被引频次的三年平均百分比（TOP20 引用百分比），得到 TOP20 引用百分比的跨度在 19.29% ~ 96.47% 之间，其中 TOP20 引用百分比在 60% 以上的期刊有 25 种。TOP20 期刊数量占总施引期刊数量比例为 1.5% ~ 35.39%（其中有

2 种期刊的施引期刊数量不足 20 种，未计算在内）。在图 5 中，可以看出少量的施引期刊，带来了大量的引用频次，说明该刊的被引频次过度集中，因此虽然有些期刊的施引期刊数量较多，但引用频次的集中度过高，说明期刊影响力有广泛度，但没有到达一定的影响力强度。

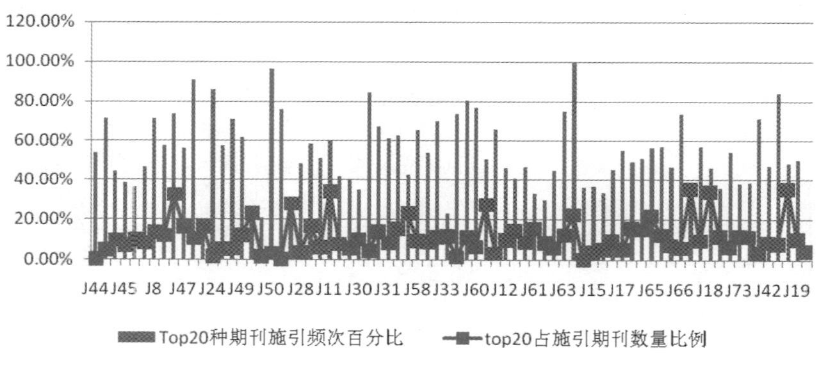

图 5　Top20 施引期刊占总被引频次百分比与期刊比例对比

采用 JCR 期刊国别的数据，对 TOP20 期刊进行国别区分，将 TOP20 分为国内施引期刊和国外施引期刊两部分，进行被引频次分布的计算。TOP20 国内引用频次占 TOP20 期刊总施引频次的百分比小于 20% 期刊为 0，该百分比在 20% ~ 40%、40% ~ 60%、60% ~ 80%、80% ~ 100% 不同区间的期刊分布分别为 14 种、27 种、22 种和 10 种，国内施引期刊的引用次数占有较高的比例。换言之，在 TOP20 期刊引用中，主要是来自我国期刊的施引。将 2010—2012 年三年分别计算该比例数据，发现没有年度差异变化，呈较为稳定的状态，甚至有些期刊的国内施引频次比例在上升。同时，我们也观察到一种现象，TOP20 引用比例较高的期刊，国内期刊的施引频次也较高，而被引频次分散在更多期刊时，国内期刊的施引频次也相对较低。因此从某种程度上讲，我国的期刊虽然进入了 SCI，但大多数期刊在国际上的影响力还没有真正产生。

三、结论与建议

通过一系列数据分析，看到近年来中国科协科技期刊不断发展，加入了国际的学术交流圈，在国际学术界产生了一定的影响。但同时也需要对已经取得的成果有清醒的认识。期刊的国际影响力应该是得到更多的国际期刊关注，这种关注可以转化为施引期刊的广泛性和多国化的状态，而非囿于我国期刊之间的互引，我国期刊之间的互引虽然提高被引频次、影响因子的数值，但对期刊的国际化发展没有任何实质性的帮助。

科技期刊进入国际交流平台，成为国际顶级期刊，最核心的因素是学术水平。目前，定量评估的方法主要是统计期刊的论文来源、被引频次、影响因子等数据，这些指标用在评价中饱受争议，但毕竟让我们从一个角度可以了解期刊发展的现状。通过以上的分析，我们可以看出仅仅是用粗犷的数字，不能充分说明问题，而是应该更关注于数据的构成，详细分析数据的含义，通过定量数据分析找到期刊的差距。在 JCR 的数据中获知每年约有 7300 种期刊引用 Nature，Nature 的自引率仅为 0.0078%。另一个综合性的知名期刊 Science，每年约有 7900 种期刊引用，其自引率仅为 0.0067%。再看专业性期刊，以美国物理学会出版的 Physical Review Letter 为例，该刊每年被 2000 余种期刊引用，其自引率为 6%。美国化学会出版 Journal of the American Chemical Society 是化学领域公认的最优秀的期刊之一，该刊每年也被 2300 多种期刊所引用，其自引率为 8%，这些期刊在影响因子或者被引频次的排序中不一定是本学科类目的第一名，但数字后面的内涵说明了其国际影响力的真正实力。因此，虽然在短期内，我国的期刊较难追上这些国际顶级的期刊，达到这些期刊目前的学术状态，但应该通过数据的详细分析，找到发展的出路，制定详细的发展策略。

中国科协的期刊国际化影响力提升计划是将我国的期刊推入国际科学交流圈，建立于我国科学论文国际交流现状相匹配的学术交流平台，因此中国科协科技期刊在期刊国际化发展中，期刊应该具备国际化的视野。

学术期刊的发展紧密地与学术发展相关联，学术内涵是学术期刊的立足之本，也是期刊发展过程中的核心竞争力。国际化的期刊要面向全球的科学研究进程，掌握期刊所属领域的学术研究动态，而不仅仅局限于我国科学研究的现状。我们看到，不论是美国期刊还是英国期刊，不论是德国还是日本期刊都是兼容并蓄，刊登全球各国的研究论文，其目的是快速发布本学科领域的最新研究成果。只有作者是广泛的，内容是全球的，期刊的关注程度才会来自于全球，期刊的国际化方能真正体现。

期刊不会止于论文的刊登，从网络技术的发展过程，不难发现信息获取越来越碎片化，如果说现在检索到一篇论文后，读者关心一下刊载论文的期刊，说明读者是对期刊名誉的尊重和对期刊的信赖。正是这种来自读者的尊重和信赖，促使期刊应该更好地为读者服务。深化期刊的服务更应该体现在适应信息技术发展和应用方面。对于期刊而言，数字出版既是挑战也是机遇，数字出版要求论文内容的碎片化、语义化，将论文快速融入网络信息中，在传统的题名、作者等检索发现信息的同时，更要提供内容的发现和以学术概念为基础的内容集成。这种服务摆脱了一本期刊孤岛一般存在于信息网络中的状态。再以 Nature 为例，Nature 将其创刊以来的所有论文全部发布为关联数据，从作者、论文名称、参考文献等多个集合，向外界提供关联计算，在更为广泛的网络科研场景中提供信息之间的调用。从一篇期刊论文被更为广泛地认知，期刊是否做好了结构化文本的准备，是否做好了语义标注的准备，信息技术的发展会给期刊的传播带来重大的影响。

戴维·温伯格在他的《新数字秩序的革命》一书写到“聪明的公司不再将信息看作是需要严加“看管”的资产，而是会放松对它的控制，任其随意混合，并借此来赢得市场认知度和顾客忠实度”。“一片树叶可以被悬挂到许多枝杈上，它可以为不同的人而挂在不同的树杈上”，期刊的服务需要个性化，并与各种信息重复融合，我国的英文期刊更具有与各种信息融汇服务的语言优势。

中国科技国际影响力计划强调了期刊的发展不是一蹴而就的，是个循序渐进的发展过程。这个过程是不断优化发展方案，以学术为核心，以服务为导向中推进，逐步建立具有国际知名度、自主建设的科技期刊出版平台和国际知名的学术期刊。

参考文献

[1] 蒋建科．科技期刊提升国际影响力 [N]．人民日报，2013-11-21（16）．

[2] 中国科技期刊国际影响力实施方案 .http://www.dost.moe.edu.cn/dostmoe/tzgg/zxtz/20130917.

[3] 中国科协科技期刊发展报告项目组．中国科协科技期刊发展报告（2013 年）．第二章，2014. 北京：科学出版社．

[4] http://eigenfactor.com.

[5] http://wokinfo.com/essays/journal-self-citation-jcr.

（作者单位：中国科学院文献情报中心）

大数据时代科技期刊的未来形态

田 丁

摘要：本文通过对大数据概念与特征的分析，对大数据时代科技期刊未来出版、服务、经营及编辑未来形态进行探索，为国内科技期刊业发展战略布局提供参考。

关键词：大数据　大数据时代　科技期刊　未来形态

当代信息数据以空前的变化加速发展，每一分钟有 6 亿个电子邮件产生，网络平台不断产生大量的数据以及数据流量（每秒包含数百万个事件）并被人们深度利用：立体扫描生理指标并将一个人一天活动的每个状态数字化，通过网络串联、实时追踪与分析并与其他个体比较，一个人便被数据化；对新生儿的 DNA 检测，基于数据分析就能提出一生会出现的疾病；将大量的数据收集起来进行科学的分析用以攻克许多不能解决的科学难题[1]等等。面对当今世界巨大的变化，美国数据科学家维克托·迈尔·舍恩伯格在潜心研究 10 年之后，提出"大数据（Big Data，BD）"的概念，认为是大量数据带来上述变化。各行各业与数据的结合越来越密切，数据量、数据处理速度和数据类型的复杂度正以远超现行标准数据处理能力的速度增长，迫使各自思考新的业务形态。BD 正向我们包围而来，世界经济格局甚至因此酝酿着巨大变革。

在大数据时代，科技期刊如何顺应数据发展的趋势，实现刊物出版模式的转移，出版形态的变化，催生新的出版模式、文献形式和发布工具。本文结合 BD 的特征及功能，对 BD 时代科技期刊未来出版、服务、经营及编辑形态加以思考，为国内科技期刊界对自身的发展与布局提供参考。

一、大数据的概念与其特征

对于“大数据”，研究机构 Gartner 定义“大数据”是需要新处理模式才能具有更强的决策力、洞察发现力和流程优化能力的海量、高增长率和多样化的信息资产。从数据的类别上看，“大数据”指的是无法使用传统流程或工具处理或分析的信息。“大数据”通常被认为是一种数据量很大、数据形式多样化的非结构化数据[2]。从产业角度，常常把这些数据与采集它们的工具、平台、分析系统一起称为“大数据”。最初，大数据定义有 3V 基本特征，即规模性（Volume）、多样性（Variety）和高速性（Velocity）[3]。随着对大数据理解和应用的深入，尝试在 3V 的基础上增加一个新的特性，国际数据公司（International Data Corporation，IDC）认为大数据还应当具有价值性（Value）[4]，这种价值往往呈现稀疏性，而 IBM 认为大数据必然具有真实性（Veracity）[5]。大数据的定义和特征很难实现完全的统一，任何一个新概念在刚出现时都会有类似的分歧，因此，在把握定义的基础上结合 4V 特性能比较全面揭示大数据内涵。

BD 时代的任务就是运用新系统、新工具、新模型对大规模的、形式多样的、持续变化的有价值的数据进行挖掘，从而获得具有新价值和洞察力的东西。

二、大数据时代科技期刊出版形态

BD 时代，在新技术的推动下科技期刊出版快速变迁到数字数据化、多媒体化，科技文献是数据、可视化和多功能分析软件共存的混合体，未来将出现期刊平台集约化与期刊个体全媒体特色化发展的新形态。

（一）数字形态——国家、地区及世界级期刊论文平台

对于许多跨多个垂直行业的组织，大数据已经真实出现在其业务领域内，并且正在改变这些组织数据中心的构架，并针对 BD 特征，推出“大数据平台”具体架构，主要包括内容推荐系统、流计算、数据仓库和信息整合与治理等四大核心功能[6]。内容推荐系统是操作超大型的数据集的强大工具，流计算是数据流过有能力操控数据流的运算符，然后对这些数据执行动态分析，触发大量事件，提供用户即时的智能参考的大数据技术。大数据平台具有综合解决方案与咨询、数据密集型处理、海量数据存储、重要数据备份等服务功能。

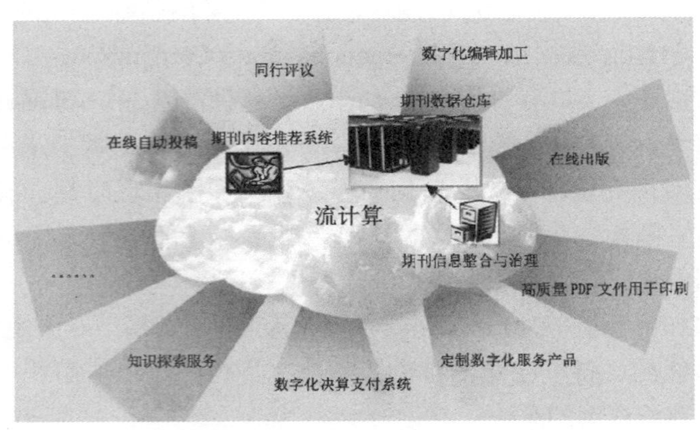

图 1　BD 科技期刊平台

BD 平台技术为科技期刊数据化集群建设提供强有力的技术支持，实现内容自助提供、编辑加工、个性化信息服务和出版发行多样化的要求，将在线评议系统、编辑管理系统和增值服务系统

一体化，通过期刊内容推荐系统、流计算、期刊数据仓库和期刊信息整合与治理四大功能版块完成在线投稿—同行评议—数字化编辑加工—在线出版—高质量 PDF 印刷文件—定制数字化服务产品—知识搜索分析服务—数字化决算支付系统（如图 3）。PB（Peta，1015）、EB（Exa，1018）级海量存储与 P/s 超高速处理能力的大数据平台技术使建立国家、地区以及世界级的期刊数据化平台的愿景成为可能。

（二）纸质形态——多媒介纸质期刊

BD 不可能把纸质出版全部消灭，纸质与数字化出版由抗衡走向链接，最终融和一起，为读者提供更为生动的 BD 阅读享受。如二维码技术为 BD 纸质期刊提供了新的出版方式，将传统出版与数据碰撞并链接为一个整体，通过手机、电脑、网络与传统期刊等不同媒体形态有效结合，将铅字、视频、音频的内容融和为一体，通过“二维码”为内容和广告提供跨界媒体体验，在为读者获得完美的视听阅读的同时，纸质期刊自身也获取了延深式立体广告效果（如图 2）。

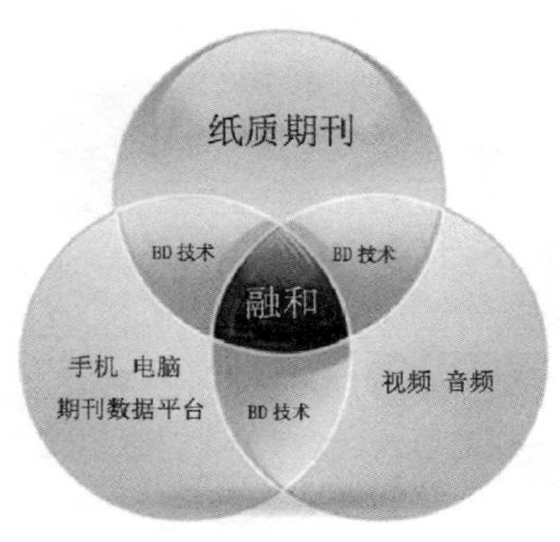

图 2　BD 纸质科技期刊

（三）媒体形态——全媒体

BD 时代读者熟悉报纸、杂志、广播、电视、音像、电影、图书、网站等媒体，对其习惯于视、听、触觉接受资讯的全部感官需求，单一的出版形式已不能满足读者的需求，纸书、网络、无线、手持阅读器等不同终端的全媒体出版要求凸显，选择最适合的媒体形式和管道，提供超细分的服务，综合运用多种媒介和终端，以文字、图片、声音等元素，全方位、立体化展示期刊内容，多媒体共存将是一个全新的出版环境。全媒体是伴随着传媒产业技术发展和满足读者需求而诞生，大数据的出现，加快传统媒体与新媒体之间融合，全媒体在实践中不断丰富着它的内涵。

科技期刊全媒体的产业结构是依托出版组织核心媒体的影响力，拓展延伸形成相对完整的全媒体阵型，科技期刊是由单本期刊纸质媒介发展成为多种内容形式多媒体的产业化，提供图书、电脑软件、录像带和 DVD、IMAX 电影、延伸教育等附属产品，甚至文化用品、玩具等流行数字化产品，通过原生核心品牌将拓展的产品紧密的集中在一起，形成的产业化的 BD 科技期刊（如图 3）。完善产业结构，不仅为全媒体期刊“落地”提供便利，也使期刊原创内容的多媒体种延伸更加可行。

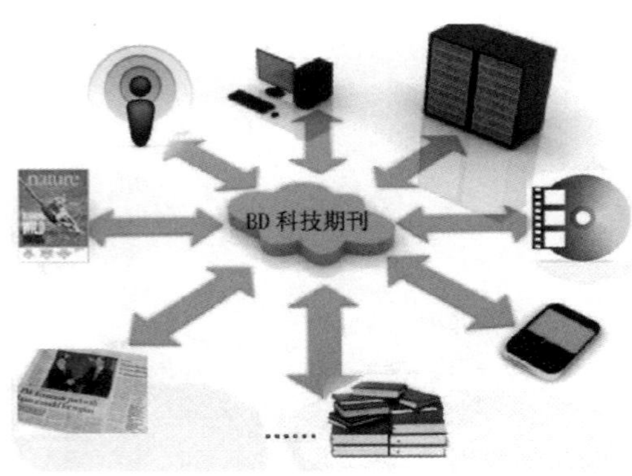

图 3　BD 科技期刊

三、大数据时代科技期刊的服务形态

BD 时代科技期刊服务分为无偿与有偿两种形态，期刊内容作为基本信息实行开发存取，附属产品属于增值信息提供订制收费服务。

（一）期刊平台开放存取

BD 时代，人们接触媒体的成本不断降低，机会增多，网络免费阅读、自助出版已成为一种习惯。期刊全面数字化、结构化，与数据基础设施融合实施最大限度开放获取。在开放获取数字资源的良好环境下，科研人员已习惯并依赖网络数据资源，开放获取、个人博客等成为发表研究成果的常规学术交流方式。科研过程中的大量原始数据、科学研究素材、失败的实验过程、中间成果等等科研过程记录可以随时在网络公布并与他人讨论，并通过数据挖掘揭示多元、深刻、全面的事物规律来解决疑难问题，所有的科学数据都将在线并实现交互操作，网络自助出版完善科学研究活动，成为科研活动的重要组成部分。

（二）增值信息有偿获得

科技期刊的角色定位已经从传统的单本服务供应商转变为互动媒体综合新平台，产品业态和服务模式将与报纸、电视等传播媒体相似，从原来所处的单边服务转变为多边服务。由原生态核心产品开拓的报纸、杂志、广播、电视、音像、电影、图书等附属产品服务，采用特色订制服务，这些产品根据不同的读者人群量身打造，提供针对性强、满足市场潮流需求的，读者反响效果好且收费合理的产品服务。期刊数据平台在基本信息开放存取的基础上，面向全科研领域的读者需求，充分利用平台的超级数据及计算资源，在线为读者提供可定制的数据产品加工、高质量数据产品、知识搜索分析、多个信息源检索、平台数据分析等数据群集优势挖掘服务。

四、大数据时代科技期刊的经营形态

BD 时代科技期刊新型的商业模式是将文化价值、创意价值、版权价值和广告价值融为一体的大产业框架结构。

（一）品牌——文化价值

科技期刊出版作为一种传媒，不论处于什么环境下，其本质仍然是“影响力”，内容建设、品牌建设还是科技期刊建设的主旋律，有内容、更有灵魂的文化价值观不仅是促进科技发展，繁荣科技文化的保证，也是吸引读者的关键，对社会影响力的贡献超过编辑力的贡献，才能保证由影响力的扩大形成核心竞争力，从而获得经济效益，出版企业向全媒体发展才有了基础。世界有影响的科技期刊，虽不拥有整个产业的全部，却是这个产业的窗口，如《自然》于科学领域。在大数据时代，唯有依靠品牌的科技文化价值，才能形成核心竞争力，科技期刊出版单元向全媒体发展才有了基础，主体业务才有突围向其他产业板块转移的机会。因此，BD 时代，对于以数据传递服务为核心的网络，品牌的影响力更胜于以往，其科技文化含量的高低，决定了品牌影响力吸引来的注意力程度，即读者对期刊数据产品的注意程度，受到注意的程度越高，开发这种读者注意力资源而获得收益的价值越大。

（二）出版——创意价值

BD 时代，单一的内容生产已不能满足 4V 数据市场消费的需求，庞大的市场需求催生各种新型的阅读产品，被数据取代的风险促进期刊主体勇于创新。以出版创意为突破口拓展业务范围，利用人的想象力，结合读者市场阅读习惯与要求不断提升，跨媒介融合是科技期刊产业化发展的必然方向。科技期刊载体不局限于单一的纸质形式，而是与网站、数字化产品、延伸教育、电脑软件，甚至家庭影像、IMAX 电影、科技生活与时尚等一切相关联的媒体形式，提升产品消费的便利程度，从而扩大数字产品的市场。作为文化产业的主体与其他物质性生产有所不同的是，它与 BD 时代的关联度更高，BD 为其提供了更大的创意发挥空间，利用 BD 技术时移性优化整合期刊资源，创造差异性，从而细分读者市场；提供任意媒体入口的期刊产品特殊定制和针对性的特色推送，从而扩大目标市场；将大量没有进行出版的栏目、内容优化组合，通过 BP 技术在任意端口上随时阅读，从而创新需求市场。在核心产业推动下，克服传统出版结构分散的矛盾，促成企业盈利模式形成，由单一载体的内容生产，发展为内容丰富的全媒体产业链生产，创意是这条产业链的支点，成就科技期刊成为面向市场的经济实体。

（三）销售——版权价值

BD 确立了以知识创新为基础的经济结构，催生出版新的形态、业务模式和市场，出版业迅猛发展，期刊输出的作品层出不穷，除常规的有形产品的销售外，版权这种无形资产本身也是一种可以买卖、许可、转让的商品，版权贸易正显现出巨大的产业影响力，成为促进新媒体市场有序发展、创造新的利润增长点的核心。出版版权为核心是 BD 期刊销售战略目标，能有效推进出版数字产业模式创新，提升期刊销售的整体利益，真正调动版权的积极效力；制定有效的法律政策和跨行业组织协调体系，建立全媒体数字版权交易平台和全媒体版权管理的措施，提供便捷有序的版权交易市场，有效抑制和消除盗版行为，提高对版权交易的保护水平，催生新的数据经济模式；有效界定全媒体有关的版权经营新的版权形式，如创新经营产品内容的版权，找到与新媒体相适应的版权经营模式和利润增长点。版权资源是未来期刊出版的生命线，促进全版权经营，享受到版权的巨大价值，版权产业发展对经济的贡献会日益突出，版权交易终将成为就业与出口主要行业，成为国家经济的支柱产业。

（四）载体——广告价值

BD 读者特别是年轻读者阅读习惯会进一步转向网络等新媒体，广告也将随着主流人群向网络新媒体转移，广告投放需求在新媒体将进一步扩大，以网络为代表的新媒体将构成广告业的主体。跨行业联合让科技期刊脱离了原本单纯的科技产品界限，期刊出版的载体向跨行业的全媒体模式延伸，出版形态更加繁荣。通过期刊全媒体载体的吸引力和影响力带动广告进行产品的营销，科技期刊新型全媒体出版交换推广平台，可获得全新的互动参与感受而被受众广泛地接受，实现真正的广而告之的效果；将平面或影像广告有效地植入到全媒体出版物中，产品和品牌信息嵌入到相应的数据环境中去，使期刊主题内容与广告信息建立直接的联系，自然而然地引起消费者对产品的有效联想，从而潜移默化地加强品牌宣传效果；把产品或相关的信息融合到对应的期刊内容中，作为内容的组成部分，通过对广告内容进行反复展示，以此来加强消费者对品牌的认知和印象，提高品牌传播的程度；根据不同载体的影响力大小，为广告客户量身订制相应的广告产品，满足广告效果不同的定位，提供广告企业品牌在全球的地位的各种要求等等。随着广告主对 BD 期刊及广告形态优越性的认识加深，BD 期刊作为一个极具潜力的互动新媒体必将在未来的广告市场发展中发挥越来越重要的作用。

五、大数据时代科技期刊编辑形态

网络数据化程序越高，信息越发达，数据量越大，数字化阅读面临设计过度和信息杂乱的烦恼越严重，对优秀传统书刊编辑理念和内容精髓享受的要求越是强烈，BD 时代，科技期刊尤其需要以下三类功能特征突出的编辑人才。

（一）内容拓展型编辑

鉴于 BD 时代科技期刊出版形态的多样与内容的复杂性，内容拓展型编辑成为急需的期刊人才。内容拓展编辑具有发现、催化、组合、创新等四个方面的创造力和大视野，拥有对文化超强的敏锐性，能根据读者需要随时创造不同的呈现方式，把传统出版业的触角迅速延伸，将期刊出版转移到网络及其他媒介，而不再局限于纸张与印刷，最大限度地将方便阅读与享受阅读有效统一。他们能优先捕捉到常人不易觉察的文化潮流，开发出适应潮流的期刊产品，并采用新的编辑手段，打造全新的出版样本，是 BD 期刊的掌门人。

（二）内容研究型编辑

BD 科技期刊编辑部需要建立学科发展的研究功能，科技期刊研究型编辑的培养是时代的要求。内容研究编辑首先面向整个学科的发展，为行业提供学科化与知识化服务，为读者提供全产业基础研究、技术与产业分析报告，寻找并发现学科的创新点；其次立足编辑行业自身的发展，总结编辑领域实践成果，挖掘编辑实践疑难问题的解决方案，研究先进的编辑方法推动编辑工作走在时代的最前沿；同时把握期刊业发展趋势和格局，提出与 BD 出版规律相吻合的编辑理念、全媒体经营模式和运行机制等宏观层面的创新理论，是 BD 期刊影响力的灵魂性人物。

（三）内容创作型编辑

BD的四大特征，要求编辑能从大量数据中挖掘有用信息，并对数据的真实性具有鉴别能力，期刊对科学编辑的需求更迫切，要求更高，编辑不仅是一种判断和选择，编辑更是一种创造，学者不等于就是作者，重大的科学发现的报道，往往是相关专业研究者和科技编辑再创造的完美结合。培养能够发现优秀的作者和市场契机的一流科学编辑，能够协助作者写出满足读者需要的作品，是BD期刊质量的关键性人物。

维克托认为，如果一个人，拒绝大数据时代，可能会失去生命；如果一个国家，拒绝大数据时代，可能失去这个国家和一代人的未来；如果认为现在不需要思考，就会丧失享受和成为有用人的能力[7]。同样，作为国家科技窗口的学术期刊如果希望有一个美好的未来，需以更为积极的姿态，认真系统思考与探索出版业未来的出版形态，并进一步揭示业务模式和市场规律，明确出版业发展的趋势和可能面临的困难，是当今期刊人急待研究的课题。BD削弱了发达国家与发展中国家的期刊水平的差距，再次为世界科技期刊业发展提供同一起跑的外部环境；我国已将出版业纳入我国文化产业，随着经济的可持续发展，中国的文化产业处于爆发性增长的前夜，对中国科技期刊界来说，这是一次外安内攘、稍纵即逝的发展的契机，只有抓住时代赋予的发展机遇，坚持贯彻科技期刊服务科学发展的指导思想，寻找并发现适合我国出版产业发展的板块与模式，制定相应的科技期刊国家发展战略，深刻分析大数据时代科技期刊发展的特殊性，才能找准自身发展的目标与定位，以积极主动的姿态迎向大数据时代。

唯有认识自己及所处的环境，才能发展自己，才能与时代一起促进和参与这一科技期刊出版史上最具深远意义的大变革。

参考文献

[1] 谁在掘金大数据 .http://jingji.cntv.cn/2013/04/22/VIDE1366561319628267.shtml.

[2] 大数据时代来临 .http://www.dlsp.com.cn/2013/0327/2867.html.

[3]Randal E.Bryant.Big-Data Computing: Creating revolutionary breakthroughs in commerce，science，andsociety.http://www.cra.org/ccc/files/docs/init/Big_Data.pdf.

[4]Barwick H.The'four Vs'of Big.Data.http://www.computerworld.com.au/aticler/396198/iiis_four_vs_big_data/.

[5]IBM.What is big data?http://www-01.ibm.com/software/data/bigdata/.

[6]IBM. 分析：大数据在现实世界中的应用 .http://soft.zdnet.com.cn/software_zone/2013/0313/2148278.shtml.

[7] 谁在引爆大数据 http://jingji.cntv.cn/2013/04/14/VIDE1365954598566308.shtml.

（作者单位：中国科学院成都文献情报中心）

第四编 综合类

重新认识网站新闻登载权的法律制度设计

林　凌

摘要：登载自行采写的新闻作品是主流新闻网站享有的特许权，但在法律制度设计缺陷及网络文化市场发展规律共同作用下，制度保护优势反而成为制约主流新闻网站发展的不利因素。商业网站低价或无偿使用主流新闻网站原创性新闻内容，使主流新闻网站失去文化竞争优势；网络信息传播技术创新不断挑战基于传统舆论引导观念的制度设计，使主流新闻网站引导网络舆论的功能和效果出现衰减；法律制度设计优势没有转化成网络文化市场生产与竞争的市场要素，成为主流新闻网站做大做强的政策和制度瓶颈之一。

关键词：网络　新闻登载权　法律制度　文化产业　传播

中央和省市新闻单位网站（以下简称为“主流新闻网站”）的新闻登载权是一项特许权，是政府部门通过规章制度形式赋予的。2000 年，国务院新闻办公室和信息产业部联合颁布《互联网站从事登载新闻业务管理暂行规定》，对网站从事登载新闻业务的资格准入条件做出了严格规定。第五条规定“：中央新闻单位、中央国家机关各部门新闻单位以及省、自治区、直辖市和省、自治区人民政府所在地的市直属新闻单位依法建立的互联网站，经批准可以从事登载新闻业务。其他新闻单位不单独建立新闻网站，经批准可以在中央新闻单位或者省、自治区、直辖市直属新闻单位建立的新闻网站建立新闻网页从事登载新闻业务。”按照这项规定，只有主流新闻网站才能从事登载新闻业务，而综合性非新闻单位网站在满足一定的条件后可以登载国家和省市新闻单位发布的新闻，但不得登载自行采写的新闻。

网站的新闻登载权可以概括为互联网站依法发表或者转载新闻作品的权利，及其延伸的新闻作品采写权，这两项权利合称为网站新闻登载权。根据规定，主流新闻网站既具有登载独立采写新闻作品的权利，又具有转载其他媒体和网站新闻作品的权利，在网络新闻传播格局中占有明显的竞争优势，而其他网站要么仅仅具有登载其他媒体和网站新闻作品的权利，要么根本不具备新闻登载权，失去基于新闻信息传播为核心的网络文化产业发展的基本权利。

网站新闻登载权是一项法律制度设计，回应网络文化产业发展的产业属性和政策导向，目的是做大做强几家重点新闻网站，使之成为用户规模大、经济实力强、具有举足轻重地位的网络传播平台。它又是对意识形态建设和网络舆论引导的制度安排，让那些重点新闻网站成为能发挥主导作用的主流舆论阵地。但是，随着网络技术迅速发展和网络新闻传播形式创新，这项法律制度设计正遭遇前所未有的市场挑战，它既人为地干预网络文化市场竞争，不利于保障和促进网络文化产业发展，又没有依靠政策扶持掌握网络文化市场发展和网络舆论引导的主导权，实现主流新闻网站做大做强的政策目标。为了保障网络文化产业发展，加强网络舆论引导的主动权和主导权，必须重新认识主流新闻网站新闻登载权的法律制度设计。

一、网络新闻信息登载垄断及不公平竞争，反而有利于遵循文化市场规律的综合性非新闻单位网站

赋予主流新闻网站登载新闻的特许权，是为了让它占据新闻信息发布、聚集网民等诸多信息传播优势，吸引更多的广告用户，有利于做大做强，成为网络文化产业发展的龙头和网络舆论引导的主阵地。但是，网络文化市场竞争消解了特许权所带来的信息资源优势，反而使它成为综合性非新闻单位网站廉价的新闻信息供应源。换而言之，主流新闻网站用高投入低回报的行政发展模式与综合性非新闻单位低投入高回报的文化市场模式竞争的结果，是经济实力和网络传播影响力的全面溃败。尽管人民网、新华网等主流新闻网站与腾讯等商业门户网站的新闻页面浏览量大致相当，但商业门户网站新闻内容之外的用户群远远超过主流新闻网站。在网络经营方面，2012 年，腾讯全年营收 439 亿元，利润 154 亿元，百度、网易、搜狐、新浪等网站营收均达数十亿甚至超百亿元。而主流新闻网站经营情况最好的人民网 2012 年营收 7 亿元，利润 2 亿元。主流新闻网站即使通过特许权保护也难以抗衡综合性非新闻单位网站的文化产业发展，根本原因是法律制度设计不但没有成为做大做强的推动力，反而成为参与网络文化市场竞争的包袱。

既然法律制度赋予主流新闻网站登载新闻的特许权，那么，它们必须履行社会责任，投入大量人力、物力和财力采写新闻，而现行网络法律制度下，这种投入几乎没有任何经济回报。众所周知，媒体采写新闻需要很大的经济和人力投入，即使媒介融合降低了经济投入成本，采编人员供养、办公场所等间接经济成本和采写新闻的直接经济成本仍然是一笔相当不菲的物质投入，因此，主流新闻网站为了履行法律赋予的社会职责，不得不用高投入低回报的经济模式大量采写第一手新闻。按照相关规定，综合

性非新闻单位网站没有采写新闻的资格，经过申请可以转载其他媒体和网站的新闻，而我国知识产权保护制度对新闻作品知识产权实行弱保护，因此综合性非新闻单位网站可以用很低甚至零经济成本使用主流新闻网站的独家新闻，削弱了主流新闻网站独家传播或者传统媒体错时传播所享有的信息资源优势及其传播影响力。换而言之，综合性非新闻单位网站付出较低的经济成本传播新闻信息，即可享有与主流新闻网站同样的新闻信息影响力，使它避免法律制度设计所可能导致的文化产业发展短板，出现新闻登载“短板不短”的传播现象。

综合性非新闻单位网站无需顾及新闻登载成为文化产业发展的短板，集中人力、物力和财力发展其他网络内容服务，使基于文化市场竞争的网络文化产业发展优势更加明显，产生主流新闻网站难以替代的传播竞争力和服务竞争力。当网络受众群通过综合性非新闻单位网站既能享受一键式购物、娱乐、搜索等服务，又能享受一键式新闻信息浏览服务时，网民很难专心浏览主流新闻网站。因此，法律赋予主流新闻网站登载新闻的特许权，反而让综合性非新闻单位网站事实上获得了网络文化市场竞争主动权，使法律制度对主流新闻网站的特别保护变成其网络文化市场竞争的制约因素。

二、网络技术发展使主流新闻网站引导网络舆论的功能大打折扣，致使法律制度设计失效

赋予主流新闻网站新闻登载权是为了加强网络舆论引导的主动权和主导权，让主流新闻网站成为舆论引导的主阵地。但是，这种基于传统舆论引导观念的制度设计和安排遭遇网络信息传播技术创新的挑战，使主流新闻网站引导网络舆论的功能和效果出现衰减。

一方面，基于信息源控制的传统舆论管理方法对网络舆论引导失灵。传统的舆论引导观念认为，信息源控制和思想说服是舆论引导的基本方法，而媒体是党和人民的喉舌，由政府全面掌握，因此，通过媒体垄断信息源及信息传播渠道被证明是行之有效的舆论引导方法。但是，网络技术创新使政府难以全面掌控网络媒体，以博客、微博为代表的网络自媒体和以QQ、微信为代表的即时通信工具突破了传统媒体的传播属性和传播界限，把网络公领域和网络私领域联为一体，如果继续沿用传统的信息源控制方法管理网络自媒体和网络即时通信工具信息源，将涉嫌干涉公民言论自由权和通信自由权。如果放弃信息传播渠道管理而局限于从源头管住主流新闻网站以及综合性非新闻单位网站的新闻信息，放任网络自媒体和网络即时通信工具传播新闻信息，那么，按照六度分隔原理，网络自媒体和网络即时通信工具所产生的链式传播，可以把政府欲控制和不欲控制的新闻信息迅速扩散，抵消和瓦解主流新闻网站的舆论引导作用。

另一方面，本世纪以来，在网络市场规律作用下，商业门户网站通过信息传播方式创新，凝聚了大量网络用户，如新浪微博和腾讯微信用户都以亿计，远远超过传统媒体的受众数量，使之成为足以抗衡主流新闻网站的信息传播平台。网络时代，谁吸引了受众，谁就拥有话语权和舆论引导权。当商业门户网站吸引数以亿计的网民，形成庞大的受众群体后，传播平台和网络受众之间就自然产生路径依赖，如果没有新的传播方式颠覆和代替这些传播平台，那么，主流新闻网站所设立的微博、微信平台将难以获得传播竞争优势，把商业门户网站的网络用户吸引到主流新闻网站上来。如《人民日报》、新华社、中央电视台等先后开通了法人微博、官方微博，在新浪微博的粉丝都达到数百万，但是，其微博影响力仍然需要借助新浪网站才能发挥作用，还难以完全主导基于微博的网络舆论。因此，主流新闻网站新闻登载权的法律制度设计所包含的舆论引导功能事实上已经失灵。

三、新闻内容如果不能改革创新及加大知识产权保护力度，那么，主流新闻网站即使垄断新闻登载权，也难以做大做强

主流新闻网站拥有新闻登载权及采写权的法律制度设计，是为了使其依靠独家新闻采写和传播，为综合性非新闻单位网站设置议程，使之成为党和政府联系人民群众的重要桥梁，成为了解民情、汇聚民智的重要渠道，服务公众、执政为民的重要手段，动员群众、教育群众、凝聚社会共识的平台。同时以其巨大的网络影响力和社会辐射力吸引广告用户，通过提供商业服务和社会服务，使之成为重要的网络文化产业发展中心。但是，新闻登载权及采写权的法律制度设计不必然产生网络文化生产及传播优势，主流新闻网站只有借助法律制度设计及保护优势平等地参与网络文化市场竞争，才能将法律制度设计优势转化为文化产业发展优势，真正实现做大做强。具体地说，新闻登载权及采写权使主流新闻网站具有新闻内容原创性优势，利用内容原创性优势可以成功地吸引广大网民及综合性非新闻单位网站的注意力，培育他们对主流新闻网站的信息供给依赖性，让法律制度设计优势转化成网络文化市场生产与竞争的市场要素，扶持主流新闻网站做大做强。

第一，突破传统媒体时政报道、重大主题宣传等新闻传播的局限性，用新闻内容改革创新吸引受众。时政报道是主流新闻网站的传播优势，也是网络舆论引导的着力点，但是，主流新闻网站的时政报道特别是地方领导同志活动和会议报道存在程式化、同质化、呆板生硬等问题，许多吸引网民的新闻事实被忽略或不突出。虽然地方行政领导对主流新闻网站的时政报道不像对传统媒体那样苛刻，但是，凡是领导公开活动、公开会议都必须在网

页上置顶、长期停留于主页，结果把网民从主流新闻网站赶跑了。因此，必须针对网络新闻传播特点和规律，根据工作需要、新闻价值、社会效果安排时政新闻报道，减少报道数量，合理安排网页位置；围绕网民对时政内容的关注点，创新时政报道的角度、方法，注重挖掘会议活动中的精彩细节，通过评论、专访等方式加强解读，增加和增强时政报道的信息量、层次感。

重大主题宣传是网络舆论引导的重要内容，但是，重大主题宣传也容易落入俗套：有些典型报道浮于表面宣传，难以给人留下深刻印象；有些经验报道一味说好话，唱赞歌，让网民产生逆反心理；有些形势政策宣传文件化、概念化，平淡无味，很难吸引网民。这样的重大主题宣传不但难以凝聚网络共识，反而让网民退避三舍。因此，网络重大主题宣传必须把立足点和聚焦点放在普通人、普通事上，吸引网民积极参与，激发他们对主题宣传的兴趣；增强网络宣传“问题意识”，把问题探讨与经验展示结合起来，即有针对性地研究社会发展问题和民生问题，通过报道基层群众的有益探索和成功经验，寻找解决问题的方法。

第二，加大新闻内容知识产权保护力度，让主流新闻网站的原创性新闻内容成为网络文化产业发展的核心竞争力。网络文化产业是现代高科技产业，而高科技产业链分工让各种网站只能是既竞争又合作的关系。所谓竞争是指所有网站通过文化市场的平等竞争优胜劣汰，使文化产业不断发展壮大；所谓合作是指所有网站都不能独占全部产业链，只能发展自己的优势产业，通过相互合作共生共赢。如果说以腾讯、百度、阿里巴巴等为代表的商业门户网站依靠技术创新在社交、搜索和购物等领域获得竞争优势，在网络文化产业发展中具有不可替代性，那么，主流新闻网站不宜亦步亦趋地复制商业门户网站的业务和发展模式，应该寻找自己在网络文化产业链中不可替代的文化产品，人民网花巨资打造即刻搜索失败的教训就证明了主流新闻网站难以全盘复制商业门户网站的服务模式。采写和登载独家新闻既是主流新闻网站的法律与政策优势，也是其业务优势，但是，主流新闻网站的新闻信息采写投入没有得到相应的文化市场法律保护，出现经济投入与经济回报的逆差。因此，必须加大新闻内容知识产权保护力度，提高综合性非新闻单位网站使用原创性新闻内容的经济成本。比如商业门户网站有偿使用主流新闻网站的原创性新闻或滞后一天无偿转载主流新闻网站及媒体的原创性新闻等，确保主流新闻网站通过采写和登载独家新闻而获得网络文化市场竞争优势。

结语

网站新闻登载权的法律制度设计是为了增强主流新闻网站的文化产业发展竞争力和网络舆论引导力，成为我国网络文化产业发展中心和网络舆论主阵地，但是，在法律制度设计有缺陷及网络文化市场发展规律共同作用下，主流新闻网站所享受的制度保护优势反而成为制约其发展的不利因素。因此，必须重新认识这项制度设计，让网络传播回归网络文化市场。

（作者单位：华东政法大学）

书香小康社会的战略价值与路径选择

孙月沐

摘要：十八大以来，以习近平为总书记的党中央审时度势，提出“四个全面”战略布局，提出“全面建成小康社会”，2015年的《政府工作报告》首次提出“建设书香社会”，而“书香小康社会”的建设、发展与建成，正是上述布局、目标的题中应有之义，对于中国现阶段发展、中长期发展、永续发展，具有十分重大的战略意义。有书香则有小康，无书香不小康。全民阅读无价，书香社会无价。及时研究并把握书香小康社会建设、发展与建成的逻辑、规律及其实施路径，是摆在我们面前一项至为紧迫而严峻的重大现实考题与历史课题。

关键词：小康社会　书香社会　书香小康　社会全民（国民）阅读阅读 + 发展战略

2015年，对于中国出版事业史、中国国民阅读史、中国文化建设发展史来说，注定会成为被载入史册的一年。其标志性事件是李克强总理在两会记者招待会上的一段答问。李克强总理对记者关于“读书”的提问极其重视，在阐述中透露出一系列重大信号。他表示，他在听取社会各界对起草中的《政府工作报告》意见过程中发现，不仅文化界、出版界人士，包括经济界和企业家们，都向他提出要支持全民阅读活动，并建议报告中要加上“全民阅读”的表述。因此，在去年《政府工作报告》中已有“倡导全民阅读”

基础上，2015 年报告中继续对其予以强调，同时，首次加上“建设书香社会”的重要内容。他希望，全民阅读形成一种氛围，无处不在，并明确表示 2016 年还会继续将“倡导全民阅读，建设书香社会”写进《政府工作报告》。

历来两会闭幕之际的总理答记者问都备受国内外舆论的广泛关注，其时段可谓一刻千金，此时中外记者的提问也会集中于最为热点的话题。正因如此，2015 年的总理答记者问中关于“读书”的提问就自然引起热议，在网络上甚至人声鼎沸，对记者提问的褒贬几成“对决”之势。贬之斥之者最典型的表述是“记者没话找话说”、“浪费大家时间”，而赞之挺之者则明确表示“这是一个重大问题、重要话题”、“关乎国家发展战略”、“关乎社会全面进步”。

事实上，这种争论，乃是当下中国社会现实或曲折或直接的真切反映：中国，是到了大声疾呼“建设和发展书香社会”的时候了，刻不容缓！中国，在全面贯彻落实中央提出的“全面建成小康社会、全面深化改革、全面依法治国、全面从严治党”的“四个全面”的战略布局进程中，在全面推进和实现国家治理体系和治理能力现代化的进程中，全面建设和发展“书香小康社会”，自然而然地，成了一个摆在 21 世纪前 20 年的当代中国面前绕不开、躲不过，必须直面的既严峻又迫切的战略任务。

一、深入探寻规律，把握大势、方向，正确认识“推进全民阅读，建设书香社会”的历史坐标、世界坐标、现实坐标及其战略价值和社会功用，自觉承担历史责任

（一）正确厘清、科学把握小康社会、书香社会与书香小康社会的逻辑联系与各自特征

书香小康社会是小康社会、书香社会逻辑链条中，目前最显性、

最直接、最重要的一环。

十八大以来，以习近平同志为总书记的党中央，提出一系列极其重要的治国理政新理念，“四个全面”则集中体现了中央意志、国家战略，是我们各项工作的重要指南；而“全面建成小康社会”又是“四个全面”之统领、之目标、之旨归，是检验“四个全面”实现水平的最终标准。

众所周知，“小康社会”更多地是一个形象化的同时又是具有综合评价意蕴的表述，其源自《诗经》的《大雅·民劳》篇之“民亦劳止，汔可小康”的提法，以及《礼记·礼运》的论述：“大道之行也，天下为公，选贤与能，讲信修睦。故人不独亲其亲，不独子其子，使老有所终，壮有所用，幼有所长，矜寡孤独废疾者皆有所养，男有分，女有归。……禹、汤、文、武、成王、周公由此其选也。此六君子者，未有不谨于礼者也。以着其义，以考其信，着有过，刑仁讲让，示民有常，如有不由此者，在埶者去，众以为殃。是谓小康。”

由此可见，这里的小康，以至自古以来国人心目中的小康，至少有三层含义，一为重礼，即以礼仪为纲纪，以礼断是非；二为安民，即平民百姓各安其位、安居乐业；三为富足，即百姓衣食无忧。而这三者中，始终贯穿着一条主线，即“小康”从来不只是一个经济指标和物质价值评判，而且更加具有“礼”、“礼仪”，即精神层面、精神文化价值评判的内核。这，也是我们今天沿用或曰借用“小康社会”概念的价值所在。

依此逻辑，“书香社会”则成为“小康社会”的一个自然而然的极其重要的组成部分。有书香则有小康，无书香不小康。古往今来，无不如此；一部人类发展史和人类文明史，足以证之。无论是中国古代圣贤理想中宣扬仁、义、礼、智、信，格物、致知、正心、诚意、修身、齐家、治国、平天下，还是西方资本主义话语体系中的重商、重技、重法，种种人类生产成果、科技成果、思想成果、知识成果、文明成果，从创造到记载，从普及到教化，都与“书香”二字紧密关联，密不可分。作为载体，图书在社会经济、政治、文化发展中，既起着载体工具作用，同时，作为信息、知识、文化产品，又在社会中起着提供精神滋养、促进人的发展的举足轻重的人类文明进化、社会进化的促进作用。如果说，人是有思想的动物，这一点是人类区别于自然界其他生物的根本区别。那么，图书则在人的精神发育、思想进化发展中，有着不可估量的价值。这就是书香社会理所应当地成为小康社会重要组成部分的内在逻辑，这就是我们必须重视“书香小康社会建设与发展战略”的逻辑依循。

而书香小康社会，则是小康社会、书香社会逻辑链条中，目前最显性、最直接、最重要的一环。在全面建成小康社会的进程中，既是小康社会的基础部分，也是书香社会的前伸部分。这是由我国当下历史发展阶段的基本国情和社会现实决定的，是“社会主义初级阶段论”的又一生动注脚。换言之，在“四个全面”的进程中，在“全面建成小康社会”的进程中，在推进“书香社会”的进程中，我们要客观、冷静、准确地把握我们所处的阶段，进而拿出既符合客观实际又具有前瞻价值的顶层设计、战略目标以及任务和对策。因此，我们说，本文提出的“书香小康社会建设与发展战略”，是匹配于“四个全面”的阶段性发展战略，从而，也是着眼于无缝对接2020年“全面建成小康社会”后的“后小康时代”的可持续发展战略。在未来5年，“书香小康社会”建设和发展好了，则“后小康社会”时的“后书香小康社会”就会协调、健康、可持续地向前发展。

（二）认清“书香小康社会”的战略价值，明确其战略定位

书香社会建设和发展是中、长期战略，书香小康社会建设和发展则是中、近期战略或曰阶段性战略；建成小康社会是更全面

的战略，而书香小康社会则是其中一个方面的战略。

关于“全面建成小康社会”，党的十八大在全面总结改革开放后提出的“三步走”战略、“新三步走”战略、全面建设小康社会目标及“两个一百年”奋斗目标的基础上，十分明确地提出，综观国外国内大势，我国发展仍然处于可以大有作为的重要战略期。根据我国经济社会发展实际，要在十六大、十七大确立的全面建设小康社会目标的基础上，努力实现新的要求，确保到2020年实现全面小康社会宏伟目标。转变经济发展方式取得重大进展，实现国内生产总值和城乡居民收入比2010年翻一番；人民民主不断扩大；文化软实力显著增强；人民生活水平全面提高；资源节约型、环境友好型社会建设取得重大进展。这段重要表述的信息量很大，而精神、文化“软实力”则包含在其中的方方面面。经济、政治诸方面的硬指标也好，目标表达也好，都离不了人，离不开文化软实力，当然，也离不开书香社会的强有力的思想引领、精神动力、智力支持和文化保障，甚至是基础支持。列宁曾说：“在一个文盲充斥的国家里，是不可能建成共产主义的。”同理，在一个书香寡淡、阅读缺失、文化缺位的国家，想建成小康社会，也是断无可能的。这就是我们进行“书香小康社会”战略思考的本质所在。

战略是宏观安排，是顶层设计，也是方向定位和路线指引。战略是管宏观、管全面、管长远的。战略一定具有基础性、全局性、前瞻性品格。在这个意义上，如果说，书香社会建设和发展是中、长期战略，书香小康社会建设和发展则是中、近期战略或曰阶段性战略；建成小康社会是更全面的战略，而书香小康社会则是其中一个方面的战略。正如十八大报告强调的那样，全面建成小康社会，必须“构建系统完备、科学规范、运行有效的制度体系”。以上所说的两条中，后者都是融入前者的一体化战略。

而就书香社会的特质而言，同样具备管宏观、管全面、管长远的基本要求。就社会分工、产业分工而言，从生产、流通乃至分配领域而言，图书等出版物，归于出版行业、发行行业和创作者行业，它是局部的；但就其消费领域而言，它又是全局的，是面向全社会的，其产品具有最广泛的社会需求，而这种需求，可以影响国家价值观和文化软实力，可以影响甚至决定时间长度上的未来，以及空间维度上的国际影响力，构成国家、民族形象和实力的一个非常独特且极端重要的参数。就其深度和广度而言，国民阅读和书香社会建设的程度，直接或间接地决定经济、政治、文化，决定作为“万物之灵长”的人的全面发展，决定人的质量、社会成员的幸福指数和社会总体品质。现在大家都在谈“互联网+”，其实，同理，还应有一个“阅读+”，这个“阅读+”，一直就在我们身边。因此，书香小康社会，是一个符合历史逻辑和社会发展规律要求的重大战略任务。

（三）准确把握推进国民阅读、建设书香社会的民族性、世界性和现代性价值，大力强化“书香小康社会”建设与发展的战略重要性认识

读书是人类的一项共同价值追求，是人类进步的共同阶梯。全民读书，是合力在起作用，而政府作用甚巨。

中国是一个伟大的国度，中华民族是一个伟大的民族。一个十分重要的标志，在于我们是一个爱书爱读的国家和民族。中国古代灿烂辉煌、闻名世界、永载史册的四大发明，其中有两项都与书直接相关，一是造纸术，二是活字印刷术。中国古代历史悠久漫长，中华文明成为全球硕果仅存的从未中断的文明形态，其重要原因之一便是中国崇学爱书的社会基因，谓之“耕读传家久”，谓之“诗书继世长”。创造中国优秀传统文化的历代名人，从孔子、老子、庄子、孟子等思想诸子、文化大家、圣贤，到创作出先秦散文、汉赋、唐诗、宋词、元曲、明清小说的屈原、司马迁、李白、杜甫、

白居易、苏轼、辛弃疾、柳永、关汉卿、曹雪芹，数不胜数，群星璀璨，稍加考察，他们无一不是读书大家、学习大家、爱书大家，同时也是阅读推广的劝学劝读大家。同样，爱书爱读之深之切，植根中华沃土之上，融入血液、骨髓、基因。这不仅是诗性描述，更是理性观照。从孔子的“学而时习之，不亦乐乎”、荀子的“学不可以已”、张元济的“数百年旧家无非积德，第一件好事还是读书”之类的名言警句，到“万般皆下品，唯有读书高”、“书中自有黄金屋，书中自有千钟粟，书中自有颜如玉”、“十年寒窗无人问，一举成名天下知”、“书香门第春常在”之类民谚民谣，到悬梁刺股、凿壁偷光、囊萤映雪之类的故事，虽然其中含有应当扬弃乃至批判的因素，但是它们无不为我们构建了一幅值得憧憬的古典中国的书香社会图景。

除此之外，特别值得关注的也许还在于，如果说有古典中国书香社会的话，在五千年的中华文明史上，逐渐构成了一个官方、士人、民间三位一体的阅读体系。中国的封建帝王，好学不倦者为数不少，学有专长者为数不少，更重要的，是其成就背后的一套较为完备的御读体系。皇权大于天，但也许阅读例外，其中有不少都是苦读甚至善读并颇有“文化”者。延伸而及的便是吏读体系，出将入相。相权体系、文官体系大体上是“学而优则仕”的准确诠释。士读或曰仕进之途于读书则更是直通车，“朝为田舍郎，暮登天子堂”的制度包括科举取士制度的产生、发展，为无数市井之人的苦读指明了捷径和坦途。因此，社会自然会弥漫阅读之风。需要指出的是，不仅这种功利性阅读在起作用，人们在阅读中发现：读书，能修身、养性、怡情、觅趣、益智和育技，大有助益，从而，社会的终身阅读、生活方式阅读也浸入人心。

还有一点也很有意思，即，现代出版与现代阅读意义上的教育阅读、专业阅读、大众阅读，在古代中国也或具雏形，或呈成熟。《诗》《书》《礼》《乐》《易》《春秋》，则既有教化之学，也有实用之学。中国古代的著名藏书阁、书院，至今仍是我们瞻仰的殿堂。正是这三种阅读，使得中国传统阅读文化、传统书香社会成为部分现实，在不少领域还创造出奇迹与辉煌。这是中华民族的骄傲，也是中华民族对于人类发展做出的伟大贡献。

说到阅读的世界性价值，我们说，同样值得人类骄傲。限于篇幅，这里只想就古登堡印刷业以及文艺复兴以来的知识、理念、文化的大传播为例。图书这个信息、知识、文化的载体，在世界人类发展史上，同样起着点石成金、化蛹成蝶的作用。无论是制度文明的传播，还是人文社科、自然科学的推广，在欧美国家，书籍作用功不可没。从黑格尔到马克思，从牛顿的苹果到乔布斯的苹果，也许，还可加上亚当、夏娃的苹果，书籍对于人类文明的贡献之巨，不可估量。

基于此，书香社会即阅读社会的建设与发展，成了全球有识之士的共识，并逐渐列为“全球工程”。早在 1955 年，美国就成立了全国性阅读协会和个人组成的国际性专业组织——“国际阅读协会”，提出“提高人民的阅读水平、倡导终身阅读的习惯”。1972 年，联合国教科文组织明确提出“全民阅读”的理念，提出“走向阅读社会”的口号。而 1995 年联合国教科文组织将每年的 4 月 23 日确定为“世界读书日”（全称为“世界图书及保护版权日”），则将“阅读社会”的建设实质性国际化，这一节日，至今已经成为世界上包括中国在内的许多国家写书人、编书人、卖书人、读书人的共同节日，成为许多国家政府和民间共创共建共享的节日。

这一节日的确定具有重大意义。更重要的价值，在于定义了全民阅读的主旨、内涵和方向。联合国教科文组织为此宣言：“希望散居在世界各地的人，无论你是年老还是年轻，无论你是贫穷还是富有，无论你是患病还是健康，都能享受阅读的乐趣，都能尊重和感谢为人类文明做出过巨大贡献的文学、文化、科学、思想大师们，都能保护知识产权。”这里有几个关键意蕴极具分量：

一是阅读，二是全球全民阅读，三是享受阅读，四是尊重和保护阅读，五是尊重和保护提供阅读产品的创作者。

全民阅读、享受阅读和尊重保护阅读，现在看来，形式上是联合国教科文组织“首创”“发声”，但究其实质，确是道出了全球的共同心声，这是埋藏在人类心灵深处的声音，是人类生存、发展的一种“内需”。马斯洛著名的关于人的需求五层次理论，将人的精神需求置于一系列需求的链条之中，并处于高端，恰好说明人这种高级生物体的基本特征，而阅读，正是被人类发展的实践所反复证明了的提升自我、完善自我的法宝，它甚至深植于人的不断进化的过程之中，植根于人类文明的演进史的逻辑进程之中，成了人类的优秀基因，成为人之为人的不可替代的标志、胎记，成为人类不断建设自身精神家园、精神绿洲、精神栖息地、精神安放地的源源不断的源头活水，成为构筑人类精神文明大厦和物质文明大厦的基石、图纸、技术、用材、能力，如此等等。有一句话也许因此而格外要被提及：读书，遇见最好的自己。什么是最好的自己呢？是不断自我学习、自我完善、自我提升、自我超越，日复一日年复一年地用人类文明的成果不断进行精神塑造、价值观塑造和文化塑造的过程。这已被且会被持续不断的人类发展史反复证明。

至此，我们也许会走进一个发现：阅读是“神性”（神祇之“神”？精神之“神”？）的，是“上帝”，阅读是“第一推动力”（与“科学技术是第一生产力”同理？）。阅读，重视阅读、实践阅读，是人类历史发展的根本动力之一。进入21世纪的今天，回首过往，人们会惊喜地发现，我们的发现、发展、发明、创造的能力、实践、成果，正以数倍、数十倍甚至几何级数的速度前进，连我们人类自己都会在这五彩斑斓变化无穷美不胜收的大千世界面前叹为观止。我们不禁要反复诘问“为什么”。答案只有一个：人类在阅读中，在有目的的阅读、功能性的阅读、专业阅读中，在传统型的阅读、程序化的阅读、教育阅读中，还有，也许特别是在自由散漫的阅读、不经意的阅读、大众阅读、审美阅读、成为生活方式的阅读中，看、读、思、想、创、造、成、功，走出了一条阅读驱动，阅读“第一推动”的路径。难道不是这样吗？

发现这一点是惊人的，惊喜的；孜孜推动阅读，为此不倦努力的人是值得钦佩的，是会载入史册的，不管他是此国，还是彼邦，不管他是政府还是民间。事实上，我国近年来日渐强大的关于全民阅读、书香社会的呼声和氛围，正是顺应、回应了日益强大的全球阅读的热潮，正是顺应、呼应了诸如“世界读书日”这样的全球性读书节日、节点。

说到读书，不能不说的是以色列，不能不提的是犹太民族。这是一个嗜书如命、全民阅读的民族，这是一个以读为“生”、因读而强的国度。其人均年读书量达64本，居世界各国之首，而其人均拥有图书馆数量也位居世界前列，拥有2万家，平均每500人就拥有一座。笔者曾于2006年率中国记者代表团赴以色列，所见所闻，关于这个国家爱书的印象刻骨铭心。这些年，在读书活动演讲、接受媒体做节目、做专访等多种场合，笔者反复讲的一个故事是中国孩子一周岁过生日有“抓阄”，相似的，以色列也有这么一个“抓”，却是只让小孩在抓涂满蜂蜜的书！以色列人告诉我们，要让孩子从小就明白书是甜蜜蜜的，这个感觉会伴随其一生（这方面，西班牙、俄罗斯可与之媲美，恋人谈恋爱等场合送玫瑰花之外，还要送一本书）。在以色列，在安息日，所有的犹太人都要停止所有的商业活动和娱乐活动，商店、饭店、娱乐场所一律关门歇业，公共汽车停运，就连航空公司也要停飞，人们只能在家中“安息”祈祷。但唯有一件事是特许的，即所有书店都可开门营业。有一组数据一直为人们所援引：从1901年到2001年，全世界共有680位诺贝尔奖得主，而仅占世界人口0.3%的犹太人就有152位获奖，占总获奖人数的22.35%。而2001年以后，又有 17 位犹太人获得此项大奖，在这 17 名获奖者中，国籍是人口仅 710 万的以色列的就有 10 名。

另一个读书大国是匈牙利。据资料，匈牙利常年读书的人口在 500 万以上，占总人口的四分之一还多。正因如此，匈牙利建国时间虽短，却已有 14 人 8 个获诺奖，涉及物理、化学、医学、经济、文学等众多领域，若按人口比例，匈牙利当是诺奖获得大国。环顾全球，全民读书趋势正方兴未艾，读书正像空气、水一样成为这个星球上的人们的需要、依靠和享受。我们在欧美出行，最大的印象便是读书人不时闯入镜头，无论是在书店里、校园中，还是在公园里、飞机上、地铁中。而我们的周边国家如日本、俄罗斯，也是如此。

如上所述，全民读书，是合力在起作用，而政府作用甚巨。不少国家将全民阅读当作"总统工程"，美国、法国、德国、日本等国家都由国家领导人、王室出面，倡导和推进阅读。美国将"阅读优先"立法，不仅于 1998 年通过《卓越阅读法》，还于 2002 年通过《不让一个孩子掉队法》，专门就提高美国儿童的整体阅读水平制定了两项方案，即针对从学前班到小学三年级的"阅读优先"计划和专门针对学前儿童的"早期阅读优先"计划。

而在我们周边，日本 2001 年通过并施行《关于推进中小学生读书活动的法律》，2005 年又通过《文字及印刷品文化振兴法案》；韩国 2006 年通过《读书文化振兴法》，确定文化体育观光部为国民阅读推广官方机构，并成立读书振兴委员会，每 5 年制定一份读书文化振兴计划，中央政府有关部委和地方政府应据此制定年度实施方案；俄罗斯于 2006 年发布《国家支持与发展阅读纲要》，2012 年通过《民族阅读大纲》。此外，一些国家政府层面还出台一系列推进国民阅读、保护图书业的政策。西班牙 2007 年通过《阅读、图书和图书馆法》。在法国，政府颁布实施长期免征书店所得税政策，使书店活好，吸引读书人。而在另一读书大国德国，

1988 年就成立了促进阅读基金会，历任名誉会长均为总理担任。政府不仅免征书店的所得税，还在增值税上给予优惠；政府推行“书价联盟”政策，即所有上架新书一律统一标价，无论在大型书店、小型书店，还是网上购书，新书发行前 18 个月，价格统一，这就从制度上给读书人以价格稳定上的保证，避免了可能的恶性竞争造成的伤害。在英国，全民阅读推广活动发端于 20 世纪 80 年代末期，其主要形式为政府通过国家公共图书馆给地方（社区）图书馆提供发展基金，支持其举办一些文字图书的推广活动。2015 年，英国政府开启“阅读起跑线”计划，免费为每个儿童提供市值 60 英镑的图书资料，这一项目已被全球 20 多个国家和地区借鉴，我国台湾地区也已引进。

中国的全民阅读，有成绩，有特点，但也有差距。关于差距，将在下文予以论述。总体而言，近年来，特别是十八大以来，可谓有声有色，风生水起，令人欣慰和鼓舞。首先是国家层面、政府层面。

党和国家领导人的高度重视与身体力行，使全民阅读、书香社会的建设，正在成为“元首工程”。十八大以来，习近平主席在出访期间多次发表的重要讲话和接受记者采访时，都无比强调读书的重要性，表达他对阅读的热爱、痴迷和专业，向世界昭示中国政府重视书香社会建设的意志和中国爱读崇学的优良传统。他还多次就读书问题发表重要讲话，号召全党、全国人民“爱读书、读好书、善读书”。他在一篇关于领导干部读书的重要讲话中说，“总体来说，读书是多多益善”，他希望各级领导干部“真正把读书学习当成一种生活态度、一种工作责任、一种精神追求，自觉养成读书学习的习惯，真正使读书学习成为工作、生活的重要组成部分，使一切有益的知识和文化入脑入心，沉淀在我们的血液里，融化在我们的从政行为中”。这些论述，既高屋建瓴、深刻精辟，又指导性强、实用性强；既是对各级领导干部的要求，又是推进我国全民阅读、推进书香社会建设的行动纲领和指针。这些重要讲话，和李克强总理今年两会期间记者招待会上的讲话，都十分明白无误地显示了党和国家领导人对我国全民阅读的高度重视。已经公开的各种资料表明，习近平同志、李克强同志以及中央、地方一大批高级领导干部，都是书虫、书迷、书痴，是“爱读书、读好书、善读书”的书香社会领路人和播种人。

其次是各级政府和相关部门对全民阅读和书香社会的重视与支持。特别是十八大以来的一些重要思路和举措。如国家新闻出版广电总局及其前身新闻出版总署，作为主管部门对于全民阅读立法的推进，察民情、得民心、顺民意，锲而不舍，全力推进，目前，《全民阅读促进条例》的颁布实施已是指日可待。与立法推进同步的进步是，近两年从中央国家部委到一些省、市，对于出版行业特别是实体书店的财政政策支持，当然还有直接的财税支持。如财政部、国家税务总局《关于延续宣传文化增值税和营业税优惠政策的通知》，财政部、国家新闻出版广电总局《关于开展实体书店扶持试点工作的通知》，上海市新闻出版局《上海市出版物发行网点建设扶持资金管理办法》《上海市出版物发行网点建设引导目录》等一大批政策相继推出并付诸实施。除上海外，浙江、江苏、深圳等不少省、市也或出台地方性法规，或予以财政支持，使全民阅读活动真正做到有人撑腰，有人掏腰包，从而健康、有力发展。

另一件值得认真总结的是各地开展的全民阅读、营造书香社会的读书活动，如火如荼，有的已成燎原之势。深圳、上海、北京、广州等一大批城市，已经成为读书人的圣城、圣地，且发展成多种模式。深圳，正是因为15年如一日地提倡读书，鼓励读书，推进读书，践行读书，奖掖读书，收获读书，使“深圳读书月”成为中国倡导全民阅读、建设书香社会一块金字招牌，使原本广受诟病的“文化沙漠”跃为中国最具读书氛围的城市，并受到联合国教科文组织的充分肯定，成为中国全民阅读的一面旗帜。“深圳读书月”的成功经验表明，政府、出版界、作家和读书人一起联手，不仅可以真正培养市民的读书习惯，还可以从根本上塑就一个城市的书香形象，从而从根本上提升城市格调。其实，以书化城、以文化城，本质上就是以书化人、以文化人。在这里，书，不仅仅是一个载体、工具、平台、渠道，如此等等，更是前文所说的“第一推动力”。与深圳相比，上海读书节虽“出道”稍迟，却一鸣惊人、一飞冲天。上海书展的全城参与、全民参与，政府、市场同时发力的模式，使得这个在中国的现代商业化历史最悠久、商业化程度最高，同时也是现代都市意识最浓的城市，打造出了一年一度上海书展期间万人逛书市去买书的旷世盛景。这是一幅会令“上帝”动容的美妙图景，也是书的力量、能量改变人和社会的最佳诠释。此外，北京的“阅读季”、广州的“南国书香节”、浙江的“西湖书市”、江苏的“江苏书展”，都一一在操办中、在读者参与中，成就了品牌，赢得了读者，关键是，使书香社会建设，迈出了踏实的一步步。

书，读书，就是这样一个奇怪的东西，一件神奇的物事，特别是一旦进入“全民阅读”之时。毫无疑问，读书说到底是个人的事，是个人消费，是个人享受，是具有私密性的私事。但是，同时，读书从来又是一桩传染性极强、颇具社会性的“公事”。认真分析、深刻解剖读书从个人化、私密性到传染性、公开性，从具有民族性特点到具备纵向历史性、现时性再到横向世界性、现代性，我们就会又有一个发现：原来，读书是人类的一项共同价值追求，是人类进步的共同阶梯。作为伟大文明古国的中国，作为正在进行伟大复兴的中国，我们必须正视和把握这一“发现”，并努力有所发展，有所前进。

二、树立问题导向，加强危机意识，正确认识我国国民阅读和书香社会建设中的问题和差距，正视现实，找准坐标，明确方位，直面挑战

问题是时代的声音。认真考察中国的全民阅读和书香社会建设，毋庸讳言，我们还有不少问题，有些还十分严重，为此，我们必须头脑清醒、冷静，在看到十八大以来及近年来这方面取得进步的同时，认真分析与解剖问题。这方面，应有高度的自省意识和危机自觉。

（一）由制度安排不到位带来的现实差距

总体而言，我国的国民阅读、书香社会建设未能与经济发展同步，问题多多，差距极其明显。金权升帐，物欲横流；物欲化、功利化、短视化，给全民阅读带来的是致命的破坏。

先来看看两个重要的全民阅读官方数据。最被广泛关注的是人均图书年阅读量。中国新闻出版研究院自 1999 年起开展国民阅读调查。连续多年的报告数据显示，我国全民阅读现状一直不容乐观。刚刚公布的 2014 年度最新数据为人均 4.56 本，与 2013 年的 4.77 本相比，减少了 0.21 本，下降了 4.4 个百分点。近年来，我国年人均读书一直徘徊在 4.7 本左右。而以色列为 64 本，俄罗斯为 55 本，日本为 40 本，美国为 25 本，韩国为 24 本，法国为 20 本。总体而言，欧美国家人均年阅读量为 16 本，北欧国家达 24 本。问题在于，这些年，虽然我国上下不少有识之士在大声疾呼，在持续推动，但多年来这个数字始终在四五本上下徘徊。另一个数字是国民阅读率，多年来，也一直徘徊在 55% 左右，今年为 58%，较 2013 年的 57.8% 上升了 0.2 个百分点。尽管有数字阅读方面的“补偿”，但其中的危机必须正视。事实上，近年来，这一状况已受到中外舆论的广泛关注。新闻出版、文化界的全国

人大代表、政协委员，已坚持13年在两会上提交提案、议案，呼吁国家层面高度重视全民阅读，呼吁设立中国读书节。在网上，广泛传播一则题为《令人忧虑：不读书的中国人》的署名为“一位旅居上海的印度女工程师孟莎美女士”的文章。文章写道：“我坐在从德国法兰克福飞往上海的飞机上。正是长途飞行中的睡眠时间，……我吃惊地发现，我同时穿过了很多排iPad——不睡觉玩iPad的，基本上是中国人，而且他们基本上都在打游戏或者看电影，没见人读书”，“这一幕情景一直留在我的脑海里，其实在法兰克福机场候机时，我就注意到，德国乘客大部分是一杯咖啡、一份报纸、一本书，或者一部Kindle、一台笔记本，安静地阅读或工作”，这位女工程师继续写道：“中国是一个在全世界有最悠久阅读传统的国家，但现在的中国人却似乎有些不耐烦坐下来安静地读一本书。一次我和一位法国朋友一起在虹桥火车站候车，这位第一次来中国的朋友突然问我：“为什么中国人都在打电话或玩手机，没人看书？”

观察得可说是敏锐，问题可谓尖锐。我在公众演讲时甚至还质疑过这位网上作者的真实身份，但是，重要的是：这是事实。真外国作者也好，托名外国作者也罢，改变不了的是真实、事实，这才是本质。同样地，网上还有一篇据称是某位“日本作家”关于中国人不读书的文字，这篇文字以日本作家大前研一的“低智商社会”命题切入，写道：“在中国旅行时我发现，城市遍街按摩店，而书店寥寥无几。中国人均每天读书不足15分钟，人均阅读量只有日本的几十分之一，中国是典型的‘低智商社会’，未来毫无希望成为发达国家。”我们当然不同意这番话的最后一句的结论性表述，也许其中饱含了深深的曲解甚至恶意，但是，若从“当头棒喝”的角度看，其观察的现象同样值得我们深思，因为它揭示的是我们抹不去的事实，是中国人读书甚少的事实。因工作关系，笔者经常参加各种国际书展，也会经常参观国外的各种书店、图书馆，观察关注国外平民社会的读书状况。以色列、欧洲、俄罗斯等国自不必说，公园里、地铁上等若干公共场合，到处都是读书人的身影。最近两次参与率书展团，去参加白俄罗斯、巴西书展，这些国家的人民热爱读书的镜头，也常常会令人动容而致深思。巴西这样一个足球大国、一个选美大国，假日的公园里，不仅到处有飞奔着健身着的足球迷、肌肉男和俏佳人，那一处处坐在草地上的读书人，构成了其独特的风景线。看得出这是有几分随意的，却让人悟出这已是一种随身带书随时读书的生活方式阅读。

这就是差距，这就是危机。我在各种公共场合都重复着一个思考：这是我们必须直面的现实，这是近几十年来中国关于读书的不争的事实，这是一个令我们不能“讳疾忌医”、必须“刮骨疗毒”的残酷事实。这里强调的是全民阅读环境遭到持续的破坏。新时期以来，中国的经济迅猛发展，高歌猛进，取得了举世瞩目的伟大成就，中国已成为世界上最大的经济体之一，这是铁的事实，是永载史册的历史功绩。但是，同样一个事实是，虽也有努力，总体而言，我国的国民阅读、书香社会建设未能与之同步，问题多多，差距极其明显。这些年，我们培养了一大批经济动物，却很少有文化动物、读书动物；我们陶醉于物质发展，却有意无意淡化和漠视了精神发育和发展；我们惟 GDP 马首是瞻，却对“第一推动力”的读书轻视，忽视；我们念兹在兹的是钱袋的丰鼓，却对脑袋的空瘪化不甚关心；城市里一座座写字楼、商品 Mall 拔地而起，而一个个书店却在艰难度日，甚至苟延残喘直至寿终正寝。我们是一个名副其实并时时以此为豪的金权社会，却不是一个书香社会。我们往往把读书、文化这些举足轻重、会注入强大“内功”的“软实力”错误地解释为“软指标”，一个随时随地可以让路、可以牺牲的“软指标”。这种思路相当长一段时间成了我们的“思维惯性”，主宰着我们的思想和实际工作，从而，也成为一种“集体无意识”，成了一种自然而然的社会评价、社会风尚。流风所及，其害甚烈。金权升帐，物欲横流。物欲化、功利化、短视化，给全民阅读带来的是致命的破坏。如果说，文化大革命断崖式的文化破坏会使民族、国家的文化、阅读休克，出现大片空白，那么，这后一种社会性的、全方位的、弥漫型的文化、阅读边缘化，则有时甚至是一种深度摧残和戕害。近年来，各种关于阅读的调查结果公布，几乎都有一项，即，“没时间读书”，工、农、商、学、兵，男、女、老、少、幼，“上”至重要官员，“下”至“贩夫走卒”，“时间都去哪儿了”？近几年特别是十八大以来，上下重振全民阅读的经验告诉我们，这是借口，而将阅读作为环境、氛围、生活习惯、生活方式来建设，来实践，才是取舍阅读时间的决定因素。

（二）读书、阅读的意义、价值、性质与功能被歪曲、模糊

在物质主义泛滥、急功近利思想盛行，甚至投机取巧为王、一夜暴富顷刻间浪得大名的市场原教旨主义的风气浸淫下，包括功利性阅读，往往也被惨烈的现实击得粉碎。

古往今来，择其大端，读书起码分成两类，即功能性、实用性阅读与生活方式阅读。前者解决的是世俗生活的有用有效，后者解决人生层面的有用有效。理想的状态是两者的有机统一，历史上许许多多大家名流都是其杰出代表，若马克思、毛泽东然。从读书中学到经天纬地、经世济国之韬略，学到适应和改造客观世界的知识、技能和本领，从而同时达到修身养性悟道的精神洗礼与升华，获取人的自由发展、全面发展。这是读书的高境界，也是其题中应有之义。但一段时间以来，人们往往体认前者而淡漠后者，甚至取前者而弃后者。于是，新时期便出现好几波“读书无用论”大行其道。于是，“硬指标”消解了“软实力”，功能化阅读消解了生活方式阅读，功利化阅读消解了价值阅读，工具性阅读消解了方法论阅读，实用性阅读消解了心灵阅读，“成

功学”阅读消解了“成仁观”阅读，凡此种种，导致社会上一度普遍存在的“三观”危机、道德危机、信仰危机、信用危机，以及精神缺失、价值缺失、信仰缺失，是非混淆，以至阅读缺失和消失。在这里，全民阅读的消解和消失是始，也是终，是因，也是果，“失魂落魄，性命难保”，此其之谓欤？！因此，重振全民阅读，建设书香社会，是当下中国安魂健体的不二选择。

（三）对时代特征、发展走势把握上的片面化导致对全民阅读认识上的误读和误导

一些人在商业原教旨主义、技术原教旨主义下借机唱衰传统图书出版业，同时也有意无意地搅乱了阅读，特别是读书的内涵，一时间取代说、消亡说纷至沓来。

上世纪末本世纪初，以计算机革命、信息革命为主引擎的新的技术革命蓬勃兴起，已经和正在改变着世界。全球化、互联网和移动互联网化及其大数据、云计算、场景技术等覆盖全球，网络全球，也连接了全球，而传媒业首当其冲。互联网、移动互联网的传播快捷性、即时性、互动性和海量性，还有娱乐性，使得一些人在匆忙适应中被动地载浮载沉而致盲从。于是，又来了一轮“消解潮”：轻阅读消解重阅读，浅阅读消解深阅读，碎片化阅读消解系统化阅读，快餐化阅读消解思考式阅读，娱乐化阅读消解严肃厚重阅读，“票房”阅读、“显学”阅读、“流行”阅读消解专业阅读、研究性阅读、学理阅读，移动化阅读消解书斋书房静谧、静怡阅读。在这里，传承关系被描绘成替代关系，融合关系被解读成生灭关系，亲缘关系被指称为敌对关系。应当说，若从强调与时俱进来说，对传统阅读、纸本阅读转型升级紧迫性和危机意识作些强调，列出“假想敌”以警示，本属无可厚非。这里想说的是，绝不能以怀揣恶意商业目的攻讦、诋毁并借现代发达媒体体系“三人成虎”、以售其奸。可喜的是，经过一段时

间的喧嚣，目前，这种替代论、速朽论、消亡论已渐趋式微和平息，甚至之前声调最高的“预言家”们也回过头来推“书”，重倡新老介质阅读相互借鉴和融合。

纵然如此，全民阅读的若干瓶颈仍在，书香社会建设的任务依然任重道远。

问题绝不止于上述三个方面，而仅就上述三点而言，我们面临的矛盾、问题，绝非个别的、局部的、短暂的、无伤大雅的，而是居于基础性的、结构性的、系统性的、举足轻重起决定性作用的矛盾和问题。从纵向历史看，我们至今仍未回归到改革开放初期，上世纪七十年代末八十年代初期的全民阅读热潮时代。作此回顾十分必要：那个时代，全民阅读、“书香社会”真的已经颇见雏形，经济大发展，物质生产大发展，与之相伴相随的是“读书无禁区”，思想大解放，科技春天到来，文艺百花齐放百家争鸣，全社会精神面貌为之一新的崭新时代，那时的读书读报读刊是社会风尚。书店门口连夜排起长队，由图书阅读带起古典名著热、现当代文学热、外国文学热、哲学热、诗歌热、经济理论热等一股股阅读旋风、文化旋风，社会一派昂扬向上的世风。人们一边追求图书等读物的知识价值、实用价值，一边享受它给予的养心怡情的意义价值、美学价值，其乐融融。冷静客观去看，假如这个“世风”没有中断，本文所倡之“建设和发展书香小康社会”当极有已经实现之可能。可惜历史没有“假如”，历史不能重来。而现在，我们要做的，便是总结历史给出的经验、教训，为现实定位，为现实把脉。这几年，据我的观察、研究得出的结论，不容乐观：从出版物生产能力和产品总量而言，我们毫无疑问已成为出版大国，现在每年出版图书 40 余万种之多，新书 20 多万种，但是，就年均读书水平而言，就上述的总体环境论，我国离阅读大国还有相当差距。在相当一些领域、一些地区、一些人那里，还存在和严重存在着阅读贫困问题，有的还是读书赤贫情况；就思想认识、认知倾向而言，同样还有相当比重的“读盲”、“书盲”。上述大量数据和事实足以证实，这是显而易见的。

这里还要特别辨识、廓清一种“自然说”。即近几年一种较为乐观的理论。这种理论认为，一般经验表明，一个国家人均GDP达到3000美元时，文化消费会快速增长。我国人均GDP已经超过3000美元，一些发达地区已超过5000美元，这便意味着，我国文化需求和消费会进入一个空前旺盛时期。作出这一乐观预测，我以为，若从振奋精神、鼓舞士气角度看，这当然是一个利好消息；同时，这也确是于实有据的“经验数值”。但我坚持认为，对于读书，对于全民阅读，事情不会如此简单。这起码有以下几个制约。其一，我国的经济数据包括人均GDP数据有其特点，国民消费水平也有受社会福利等因素严重制约的问题，不能与别的国家等量齐观。其二，国情世风、社情民意的因素，特别是上文所说的物质主义崇拜之类的“集体无意识”的严重存在，也会严重干扰上述“经验数值”的价值。其三，在我国当下，在文化消费中，娱乐文化、俗文化的占比之大，会严重影响读书占比。指出这一些，是想说，全民阅读任重道远，甚至有些问题积重难返，不可能有什么毫不费力的“自然过渡”；指出这一点，恰恰表示我们十分注重实际，十分注意问题导向，十分关注全民阅读和书香社会的建设：这是一个历史任务，这是一项既艰巨又光荣的历史任务。

的确如此。党和国家明确提出2020年建成小康社会，这是一项既光荣又艰巨的任务。于全民阅读来说，于书香社会来说，就是要相应地建成书香小康社会，这是一项更其困难的任务。清楚地认识这一点，我们才能找准坐标，找实焦点，找出支点，找到出发点、路径和归宿。

三、建立和完善书香小康社会建设和发展体系，以大胸襟、大格局布局大战略、大设计，以务实精进的学风和态度明确其路径、方法和步骤，振兴中华阅读，推动“四个全面”协调有序发展

要在全社会营造强大的理念场和舆论场，提供切实可靠的政策和制度保证，给出刚性要求和硬性约束。切实推进书香社会主体建设，加强阅读产品建设、多渠道的全民阅读平台建设，加强媒体融合阅读建设，加强国际化阅读接轨建设，布局好“书香小康社会”与之后的“书香社会”的设计对接。

（一）加强书香小康社会理念建设，提高全民阅读自觉，在全社会营造强大的理念场和舆论场，使全民阅读理念融进民众庸常生活，使阅读成为全体国民生活方式的一部分

要树立开卷有益、善读医愚、学无止境的理念，防止一阵风、一风吹，防止形式主义、功利主义，更要防止急于求成。

要深刻认识、大力推进全民阅读、建设书香社会、建成书香小康社会，对于“四个全面”战略布局的全力推进，对于“小康社会”的全力推进，进而对于中华民族伟大复兴“中国梦”的全面推进的重大作用。十八大以来，以习近平为总书记的党中央，大力弘扬中华优秀传统文化，大力弘扬人类优秀文明成果，其重要载体之一就是中国优秀文化典籍以及古今中外经典著作，它们是人类文明最重要的精神宝库、思想宝库、知识宝库，它们是人类站在前人肩膀之上加速发展的核心动力，更是人类先进价值观、先进信仰、崇高使命感的精神源泉，是聚民心、凝民族魂、塑国魂的源头活水，是人类和社会凝神聚气、凝心聚力、充沛昂扬向上的精气神，聚拢社会正能量、形成社会良好精神风尚的加油站、能源库，有时甚至就是反应堆、加速器。这一点，必须看得十分清楚。

1932年，日本侵略者轰炸位于上海的商务印书馆、东方图书馆的案例当是一个极好的证明。这是一场全面轰炸，连同东方图书馆几十年间在国内外搜集的数十万种中外图书，包括大量古籍善本及各种珍贵的中外报纸杂志，全部化为灰烬。时任日军侵沪总司令盐泽幸一一语道破天机："炸毁闸北几条街，一年半载就可恢复，只有商务印书馆、东方图书馆这个中国最重要的文化机关焚毁了，它则永远不能恢复。"当然，当时中国最大的文化机关——商务印书馆还是用自己的行动回击了侵略者，于当年8月即克服重重困难重新开业。直至今天，由中国现代出版业的创始者发展为中国20世纪、21世纪出版重镇。这一案例无可辩驳地证实，图书、文化，具有何等重要的社会作用。

要深刻认识全民阅读给社会群体带来的深入持久效应，特别是要理解当阅读成为生活方式一部分后，又会给人们提升生活品质、重塑优质生活方式带来的巨大作用。读书会让人更加温、良、恭、俭、让，读书会令人更具内涵，更有品行同时更为文雅、优雅和高贵，更加向"高尚的人、纯粹的人、有道德的人"的高标迈进，对促进社会和谐、进步起到潜移默化、润物无声的作用。

要树立开卷有益、善读医愚、学无止境的理念，防止一阵风、一风吹，防止形式主义、功利主义，更要防止急于求成。一方面，决不能将全民阅读当成形式主义的"政绩工程"，另一方面，坚决反对将之作为软任务，视为可有可无的"鸡肋"，有意无意将之淡化、虚化、边缘化。

有一个理念必须辨析清楚，说个明白。这就是全民阅读、书香社会建设的投入产出比，特别是对于GDP、对于利润创造的贡献。全民阅读的载体是图书等各类出版物、各类传媒。总体而言，无论是图书产业，还是现阶段的传媒业，剔除国家政策性、专项资金类补助，它们都不是什么大产业。我常将图书产业定义在"小生产"的区间，因为它不大具备工业化大生产的特点，其产品很像义乌的小商品，不仅单品多、利润薄，在不少人心里往往还更具非必需品等特点。换言之，仅其本身很难立即成为国民经济的支柱产业。当然，在互联网时代、移动互联网时代，它的发展空间不小，处理得好，甚至空间很大，但那必然是在完成媒体融合、产业融合之后。这也是不少省市区将之和其他文化产业一起列为支柱产业的原因所在。这一点，还将在下文予以讨论。这里想强调的是：一定不可简单化地、表象地、片面地用物质产品生产的产业化程度和贡献率要求图书，当然更不能依此要求全民阅读、书香社会建设；恰恰相反，要学习一些先进国家的经验，在强调文化倾斜、全民阅读倾斜的基础上，更加强调文化例外、全民阅读例外，更加强调文化豁免、全民阅读豁免，以此形成全党、全国、全民共识；应该正确厘清全民阅读、书香社会的价值定位、功能定位，充分认识它的性质、任务和独特作用，认识它的质的规定性：它在建构和发展社会的核心价值体系、核心价值观方面，它在培育和发育社会的教养程度、文明程度方面，它在涵养、养成社会成员生活伦理、生活哲学、生活美学、生活方式方面，具有上文所说的、至关重大的“第一推动力”作用。在这个意义上，从长远看，它更具竞争力，也更具生命力，它以其独有的方式，带给人们的创新、创造，带给社会的产值、利润、贡献率，又是十分巨大的。阅读无价，全民阅读无价，书香社会无价。

观念转变、理念建设，重在领导，重在引导，重在表率。要认真学习贯彻习近平总书记重要系列讲话、李克强总理有关讲话、十八大文件、《政府工作报告》等一系列相关重要指示精神。寄望主管部门乘此东风，大力推进相关立法建设，设计、推进全民阅读“总统工程”、“政要工程”，以点带面，以典型带一般，从而将国家意志落实、渗透到我们的日常生活中。寄望各地、各部门党委和行政主管部门，像总书记、总理那样，带头善读书，多读书，读好书，重视并推动所辖地区和部门的全民阅读，精心营造崇文重读小环境，合力创造书风习习的大气候。期盼党和国家领导人像支持广交会、博鳌论坛等并出席指导一样，支持各级各类特别是全国性、权威性、标志性的图书业出版业和全民阅读公共活动。

（二）加强阅读政策环境营造，完备书香小康社会的体制机制，提供切实可靠的政策和制度保证

全民阅读、书香社会，若然只是谈起来重要、做起来不重要的口号，不提也罢，而只有靠制度保证，才能全面推进。

书香小康社会，要在建成，重在建设，重在发展，重在建制。中国是一个大国，如上所述，中国又是一个目前全民阅读差距甚大，尤其是思想认识上差距甚大的国度。全民阅读、书香社会，若然只是谈起来重要、做起来不重要的口号，不提也罢，而只有靠制度保证，才能全面推进。首先是加快立法步伐。当下，就是已经启动的《全民阅读促进条例》要加快制定、颁布与实施。这里只想说一点，期望这部法律，不止于一般号召，而应尽可能地提出一些刚性依循，特别是对各级政府和各级各类部门的担责条款。特别期望其指导性、针对性、管用性。目前，已有相关地方性法规出台，要与即将出台的《全民阅读促进条例》做好无缝对接。其次是启动政策工具箱，制订颁布并实施相关的跨部门的配套政策，在中央国家财政和地方财政中布局好推进全民阅读、建设书香社会的财税支持。建议设立国家阅读基金，蓄建专项资金池。要认识到建设书香社会是一项花钱的事业、值得花钱的事业，钱要用在刀刃上；要认识到全民阅读是一项惠泽全民、功在当代、利在千秋万代的宏大基业，是政府公共文化服务的应有职责，是人民群众应享的文化权利，是中华民族伟大复兴的文化福祉，该花的钱一分都不能吝啬，要确保到位。三是加强和完善基础设施，在图书馆、书店、报刊亭、农家书屋和社区书屋等城乡公共文化

设施、公共文化空间的建设与配套上加快步伐。政府及主管部门应统筹制定出相关指标体系，列入“十三五规划”并督促施行。四是指导、协调、支持社会组织、民间社团有效推进全民阅读，在社会荣誉和物质方面给予相应的奖掖，建设良好氛围、环境和生态。

（三）加快加强书香小康社会指标体系建设，给出刚性要求和硬性约束

在“建成小康社会”中，经济投入等方面也有十分明确的目标任务，须用数字来量化。

我们说，十八大以来中央提出的“四个全面”战略布局，一个显著的标志是它的指标性，四个方面，每一方面都有一系列政策措施相配套，都提出了一系列指标，而同样地，在“建成小康社会”中，经济投入等方面也有十分明确的目标任务，可用数字来量化。应该说，“书香小康社会”有其内在特征，但是，我们以为，一样可以设定指标、制定刚性约束，而且更为需要。其一是因为这是一个国家战略、国家工程，其次因为这是一个需举全党、全国、全民之力共同努力才能完成之大事，其三是因为它的建设过程先期更需大的投入。因此建议，由政府主管部门牵头，一方面拿出关于诸如图书馆、书店、报刊亭、公众书屋等的建设、管理指标体系，一方面，拿出财政预算指标体系；同时，更重要的，是拿出未来五年在“四个全面”建设特别是小康社会建设中，考察提升全民阅读成果的指标期望值，如年人均读书量、国民阅读率的目标区间。在这里，要厘清一个认识，即这不是在制造“乌托邦”，而是国际国内大势所趋大势所需；这不是政府“手伸得太长”、“乱弹琴”，而这正是政府的职责使然，是一个负责任的政府的本职。

关于投入，当由国家有关主管部门牵头、组织专家队伍来做，

由他们说了算，他们才能把账算清楚。我们的建议是，既应实事求是量力而行，又应取法乎上全力博取，这是百年大计，这是万年基业。此外，关于年人均阅读量和国民阅读率，我以为，要匹配我国的现实，特别是匹配“全面建成小康社会”的经济指标，定一个相对令人振奋的指标。要相信，中华民族是一个爱书读书的民族，中国有能力走进较高年人均读书量、国民阅读率的“大国俱乐部”乃至“强国俱乐部”。

（四）切实推进书香社会主体建设，努力培育阅读人口，一手抓改革，一手抓发展；一手抓产业，一手抓事业；一手抓市场，一手抓管理。全线推进出版业大繁荣大发展

我前几年就提出出版业要面向“阅读产业、传媒产业、创意产业”这“三大产业”的概念，受到业内外关注，就是立足于内容产业的时代变化，试图给出一个与时俱进的产业方向新视角。

建设书香社会，从行业归口来说，其主体是出版业界。他们的战略、方向、素质、意趣、取向，直接决定作为特殊产品即图书产品的质量，决定读者和全民阅读的质量。这是由精神产品、文化产品所具有的独特功用决定的。因此，就全民阅读和书香社会建设来说，我们便面临两大主体群，一为出版方，一为消费者，即一为阅读品制作群体，一为阅读人口。一般而言，如前所述，相对于教育出版、专业出版、学术出版和大众出版而言，也有教育阅读、专业阅读和大众阅读三大阅读。就出版业而言，改革开放以来，中国出版业经过30多年的历程，已经驶入深化出版体制改革、强化出版繁荣的轨道。当前的任务当然是继续一手抓改革、一手抓发展，而其中颇有文章可做，仍有很多工作需要深入探讨和研究。我前几年就提出出版业要面向“阅读产业、传媒产业、创意产业”这“三大产业”概念（参考第7版报眉的《阅读提示》），受到业内外关注，就是立足于内容产业的时代变化，试图给出一

个与时俱进的产业方向新视角。而包括阅读产业在内的内容产业最大的挑战仍然是，如何既把握其作为国民经济的一个产业，依照产业的规律、商业的逻辑、市场的价值去运营；另一方面，作为具有强烈意识形态性和文化属性的产业，如何担起精神产品塑世化人、涵养世风的特殊责任，而这恰是本文一直强调的“书香社会”、“书香小康社会”、“全民阅读”的核心所在。按照唯物论，这两者天生并存着，按照辩证法，我们的任务就是使这二者有机统一、协调共进。我一直坚持认为，出版业改革势在必行，但出版业的特殊性决定了其改革决不能完全等同其他物质生产部类，特别是在文化公共品的供给和民族精神、国家意志的养育发育方面，其“铁肩担道义”的天职不可须臾忘却。因此，政府和相关财税部门必须客观冷静地看待其特别的那一份“产业性”。这一点，不仅是作为社会主义国度的我国，甚至一些西方国家，也十分清醒并自觉地使用“文化公共品”的特殊财税杠杆和政策杠杆，服务和造福社会。说清楚这一点，全民阅读、书香社会建设才不至于落为一句空话。

要大力改革，改进教育阅读。一方面，按照国家的长远设计，强化素质教育，这里就有教育辅导读物与教材相当广阔的市场空间；另一方面，要承认目前应试教育的指挥棒仍然有意无意挥舞的现实，研究教育读物的针对性、实用性。而不管如何，将教育读物做得好看、有趣，让受教育的学生群体减少厌学、厌读、厌书情绪，是摆在出版者面前一道严峻考题。要想方设法让好书进校园，进课堂，进书包，进课外，能进多少是多少，多多益善。要大力提升专业阅读。专业阅读是个相对稳定的阅读市场。当务之急应是内容集成创新和载体融合创新上出新招，出实效。而大众阅读是一个最具潜力，最应发力的大市场。空间在此，难度也在此，考验着大众出版人乃至整个出版界的智商、业务、素质、市场能力等等综合水平。现在最大的问题是，如何让已知和潜在的读者回归书桌，迷恋书香。

必须破除“两论”即“读书无用论”和“读书过时论”。关于“读书无用论”，在当代中国，我们并不陌生，“文革”是其极致，而这些年又死灰复燃，究其原因，都是社会“高压”所致。前者是扭曲的社会政治思维高压，后者是扭曲的社会物欲思维高压。这后一种“高压”，一直延续至今，阴魂不散，不时卷土重来。也许，在不少地方不少人那里，更是阴魂附体。原因有个人因素，更在社会大环境。现在的问题是，我们必须想方设法清除这种毒霾，重返全社会爱书读书的丽日蓝天。这是一项综合工程、系统工程、战略性工程，寄希望于“书香社会建设”、“书香小康社会建设”，寄希望于国家的力量、全民族的力量，哪怕是有效遏制各种各样的“读书无用论”。而关于“读书过时论”，或曰“过气论”，则应理直气壮予以廓清。当然承认新媒体、新的阅读方式对传统纸本阅读的冲击。但近年来包括深圳读书月、上海书展、在宁夏银川举办的第22届全国书博会在内的众多面向市民的书市有极其高的人气，近些年读书声音的不断出现，去年各地实体书店在一片叫衰声中重新赢得读者、市场，种种迹象和事实表明，“过时论”或是武断无据，或是恶意为之。书香依旧，魅力仍在。

有两个着力点应抓牢抓实。一是家庭阅读，一是青少年阅读。家庭是社会的细胞。要想将遍及全社会的全民阅读推向纵深，有声有色，要想建成书香小康社会、书香社会，家庭作用至关重要。中国是一个重亲情重家庭的社会，古来如此，于今依然。在中国的家庭发力全民阅读，还有一个共同的社会心理基础，即几乎所有家庭都不会反对读书，好书的家长如此，不读书乃至不识字的家长，为了孩子、为了下一代，都会力挺读书学习。这种社会心理就是我们抓好全民阅读的社会基础，这就为我们“登高一呼，应者云集”准备了极好的条件。与此相比，青少年群体的阅读则稍稍复杂。最主要的障碍有二，一是应试教育压力大，青少年才真正“没时间”读书，这里当然指课外读物、大众读物；二是现在的“屏阅读”争时间，抢风头。尽管如此，我们的调查发现，仍有一个基本面未变，就是青少年仍然具有可塑性，读书对于他们来说仍然具有向心力，特别是90后、00后、10后。有趣的是，我们总是一厢情愿地认为，玩电脑长大的80后这一代是不读书的“垮掉的一代”，但许多调查却不支持这样的判断。一是他们仍然在看纸质书，在深阅读；二是他们教育子女首先要读纸书，要好好读书，这和“文革”中因无书可读“耽误了的一代”的价值取向高度一致：都把自己孩子读书视为家庭头等大事，特别重视亲子阅读、家庭阅读，特别重视书香家庭建设。这种情况和美国“嬉皮士”、“疲惫的一代”、“垮掉的一代”对于孩子读书极为上心、高度关心的取向是一致的。所有这些，都为我们全民阅读中的大众阅读提供了基础，剩下的，就看决策者的了。

要下大力气培养阅读种子、书香种子，培养阅读人口、书香人口，培养阅读国民、书香国民。这三者中，后两者更为重要。书香社会、书香小康社会的建设，切不要只搞成少数人的书斋阅读、沙龙阅读、贵族阅读，虽然这些也很重要。一定要记牢，书香小康社会建设、书香社会建设这一战略安排，是关乎全民的国家战略。

（五）加强阅读产品建设，大力提倡和推行品质阅读

越是市场化，越要质量，越要品质，唯精品才能胜出；越是读物多、产品多，越需要沙里淘金，需要有人把关定向。

就年均出书量而言，中国已是出版大国。近几年，每年出书都达40多万种。大体而言，新书、重印书各占半壁江山，而教材教辅类与一般图书又各占半壁江山。书多了是读者福音，但书多了某种程度上说又是灾难。浩如烟海而良莠莫辨，轻则误导读者，重则戕害读者，长远去看，还会倒了读者胃口，导致“厌读症”。因此，品质阅读至关重要。

品质阅读，首先是经典阅读。这是需要我们下大力气推动的一个领域。经典是人类文明的瑰宝，但往往又会在娱乐化、碎片化、快餐化阅读前败阵。后者自有其优势所在，但绝不意味着经典不再是经典，必须在全社会造成一种经典永存、经典长青、经典常新的气场，决不避让，决不退让。当然，这里需要各方都来做好工作。

精品阅读，是品质阅读的又一方向。精品相较于合格品，更相较于次品、残品、赝品、毒品。精品有时与经典概念重叠，有时又是创新之佳品，新品之佳品。总而言之，是我们说的好书。一定要通过多渠道、多媒体广而告之于社会，使之进入读者的书桌，成为全民阅读的首选。

品牌化阅读，是品质阅读的另一重要门径。优秀的出版社、优秀的作者、优秀的编者、优秀的系列出版品，本身就是金字招牌，贯穿其中的是权威性、公信力、价值力、传播力，要大力推广，将之作为品质阅读的市场化大众化直通车。

要大力加强编辑工作。越是市场化，越要质量，越要品质，唯精品才能胜出；越是读物多、产品多，越需要沙里淘金，需要有人把关定向。有人说新媒体、自媒体兴盛之日便是编辑式微之时，这不是蠢话，便是谎话。我们的观察和判断是，当今，编辑更需要选家思维，当今，更需要优秀选家。

（六）调动各方力量，大力推进多层次、多网络、多渠道的全民阅读平台建设

全民阅读需要推广，推广需要平台。推广平台，应当政府和社会、专业和民间，上下携手，八方联动，形成合力，共襄大计。

政府、官方推进全民阅读平台建设当属首选。在中国，它具有不可替代的作用，这是由我国的社会制度和国情决定的。它在政策支持、资金支持和组织指挥、协调各方等方面，不可或缺。

这些年，成绩有目共睹。建议更进一步“接地气”，贴近群众，贴近基层，贴近生活，多听各方意见，办更多百姓赞成、满意、高兴的事情，尽量减少拍脑袋、大包大揽、唯我独尊的现象。

要充分发挥政府统筹和市场在全民阅读配置资源中的不同重要作用，充分发挥传播、出版、阅读类政府组织、协会、学会的组织协调作用，动员各方力量，搭建各种行之有效的推广平台。凡是有利于书香社会、书香小康社会建设的，都要给绿灯，开绿色通道。要抓好不同社会群体的阅读，形成各自矩阵，有条件的则应合纵连横。要抓好政要阅读、官员阅读、企业家阅读，包括演艺明星等社会名家名流阅读、各类公众人物阅读、学者专家阅读的示范引领作用；要发挥城市阅读、城镇阅读、社区阅读、企业阅读、职工之家阅读、农家书屋阅读的组织作用，形成众多“小环境”、“小气候”；要关注家庭阅读、亲子阅读、学生阅读的粘性价值、持久价值，精心培育；要推进造节式阅读、竞赛性竞技性表彰性阅读、晚会和娱乐式阅读、融媒体平台阅读的平台模式建设，创造生动活泼的新形式新载体；要充分利用媒体阅读、主题阅读、研讨式阅读、“大 V”理性导读式阅读、名家书单推荐式阅读、读书会阅读等场合，提升阅读质量；要瞄准俱乐部阅读、兴趣小组阅读、“阅读银行”、闲暇阅读等契机，大力培育阅读兴趣爱好，形成良好爱书习惯。这里想特别建议政府，对于全民阅读的市场化运营，在遵守党纪国法、坚持正确方向的前提下，一定不要求全责备，要大力鼓励创新，欢迎参与，特别是企业界、演艺界和民间资本的参与，正确集势蓄势，借势造势，真正将“书香社会”、“书香小康社会”的“全民阅读”、“全民有责”、“全民受益”、“全民提升”的观念深入人心。

（七）加强全媒体阅读建设，加强媒体融合阅读建设，因势利导，乘势而上，打造新型的、包容性的、开放有序的互补互进的全民阅读新格局

必须指出，今天的阅读，是纸阅读、屏阅读，传统纸质阅读、新媒体阅读等各种载体阅读并存的阅读，是传统的字文阅读和新兴的电子阅读。

虽然我们还是要坚定不移地厘清阅读的一些边界，明晰深阅读、经典阅读、价值阅读、生活方式阅读的阅读价值取向，但是，绝不意味着排斥或否定数字阅读、新阅读。这是不以任何人的意志为转移的大趋势，我们需要的是，也只能是理性顺应，而非意气用事。一是要顺应，二是要理性。就像我们从来不否认死读书的危害一样，就像我们深知“尽信书不如无书”一样，就像我们确认“读万卷书”还要“行万里路”即理论必须联系实际一样。新媒体阅读方兴未艾，新媒体发展方兴未艾，未知大于已知，其活力、威力我们还未完全见识、充分认识。但我们绝不认为它是万应灵丹，如上所述，也根本不认同它会马上消灭传统媒体和阅读，但也应清醒地认识到其局限性。正确的态度是，一方面，努力规避我们已经看见了的浅阅读之弊、关系冗余的社交平台信息冗余、信息芜杂之弊，其过度娱乐性带来的可能的低智化、依赖症之弊，如此等等。另一方面，要将其纳入“全民阅读”、“书香社会”、“书香小康社会”建设的总框架之中，毫不犹豫地走拥抱、结合、融合之路，走“纸屏同步”阅读之路，倡导并推行数字时代、网络时代、移动互联时代、E 时代的多元共进阅读。在此过程中，密切关注小社交时代的纸书阅读、深阅读复兴契机，密切关注屏阅读和“刷屏阅读”已经带来的疲倦感、审美疲劳和回归书本“行情”，让书香 DNA 真正融进“纸 + 屏”阅读之中。

（八）加强国际同步阅读，参与全球阅读，加强国际化阅读接轨建设

欲求全民阅读成功，必须立足于内，眼睛向外，必须参与并融入国际出版、阅读主潮之中，到“大海”中搏风击浪，长见识，开眼界，扩思路，换脑筋，增本领，图突进。

虽然我们的国民阅读现状不容乐观，虽然我们距离阅读大国、阅读强国还有相当差距，但是，我们已是名副其实的出版大国，这已为国外同行瞩目并认可。更重要的是，国外同行更羡慕中国这一潜在的阅读市场，并千方百计出击，形势逼人。这也从一个侧面更加证实了我国推进全民阅读，推进书香社会建设、书香小康社会建设战略谋划的必要性、紧迫性和重要性。

另一方面，欲求全民阅读成功，欲求书香社会、书香小康社会从战略部署到全面实现，必须立足于内，眼睛向外，必须参与并融入国际出版、阅读主潮之中，到“大海”中搏风击浪，长见识，开眼界，扩思路，换脑筋，增本领，图突进。目前，就出版而言，我们已经在一些方面比较成功地对接，我们连年参加多个国际著名书展，我们也在北京举办全球第二大国际书展——北京国际图书博览会，并有望近年内成为全球第一大国际书展。但是，就全民阅读而言，就书香社会建设而言，我们还得向国外学，虚心地学，不仅是出版业界要学，国家、政府的若干方面主政者都要学，见贤思齐，这是最终跻身阅读大国、书香国家的最可靠的“护照”。到那时，也许我们就会直接享受国际阅读社会的“免签”。

（九）加强战略设计的可持续性研究，布局好“书香小康社会”与之后的“书香社会”的设计对接，布局好十三五期间和中长期战略设计的统筹协调对接

要持续地推进全民阅读，不可须臾松劲、松懈，必须设计好“后小康社会”乃至更长时期的全民阅读战略、书香社会建设和发展

战略，一以贯之，循序渐进，与时俱进，永续发展，久久为功。

如上文所述，“书香小康社会”的建设和发展，是基于小康社会的系统设计，基于书香社会的总体谋划，做出的符合现阶段国情的战略安排。这是一个十分重要的安排，具有时不我待的紧迫性、符合实际的可行性、切准脉象的针对性、放眼长远的基础性、完善系统的整体性等重要特点。此事不做，此时不做，无论是对于“四个全面”的整体推进，还是中华民族伟大复兴进程，都是会酿成重大历史失误、重大历史失职、重大历史缺位的重大遗憾。将会导致更大程度、更深层面、更广领域的文明失序、社会失范。因此，全民阅读、书香小康社会建设与发展，迫在眉睫，兹事体大。

另一方面，还要看到，全民阅读、书香小康社会、书香社会的建设，其本质是社会的精神重建、价值重建、信仰重建、文化重建、文明重建，它与物质建设、经济建设有共同性、交叉点，又具有自身的特质、特征和特点，这既是一项国家意志主导的国家行为，也是一项社会群体为主体的群体行为、社会行为；既是一项应立即启动的符合国情的政府推进、社会动员的集中行动，更是一项须长期运作、锲而不舍的永久工程。这里，特别需要具有长远眼光、高远思维、久远意识，需要有中长期战略思维、战略准备和战略部署。这里，更应强调庸常日子的耳濡目染、滴水穿石，“随风潜入夜，润物细无声”的慢工夫，切实培养国民阅读“惯性”和“路径依赖”，此即让阅读成为生活方式之谓也。

因此，在设计“十三五”全民阅读的蓝图，部署“书香小康社会”战略的同时，就应当考虑下一步的对接。2020年小康社会建成之日，也应是“书香小康社会”建成之时。下一步，要持续地推进全民阅读，不可须臾松劲松懈，必须设计好“后小康社会”乃至更长时期的全民阅读战略、书香社会建设和发展战略，一以贯之，循序渐进，与时俱进，永续发展，久久为功。

由建成小康社会战略布局，到建设、发展、建成书香小康社会的战略思考，有一条十分明晰的逻辑线条，我国已经进行的“全民阅读”实践，也已为这一战略描绘了亮丽的底色。这就是本文的底气所在。我们坚信，书香小康社会，在“四个全面”战略布局推进实施中，位置已明，方向清晰，现在，就看行动了。

中国古代大战略家、战略理论家孙子曰:“上兵伐谋,其次伐交,其次伐兵，其下攻城。”战略设计，重于泰山。因此，古人还有说:“自古不谋万世者，不足谋一时；不谋全局者，不足谋一域。”作为文化战略的全民阅读战略、书香小康社会战略，其“谋”自有其极其重要之价值所在。也许，这正符合习近平总书记曾经引用过的另一位法国战略家拿破仑的名言：“世上有两种力量：利剑和思想，从长远论，利剑总是败在思想手下。”我们坚信，全民阅读战略、书香小康社会战略、书香社会战略，“阅读+”战略，正是这样一柄利在当代、功在千秋的“思想利剑”。让我们共同精心铸就当代中国这柄“思想之剑”，万众一心，砥砺前行。

小贴士

2013年8月4日，国家新闻出版广电总局传出消息，全民阅读立法已列入2013年国家立法工作计划，总局将争取尽快形成较成熟方案并提交国务院法制办。与此同时，全民阅读立法起草工作小组已草拟了《全民阅读促进条例》初稿。

专家认为，全民阅读是一个系统工程，设立国家级的全民阅读条例以规范和保障各类阅读活动非常有必要，其法律化意义重大。2013年3月底，国家新闻出版广电总局专门成立了全民阅读立法起草工作小组，草拟了条例初稿。下一步，国家新闻出版广电总局还将通过征求部委意见、网上公开征求意见、地方调研等多种方式，广泛听取各界意见，继续修改完善。

（作者单位：中国出版社传媒股份有限公司）

我国全民阅读活动发展现状及改进路径探析

徐同亮

摘要：本文从国家、地方政府、行业系统、社会力量四个层面，综述我国全民阅读活动的发展历程。在国际比较中分析现阶段我国深化全民阅读活动面临的问题及瓶颈，进而从实施全民阅读国家战略、健全全民阅读工作体制、完善全民阅读服务体系、构建全民阅读引导机制四个方面提出建议。

关键词：全民阅读　国家战略　公共阅读服务体系　引导机制

书籍是文化传承和文明进步的阶梯。世界现代文明国家都把读书作为提升国民素质的基础工程、增强文化软实力的战略工程。全民阅读活动在全球范围内风起云涌。我国的全民阅读研究开始于 1996 年，到目前为止还处在发展阶段的上升期。[1] 国内研究成果涉及对全民阅读活动的背景、定位、特色、机制等诸多领域，却鲜有关于其发展历程、发展瓶颈及改进路径的阐述。笔者尝试对以上三方面进行研究，以期为促进全民阅读提供参考。

一、全民阅读活动的发展历程

历时近 20 年，我国全民阅读活动已成为全民参与的社会性活动。国内学者尝试对全民阅读推广力量做出多种分类，其中：政府部门、出版及图书馆行业、大众传媒、民间阅读组织成为出现频率较高的推广主体。基于学界共识和现实研判，笔者从国家、地方政府、行业系统、社会力量四个层面，对我国全民阅读活动发展历程进行梳理回顾。

（一）国家层面部署推动全民阅读活动

政府是促进全民阅读的主导力量，这种主导角色集中体现在政策导向上。1997 年，中宣部等九部委联合印发《关于在全国组织实施“知识工程”的通知》，提出实施“倡导全民读书，建设阅读社会”的“知识工程”。这成为国家政府部门倡导全民阅读的开端。2006 年，原新闻出版总署会同中宣部等十一部门共同发出《关于开展全民阅读活动的倡议书》。这在国家政府部门倡导全民阅读历程中具有里程碑意义，标志着政府推动全民阅读步入常态化发展阶段。自 2007 年起，原新闻出版总署会同有关部门每年就开展全民阅读活动下发专项通知。历经十余年酝酿推动，全民阅读逐步成为社会共识，“推动全民阅读上升至国家战略”成为社会各界共同呼声。党中央、国务院适应形势发展，历史性地对全民阅读作出一系列战略部署。党的十七届六中全会、党的十八大及2014年国务院《政府工作报告》相继对全民阅读作出部署，标志着全民阅读在通向国家战略道路上迈出了实质性步伐。

（二）地方政府深入开展全民阅读活动

地方政府促进全民阅读的方式方法丰富多样，发展程度也不尽相同。总的来说，可以概括为“运动式倡导、组织化推进、科学化布局”三个递进阶段。但各地因发展程度不同而处于不同发展阶段或处于多阶段并行状态。在运动式倡导方面，目前全国 31 个省、自治区、直辖市都有了属于本地区的读书活动，约有 400 多个城市自发开展了读书节、读书月、读书日等活动，[2] 全国开展的各种具体读书活动项目约有3000余个。[3]在组织化推进方面，全国已有湖北、湖南、江苏等18个省（市、自治区）建立了由地方党委或政府领导担任负责人的全民阅读组织领导机构。在科学化布局方面，仅有少数省份进行了有益探索，如《关于开展全民阅读活动建设学习型湖北的意见》（鄂办发〔2012〕3号）、《广东省深入开展全民阅读活动的实施意见》（粤宣通〔2013〕5号）、《关于加快推进书香江苏建设的意见》（苏阅发〔2013〕1号）等。

（三）行业系统积极组织全民阅读活动

出版界、图书馆界、大众传媒界是促进全民阅读的代表性行业。出版界自2011年起连续举办4届“书香中国”全民阅读电视晚会，自2004年起连续11年向全国青少年推荐百种优秀图书，自2011年起连续4年推荐“大众喜爱的50种图书”，成为全民阅读的引领者和示范者。图书馆界于2004年在国内首次举办大规模“世界读书日”宣传活动，[4]于2009年在图书馆行业举办首届“全国少年儿童阅读年”活动，[5]并积极致力于推动宣传活动常态化，成为促进全民阅读的骨干力量。媒体也日益成为倡导全民阅读的重要力量。2013年4月，78家中央和地方媒体共同发起建立的全民阅读媒体联盟在武汉成立，[6]全民阅读宣传向全媒体、机制化方向迈进。此外，教育系统、工会组织、共青团组织等相关行业系统也组织打造了大批具有自身特色的阅读品牌，推动全民阅读活动向各行业领域深化拓展。

（四）社会力量踊跃推广全民阅读活动

民间阅读组织和社会有识之士是促进全民阅读的重要补充。2003年以来，每年全国“两会”期间都有代表委员倡导全民阅读，代表性的有：2006年，全国人大代表、政协委员集体倡议由政府推动全民阅读活动[7]；2007年，31位全国政协委员力推设立全国读书节[8]；2013年，115位全国政协委员共同签署关于制定实施国家全民阅读战略的提案，建议政府通过立法促进阅读风尚的形成[9]；2014年，40余位全国政协委员联合提案，建议尽快出台《全民阅读促进条例》[10]。阅读社团、民间读书会、读者俱乐部等民间阅读组织发展迅速。2011年6月，中国民间图书馆协会成立，召开了“中国首届民间图书馆论坛”，标志着民间组织已经凝聚成为我国全民阅读推广的一支有生力量[11]。2013年9月，吉林省全民阅读协会成立，成为国内首家以助推全民阅读为宗旨的省级社会团体。此后，长白山全民阅读协会、苏州市全民阅读促进会、徐州市全民阅读促进会等一批地市级全民阅读社会团体相继成立，社会阅读组织开始向组织化、规范化方向发展。

二、深化全民阅读活动面临的问题及瓶颈

（一）国民阅读状况不容乐观

自1999年起，中国新闻出版研究院组织全国国民阅读状况调查，至今已实施11次，调查结果的权威性和影响力不断增加，在一定程度上反映了我国全民阅读活动的效果。从调查结果（见表1）可以看出，我国成年居民综合阅读率近四年基本持平，保持在76%左右，也就是说仍有两成多的国民未进行任何形式的阅读。我国成年居民图书阅读率虽连续八年保持持续上升，但与十多年前相比，仍处低位水平。我国2013年成年居民平均图书阅读量仅为4.77本，与当下韩国的11本、法国的8.4本、日本的8.4-8.5本[12]，仍存在较大差距。其他纸质媒介阅读率、阅读量总体呈下行趋势。与网络和新技术的普及、信息爆炸式的增长同步，我国数字化阅读率、电子图书阅读量持续上升，但随之而来的浏览式、跳跃性、碎片化的“浅阅读”渐多，深度阅读、品位阅读渐少。

表1 1999—2013年全国国民（18—70周岁）阅读状况调查主要指标

年份 阅读指数	1999	2001	2003	2005	2007	2008	2009	2010	2011	2012	2013
综合阅读率（%）						69.7	72.0	77.1	77.6	76.3	76.7
图书阅读率（%）	60.4	54.2	51.7	48.7	48.8	49.3	50.1	52.3	53.9	54.9	57.8
报纸阅读率（%）					73.8	63.9	58.3	66.8	63.1	58.2	52.7
期刊阅读率（%）			43.7	55.3	58.4	50.1	45.6	46.9	41.3	45.2	38.3
数字化阅读率（%）						24.5	24.6	32.8	38.6	40.3	50.1
图书阅读量（本）				4.5	4.58	4.72	3.88	4.25	4.35	4.39	4.77
报纸阅读量（份）					88.8	88.6	73.01	101.16	100.7	77.2	70.85
期刊阅读量（份）						8.2	6.97	7.19	6.67	6.56	5.51
电子书阅读量（本）								0.73	1.42	2.35	2.48

（二）全民阅读顶层设计相对滞后

世界上很多国家纷纷出台关于阅读的计划、报告和大纲，如俄罗斯出台《国家支持与发展阅读纲要》，英国、日本设立国家阅读年（读书年），美国实施“阅读挑战计划”、“中小学暑期阅读计划”，等等。这些国家把每年丰富的全民阅读活动纳入具有国家战略性的纲领性文件中，以此为中心，衍生出各项阅读推广和阅读服务的具体行动。而我国尚没有制定出台自己的国家阅读大纲。在阅读立法方面，许多发达国家已完成阅读立法，代表性的有美国的《卓越阅读法》、《不让一个孩子落后法案》，日本的《儿童读书活动推进法》，韩国的《读书文化振兴法》等。而在我国，仅江苏率先出台全民阅读地方性法规[13]、湖北省出台首部全民阅读地方政府规章[14]，国家全民阅读立法进程有待加快。

3. 公共阅读设施建设任重道远

当前，我国公共阅读设施建设依然面临资源不足、分布不均、网络化程度不高等问题。公共图书馆是全民阅读的主阵地。我国平均公共图书馆拥有量为46万人/座。而联合国早在20世纪70年代公布的公共图书馆拥有量标准为：3万人/座，目前发达国家平均公共图书馆拥有量则为：瑞士3000人/座、挪威4000人/座、奥地利4000人/座、芬兰5000人/座、德国6600人/座、英国1.14万人/座、法国2.2万人/座、意大利2.6万人/座、美国3.11万人/座[15]。其他阅读设施则分散在教育、新闻出版、民政、工青妇等行业系统。体制壁垒导致资源不足与资源孤岛、投入不足与重复建设并存，阻碍了阅读设施网络的形成和阅读资源的整合利用。

4. 全民阅读内容引导良莠不齐

2013年，全国出版图书44.4万种，其中新版图书25.6万种，[16]图书出版规模创历史新高。面对浩瀚书海，推荐书目成为引导全民阅读的有效手段。我国推荐书目的主要方式有：政府机构推荐书目、媒体以宣传自身为目的的推荐书目、专家或名人推荐书目、各类图书评奖等。此外，读者阅读倾向还受到各类图书销售排行榜、点击排行榜等所谓阅读时尚的左右。书目推荐主体多元、形式多样、水平参差不齐，甚至在国内几个大型图书馆网站的借阅排行榜上，那些穿越、武侠等消遣性文学作品的借阅量也是遥遥领先。

三、深化全民阅读活动的路径探讨

（一）实施全民阅读国家战略

制定实施全民阅读国家战略，应从推动全民阅读事业长远发展高度，做到统筹规划与重点突破相结合。一方面，从国家层面加强顶层设计。研究制定并以国务院名义出台《国家中长期全民阅读事业改革与发展规划纲要》，阐明促进全民阅读的规划背景、重要意义，确定促进全民阅读的指导思想、主要目标，明确阅读文化培育、阅读公众服务、阅读设施建设、基础阅读研究等重大阅读工程，以及全民阅读体制改革、政策制定、法规建设、人才队伍建设等保障体系建设，为促进全民阅读事业长远发展提供宏观指导。在此基础上，定期制定实施《全民阅读行动计划》，就阶段性重点活动、主要任务、推进措施及配套政策、保障条件、组织实施等作出细化安排。另一方面，在国家层面设立阅读节（日）。建议将中国儒家代表人物孔子的诞辰月——9 月定为全民阅读节，将其诞辰日——9 月 28 日定为全国儿童读书日，并定期设立“国家阅读年”，辅之以“世界读书日”活动，形成有中国特色、可持续发展的全民阅读节日安排。

（二）健全全民阅读工作体制

促进全民阅读是系统工程，需要建立党政推动、部门配合、专家指导、社会参与的工作体制。建议在国家层面设立全民阅读协调机构，建立联席会制度，负责协调教育、文化、新闻出版、工青妇等部门力量，统筹公共图书馆、民间阅读组织、出版发行单位等社会力量，包括聘请专家学者、名人名家等有影响力的人士担任阅读推广大使，以达到多方合作、效益多赢的效果。建立全民阅读专家指导机构，整合高校、社科界、图书馆界、出版界等行业领域智力资源，承担阅读规划指导、咨询服务和优秀读物分类推荐等职责。探索建立全民阅读推广人资格认证制度，加强专业知识技能培训，建设一支热心全民阅读公益事业的专兼职推广人队伍。建议各级政府积极培育区域性、主导型全民阅读社会团体，协助政府职能部门协调整合相关社会力量投身全民阅读事业。各级领导干部应率先垂范、主动推动全民阅读，国家领导人和地方各级主要领导每届任期内应至少参与一次全民阅读活动。

（三）完善公共阅读服务体系

建立健全公共阅读服务体系，是促进全民阅读的基础保障，是构建现代公共文化服务体系的题中之义。一是完善政策法规体系。加快《图书馆法》、《全民阅读促进条例》立法进程，抓住《公共文化服务保障法》立法启动契机，研究推动以法律形式对各级政府全民阅读公共服务责任作出规定，对全民阅读事业发展所涉及的人、财、物等各方面问题予以系统规范。二是完善资金保障体系。建议设立国家阅读基金，由国家财政拨款，纳入国家财政预算。省、市、县级人民政府应相应加大财政投入，设立全民阅读专项资金，纳入地方财政预算，确保公共财政每年用于全民阅读事业支出的增幅高于经济增长速度。鼓励和引导社会资本、民间资本参与全民阅读事业，对提供捐助和赞助的公民、法人和其他组织依法给予税收优惠。三是完善设施网络体系。加快构建公共阅读设施网络，特别是推动公共图书馆总分馆体系向农家书屋、社区图书馆（室）等基层公共阅读设施拓展延伸，提高公共阅读资源综合利用效能。建议国家层面制定创建书香之市、书香之县、书香之乡的公共阅读设施建设使用标准，对建筑面积、藏书数量、服务质量、网络化建设水平等做出具体规定。

（四）构建全民阅读引导机制

构建全民阅读引导机制，是实现全民阅读舆论宣传和内容引导的根本举措。当前，重点应解决国民“不愿读书”和“读什么书”两方面问题，并使之机制化。一是构建全媒体宣传机制。继续发挥好全国全民阅读媒体联盟“倡导全民阅读、打造书香中国”的引导作用，完善联盟成员的全媒体合作模式和报道形式。江苏、上海等省市已在全国率先成立地方全民阅读媒体联盟，其余各省（市、自治区）应积极学习借鉴，建立全民阅读宣传新模式。各级政府应加强全民阅读公益广告宣传，在各类媒体、城乡报栏屏和报刊亭、窗口单位、人流密集场所刊播张贴，营造书香充盈的社会氛围。二是构建全民阅读引导机制。建议国家层面推动实施国民基础阅读书目研发项目，组织专家力量研制适合不同层次、不同类型读者的基础阅读书目，形成中国人的基础阅读书系，并根据每年图书出版新情况和读者反馈意见建议，定期作出调整、更新和完善。探索推进独立书评人制度，在全国主要媒体开设读书频道与读书栏目，由独立的专家委员会向全社会推荐优秀书目。

参考文献

[1] 张秀兰，焦博红 . 我国全民阅读研究综述 [J]. 新世纪图书馆，2013（11）:43–47.

[2] 全国政协委员聂震宁：建议设立“全国读书节” [EB/OL].[2014–08–29].http://cppcc.people.com.cn/n/2014/0429/c34948–24955121.html.

[3] 全民阅读媒体联盟在武汉成立 [EB/OL].[2014–09–12]. http://reader.gmw.cn/2013–04/12/content_7301103.htm.

[4] 黄文镝 . 近年来我国社会阅读活动概述 [J]. 图书与情报，2010（3）:30–35.

[5] 朱虹，贾彦 . 全国少年儿童阅读年启动 [EB/OL].[2014–09–14]. http://edu.people.com.cn/GB/9185376.html.

[6] 周立文，夏静 . 全国全民阅读媒体联盟成立 [N]. 光明日报，2013–04–12（06）.

[7] 黄文镝 . 近年来我国社会阅读活动概述 [J]. 图书与情报，2010（3）:30–35.

[8]31 位政协委员力推全国读书节 [N]. 中国新闻出版报，2007–03–15（04）.

[9] 席锋宇 . 通过立法提升全民阅读重要性 [N]. 法制日报，2013–08–20（08）.

[10] 邬书林等 40 余位全国政协委员联合提案：尽快出台《全民阅读促进条例》[EB/OL].[2014–09–10].http://www.gapp.gov.cn/news/1671/195945.shtml.

[11] 汤更生，朱莺 . 全民阅读活动的背景、特色与推动 [J]. 国家图书馆学刊，2013（3）:60–69.

[12] 我国公民阅读状况不容乐观 [EB/OL].[2014–08–22].http://news.china.com.cn/live/2013–05/22/content_20092605.htm.

[13] 我省在全国率先出台全民阅读地方法规 [N]. 新华日报，2014–11–27（A1）.

[14]《湖北省全民阅读促进办法》2015 年 3 月 1 日起实施 [EB/OL].[2015–02–24].http://www.hubei.gov.cn/zwgk/rdgz/rdgzqb/201501/t20150113_609762.shtml.

[15] 朱永新 . 关于设立“国家阅读节” 制定《国家阅读大纲》的建议 [EB/OL].[2014–09–01].http://www.mj.org.cn/mjzt/2012nzt/2012lh/2012lhjyxc/2012lhzlmwhcb/201203/t20120311_136795.htm.

[16] 2013 年新闻出版产业分析综述 [EB/OL].[2015–02–26].http://www.gapp.gov.cn/news/1658/211947.shtml.

（作者单位：江苏省新闻出版广电局）

对农家书屋工程后续建设中宣传工作的思考

魏春玲　雷鸿昌

摘要：农家书屋工程已于2012年8月全面竣工，但是其在农村地区的知晓度并不高。在农家书屋工程的前期建设中，针对农村居民的相关宣传工作力度较小，宣传媒体、宣传形式与宣传内容单一，导致宣传效果不佳。在农家书屋工程的后续建设中，通过有效宣传迅速提升农家书屋的文化传播力和影响力是农家书屋工程的关键所在。目前要针对宣传对象的接受渠道、接受习惯等进行强化宣传，宣传的形式与内容也应该灵活多样、通俗易懂，从而使农家书屋工程入眼、入脑、入心、入行。

关键词：农家书屋　后续建设　宣传思路

农家书屋工程是我国五大文化惠民工程之一。长期以来，我国广大农村文化设施短缺、文化生活贫乏 。基于这一原因，2005年年底国家在甘肃、贵州等西部省份启动了农家书屋试点工作，2007年在全国范围内全面实施，以使广大农村居民能够平等地享受到精神文化的成果。截至2012年8月底，全国共建成达到统一规定标准的农家书屋600 449家，投入资金180多亿元，配送图书9.4亿册、报刊5.4亿份、音像制品和电子出版物1.2亿张、影视放映设备和阅读设施60多万套，全面覆盖了全国具备条件的行政村[1]。"农家书屋"工程竣工后，黑龙江、江西、福建、甘肃等地陆续召开了“农家书屋”工程的表彰大会，新闻媒体也增加了对农家书屋建设成果的报道。然而，农家书屋建设的竣工并不等于“农家书屋”工程的结束，正如柳斌杰提到的：“农家书屋实现全覆盖，不是这项工作的结束，而是一个新的阶段的开始。”[2] 事实上，在农家书屋建设阶段，我们将更多的注意力放在了农家书屋的硬件建设方面，比如农家书屋的选址、规模、数量、管理员配备、出版物配置、桌椅板凳的配备等，目前这些方面的建设在国家具体的配置标准和要求之下基本落实。然而农家书屋作用的发挥是一个复杂的过程，在后续建设中，提升农家书屋的软件建设尤为重要，比如，提高农家书屋知晓度的问题、提高农家书屋使用率的问题、提升农家书屋文化影响力的问题等等，而解决这些问题的核心是加大对农家书屋直接受众的宣传工作。唯有如此，农家书屋的目标受众才能陆续走进农家书屋，才能读书、看书，真正发挥农家书屋的文化惠民作用。

一、农家书屋在建设阶段的宣传现状

（一）WHO——谁在宣传

笔者梳理我国在农家书屋建设阶段的宣传工作，发现媒体关于农家书屋的宣传力度还是比较大的，主要集中在电视、报纸、互联网等媒体上。其中，电视主要集中在各级电视台的新闻节目中；报纸以《中国新闻出版报》（现已更名为《中国新闻出版广电报》）的报道居多，还有各级党报、农民日报也会涉及；互联网以各级新闻网站、中国农家书屋网、中国文明网、中国出版网、各省农家书屋网涉及较多。2008 年 12 月，江西省新闻出版局黄鹤在《全面贯彻十七届三中全会精神 兴起我省农家书屋工程建设新高潮 》的报告中提到“中央电视台、新华网、《人民日报》等全国主要新闻媒体多次宣传报道我省农家书屋工程建设情况。”[3] 宣传方式以新闻报道的形式出现，内容涉及较多的有某省建成农家书屋多少家、某某领导在某地进行农家书屋的调研、农家书屋建设取得了多大的成效等等。如笔者在“中国文明网—文化惠民—农家书屋”栏目中随意抽取2012年7月20日至2012年9月19日期间发布的关于农家书屋的新闻：“长沙已建千余农家书屋”“登封‘农家书屋’月底实现全覆盖”“农家书屋迈向数字化”“山东‘农家书屋’成文化氧吧”“珠海：‘漂流书屋’谱文化乐章”“甘肃实现农家书屋行政村全覆盖”“湖北出台农家书屋管理新规 图书有量有质”“淮北农家书屋组织少年儿童开展暑期阅读活动”“淮北五沟镇21个村已实现农家书屋全覆盖”[4]。

全国对于农家书屋宣传的高潮出现在2007年农家书屋工程在全国范围内大规模实施之后。农家书屋工程2012年8月全面竣工之后相关的宣传力度持续减小。如：作为农家书屋的官方网站——中国农家书屋网在2007年10月开通之后，其“新闻中心—要闻”栏目在2007发布农家书屋的新闻报道60篇、2008年117篇、2009年88篇、2010年38篇、2011年50篇、2012年41篇，而2013年1月到2013年9月发布的文章仅3篇。中国文明网“文化惠民工程”一栏2012年发布农家书屋的文章142篇，2013年1月到2013年9月发布的文章仅21篇。

（二）WHO——宣传给谁

通过仔细研究这些报道以及报道农家书屋的媒体，我们不难发现，农家书屋工程建设的力度是很大的，但是宣传的对象并不主要是针对农村居民的。比如报纸上对于农家书屋的报道相对较多，主要集中在各省市的党报、都市报等报纸上，报道内容虽然主要是当地农家书屋的建设与使用情况，但是广大农村居民并非这类报纸的主要受众，并不能及时看到报纸上的相关信息；各级农民日报上虽然常常会有农家书屋的宣传报道，农村居民也是农民日报的目标受众，然而由于主客观条件的限制，农民读报者较少，订报者也较少，有些农村报纸很难及时送达。比如“在对报纸、期刊的借阅调查中，我们发现农家书屋所订的报纸、期刊基本上不能按时到达，如白银市强湾镇强湾村农家书屋已经两三个月没有送报纸、期刊，邮递渠道的不畅严重制约了村民对于这类更新周期较短的读物的需求，一定程度上也导致了资源的浪费。”[5]互联网上关于农家书屋的信息及宣传报道更多，专门网站比如中国农家书屋网站、各省市新闻出版局主办的农家书屋网站等，然而这些网站点击率较低，加之农村居民受条件限制能够常常上网者并不多，因而这类网站的现实受众并非农村居民。

从上述情况不难看出，农家书屋的宣传主要是以新闻报道的方式在进行，受众主要是主流媒体的广大受众，从理论层面而言，广大农村居民也包括在内，而实际情况并非如此。

二、农家书屋工程建设阶段存在的宣传工作问题

农家书屋建设的目的是广大农村居民能够走进农家书屋，接受科学文化知识的熏陶，提高他们的科学文化素养。所以，作为新生事物，农家书屋工程面临的一项艰巨任务就是如何使居住较为分散的广大居民知道农家书屋并愿意走进农家书屋，也就是如何通过宣传工作提升农家书屋的传播力与影响力。从这一点而言，农家书屋工程宣传工作的对象自然应该是广大农村居民，对于某一省份某一市县而言，宣传的对象还应该具体到更小的范围内。据笔者观察，在宣传工作中主要存在以下问题。

（一）宣传目标对象的针对性不强

农家书屋工程作为一项新的文化惠民工程，在工程实施阶段，确实需要通过各种新闻媒体进行广泛宣传，让大家知道、了解我

国政府目前正在实施的这一工程的建设、管理、使用、资金投入等情况，所以电视、报纸等媒体对于农家书屋工程的各种新闻报道是很必要的。也正因为如此，农家书屋工程在全国范围内引起了广泛关注，如各级文化、出版部门在农家书屋的投资、建设方面的积极参与程度，出版单位加大对农家书屋读物的出版力度等，尤其值得肯定的是学界对农家书屋工程的关注与研究。笔者 2013 年 9 月 11 日在中国学术期刊网中输入主题词“农家书屋”进行搜索，发现自农家书屋工程建设以来，各类研究成果达 1 422 篇。笔者认为，农家书屋工程除了通过媒体进行广泛宣传之外，更重要的是需要向这项工程的使用者、受益者进行宣传，毕竟这是一项实实在在的惠民工程。然而，从上述宣传对象中我们不难看出，结合广大农村居民的接受渠道、接受习惯、接收方式等进行有针对性的宣传内容非常稀少。当然，我们不能否认部分农村居民通过看电视、看报纸、上网等获取了农家书屋的信息，但是事实上，对于大多数农村居民而言，“在农村地区，受众由于受自身文化水平低、地理环境分隔、信息系统不发达等因素的限制，单纯依靠大众传播媒介传播农家书屋的相关信息效果可能并不理想，比如在报纸上宣传甘肃省农家书屋的建设情况，而农村居民很少看报纸或者根本看不到报纸的情况非常普遍，宣传效果可想而知。[6] 正因为如此，在广大农村地区，至今依然不知道农家书屋存在的大有人在。”在一些学者调查类的文章中多有提到：“还有一些村民不知道有农家书屋，更不知道免费借阅”[7]、“部分村民说我们的这次调查就是农家书屋的第一次有效宣传”[8]，“在甘南自治州夏河县调查时，该县文体局办公室一位同志分析农家书屋在夏河县运行不够理想的原因时说：‘我觉得还是宣传力度不够。我敢说问 10 个人，8 个人不一定知道农家书屋存在不存在，看书就更不可能。’”[5]

（二）宣传媒体、宣传形式与宣传内容单一

从农家书屋的宣传媒体看，主要就是电视、报纸、网站等新闻媒体，宣传形式以新闻报道为主，宣传内容主要是从宏观层面上对全国或某省市范围内的农家书屋的总体规划、建设、管理情况等做简要报道。虽然广大农村广大居民也是上述新闻媒体的受众，但是由于主客观条件的限制，他们并非主要通过这类媒体接受信息，尤其是跟自己关系密切的信息。在宣传形式和内容上主要以简短的文字、画面来报道农家书屋相关信息不足以引起农村居民的注意，如电视中关于农家书屋的新闻，主要出现在各级新闻联播中，非常简短，一晃而过，且较少涉及某一个具体的农家书屋，很难让某一个乡村的居民感受到自己身边就有农家书屋。

从农村居民的接受渠道、传播习惯、使用媒体的角度来看，农家书屋工程在建设阶段采取的宣传媒体、形式与内容显得单一。

综上所述，我们认为，农家书屋工程建设阶段在全社会范围内的广泛宣传力度是比较大的，但是在具体的针对目标受众的宣传方面宣传力度小，宣传效果不佳，农家书屋工程在广大农村居民层面上知晓度不高。因此，在农家书屋后续建设阶段，选择适宜的媒体、宣传方式、宣传内容进行宣传，提升农家书屋的知晓度、使用率，是关系农家书屋工程未来发展的一项重要举措。

三、加强农家书屋工程后续建设阶段的宣传工作思路

在农家书屋后续建设阶段，应该通过有针对性的强有力的宣传措施使农家书屋工程政策进村、进组、进家庭，使农家书屋工程的相关信息入眼、入脑、入心、入行，从而从根本上提升农家书屋的传播力和影响力。那么，在具体的宣传工作中，除了在建设阶段采用的新闻媒体传播方式、内容之外，还应该采取灵活多样、

群众喜闻乐见的方式和内容进行宣传。

（一）通过农村居民经常使用的手机媒体进行有效宣传

笔者在走访调查中发现，手机在村民中的使用率是比较高的，而且手机传播已经在村民的信息交流方式中占据了很重要的地位，使用最为普遍的就是手机通话、手机短信，也有部分农村居民已经使用手机上网浏览信息。所以笔者认为，后续建设阶段，农家书屋的建设者可以手机短信的形式进行农家书屋相关信息的宣传，包括宣传农家书屋工程政策、建设情况，农家书屋的地点、开放时间、管理员信息，农家书屋的书报刊配备情况、音像制品的内容，农家书屋的惠民成效、社会影响等。通过手机短信的形式传播，信息能够直接到达目标接受者，至少能够增强农村居民对农家书屋的知晓度。

（二）充分利用农村的集市、庙会等人员比较集中的场合进行强势宣传

农村地区集市、庙会较多，甚至有些乡镇每逢单双日就有一次集市，这些时候，当地群众会较多地集中在这些场合上，农家书屋工程的建设者可以利用这样的机会，通过大喇叭进行强势宣传，吸引群众的注意力，并通过悬挂宣传横幅、张贴标语等形式强化宣传效果。

（三）与当地的中小学校联合，通过学生向家长进行点对点的宣传

目前，从各地的情况来看，中小学生是农家书屋的常客，有些地方的农家书屋就建在学校附近，农家书屋成了当地孩子们的精神家园。可见，农家书屋在中小学生中的知晓度要远远高于成年人。笔者认为，农家书屋的建设者可以通过学校老师告知学生，由他们向自己的家庭成员宣传本村农家书屋的基本情况，甚至可

以代家长借阅相关书报刊等出版物。

（四）宣传形式及内容要生动多样

在宣传内容上，一定要结合农村居民的特点，采取通俗易懂、声文并茂、生动活泼的形式进行宣传，强化宣传效果。如除了常见的新闻报道的宣传方式之外，可以围绕农家书屋的受益者尤其是村民熟悉的受益者进行专题采访，真实地反映农家书屋给农村和农民带来的喜人变化。这些内容可以制作成专题光盘，免费发放给当地居民；也可以借助电影下乡活动，在电影放映前播放录制好的农家书屋受益者的宣传片断；还可以以农家书屋为平台，举办一些文化活动，如农民画展、农业技术培训班等，吸引当地村民进入农家书屋。2013 年 3 月 10 日，河南省上蔡县西洪乡洼王村农家书屋举办的“赛书会”吸引了从四面八方赶来的听书者，赛书的内容按当地村民的话说：“肯定是咱的书屋办了之后，看谁读得多、记得多呗。”[9] 这样的宣传方式比起单纯的新闻报道而言，显然更具有吸引力和影响力。

当然，农家书屋后续建设中的宣传工作是一项长期的工作，希望通过举办一两次活动就使农家书屋工程深入人心是不现实的。笔者认为，在农家书屋工程后续建设的宣传工作中，应该采取常态宣传和动态宣传活动相结合的方式进行。如通过手机短信、集会、庙会等就是常态宣传中的基本形式，比如农家书屋的新书目录，新到报纸、期刊、光盘等，都可以通过手机短信的形式告知村民；读书日、赛书会、演讲比赛、农家书屋节等活动就是动态宣传活动中的基本形式，通过这些看上去热热闹闹的活动吸引村民对农家书屋的关注。我们相信，通过常态和动态相结合的宣传方式，农家书屋工程一定会逐步深入人心，广大农村居民也会陆续走进农家书屋，汲取文化知识的营养，从而使农家书屋工程在后续建设阶段焕发出新的光彩。

参考文献

[1] 周润健：我国已建成统一规定标准的农家书屋60余万家 [EB/OL].[2012-09-27].http:www.chinanews.com/gn/2012/09-27/4217561.shtml.

[2] 柳斌杰．开创农家书屋工程建设新局面．[EB/OL].[2012-09-29].http://www.zgnjsw.gov.cn/booksnetworks/contents/399/135588.html.

[3] 黄鹤局长在全省农家书屋工程建设工作会议上的讲话．[EB/OL].[2009-02-19].http://www.jxcbj.gov.cn/system/2009/02/19/011073344.shtml.

[4] http://www.wenming.cn/whhm_pd/njsw/index_1.shtml .

[5] 张利洁，杨东营．农家书屋工程在新农村文化建设中的实践与思考——以甘肃省农家书屋为例 [J]. 图书馆学研究，2010（10）.

[6] 张利洁，樊兴博，李艳．受众视角下的农家书屋的调查与思考——以甘肃省金昌市永昌县农家书屋建设为例 [J]. 图书与情报，2010（6）：48-52.

[7] 古小梅．丹东地区农家书屋现状调查报告 [J]. 农业图书情报学刊，2011（8）：175-177 .

[8] 陈韩玲．潮州市农家书屋现状调查与研究 [J]. 农业图书情报学刊，2011（11）：122-126.

[9] 孙小辉．书屋里的新型农民“赛书会”[N]. 农民日报，2013-03-30（7）.

[10] 张利洁，师佳．农家书屋的宣传效果研究——以河北省栾城县农家书屋建设为例 [J]. 甘肃社会科学，2013（6）：185-188.

（作者单位：兰州大学出版社）

第五编 数字出版类

坚持专业化　拓展多元化

——人民卫生出版社有限公司数字出版转型的实践探索

陈贤义

在互联网时代和社交网络时代，传统企业的边界正在被持续打破，科技与传统产业的融合正在创造新的更大的商业价值。这是互联网企业和传统企业共同面临的挑战和发展机遇。出版转型是当前业内的重要任务和发展机遇。面对新形势下文化和健康产业的发展，作为国内出版界综合实力较强的中央级医学专业出版社的人民卫生出版社（以下简称人卫社），围绕国家健康战略，顺应出版转型趋势，依托主业的雄厚实力，应势加强出版转型工作，秉承“健康中国，数字人卫”的发展理念，以“围绕专业，服务终身”的长期发展目标为导向，充分发挥资源品牌优势，创新体制机制，20 年来坚持不懈地推进实施数字化发展战略，在有自身特色的出版转型、全面推动出版产业转型升级方面一路前行，为我国文化发展繁荣、医药科技进步、卫生人才培养、人民群众健康做出了积极贡献。

一、优化战略规划顶层设计 稳步推进整体数字化

数字出版很难一蹴而就，试错纠错、不断发展是应当遵循的客观规律。改革未动，战略先行。人卫社一贯重视做好数字出版的长远规划，以良好的顶层设计作为发展业务的战略指引。

2013 年，人卫社制定了《人民卫生出版社有限公司数字出版战略规划（2013—2020 年）》，强化顶层设计，为推动出版业务向整体数字化转型的目标奠定了良好基础。战略规划的核心内容可概括为“1、2、4、8、11”，即：1 个引领，以“健康中国，数字人卫”为引领；两大目标，紧紧围绕“国内领先，国际有影响”两大战略目标；4 大发展战略，实施“全领域战略、整体转型战略、公司化战略和持续创新战略”；8 大工程，即落实“中国医学数字出版和国际化信息平台”工程、“中国医学教育数字出版平台”工程、“中国健康科普数字出版平台”工程、“人卫医学百科数据库”工程、“人卫医学电子书城”工程、“人卫内容生产与管理平台”工程、“人卫数字印刷基地”工程和“人卫云”工程8 个重点数字出版工程建设；11 大领域，即推动“医学学术、医学教育、医学考试、健康科普、电子书与 APP 出版、报刊出版、数字印刷、国际化、创新拓展、技术和营销” 领域的业务布局。通过战略规划的务实执行，各项工程建设得以稳健有序推进，不仅全面推动了人卫社出版业务各领域的数字化，而且加速了由传统出版向数字出版转型升级的进程。人卫社数字出版的发展历程，大致可以分为 3 个阶段。

1995—2007 年，为电子音像出版阶段。人卫社承担了全部“卫生部医学视听教材和 CAI 课件”的出版工作，出版了 1000 多种视听教材和数百种 CAI 课件，全部列入国家音像和电子出版物出版规划，先后荣获“国家音像制品奖”“中国出版政府奖”等多项国家级出版奖项，获得了丰厚的社会效益和经济效益，并为数字出版业务的开展积累了丰富的内容资源。

2008—2013 年，为数字出版起步阶段。人卫社启动了 E-learning（数字化学习）、数据库、网络增值服务、数字教材、电子书、APP、健康网站等众多数字出版项目，研发了一批有影响力的数字产品和服务，培养了一支富有经验的数字出版队伍，数字出版营业收入持续快速增长。“中国医学数字出版和国际化信息平台建设”

项目入选 2011 年新闻出版总署新闻出版改革发展项目库入库项目，并获 2012 年财政部文化产业发展专项资金 2000 万元资助；“中国医学教育数字出版平台”项目入选 2013 年新闻出版广电总局新闻出版改革发展项目库入库项目，并获 2013 年财政部文化产业发展专项资金 1200 万元资助。“西医图书数据库”获得第五届中国数字出版博览会 2012—2013 年度数字出版“最佳作品”奖。

从 2013 年 9 月起，人卫社的数字出版进入了一个新的历史阶段，即数字出版转型升级阶段。人卫社制订了《人民卫生出版社数字出版战略规划》，确立了 2020 年前人卫社数字出版的战略目标、战略措施、重大工程和领域布局，加强顶层设计，全面推动数字出版的发展进程。

在原有“人民卫生电子音像出版社”副牌的基础上，人卫社成立了自主经营的全资子公司——人民卫生电子音像出版社有限公司，全面开展数字出版和电子音像出版业务。通过创新机制体制，促进数字出版业务全面适应市场化发展要求。

为推动核心业务的数字化，人卫社启动了“国家级医学数字教材·全国高等学校五年制本科临床医学专业国家卫生计生委‘十二五’规划数字教材”的编写工作，成为人卫社进入数字出版转型升级阶段的重要标志。该项目的启动引领人卫社的数字出版进入深水区，开始触及占人卫社整体营收 60% 以上的教材出版领域，将对国家医药卫生人才培养模式和医学教育模式产生重要影响，是中国医学教育发展史上一个重要的“里程碑”。

为统一品牌、统一平台、统一服务，人卫社将所有数字出版产品和服务整合联通，自主开发了数字出版网站——人卫医学网。在第三届中国出版政府奖评选中，“人卫医学网”荣获网络出版物类提名奖。

二、探索特色数字经营模式 提升数字出版驾驭能力

真正意义上的传统出版向数字出版的转型，首要任务就是把传统业务的核心价值有效地迁移到数字化经营模式中，包括优质内容、核心作者、市场资源、品牌资源、人才资源等。在开拓数字出版业务中，人卫社着力发掘这些核心价值的作用，努力构建新的运营模式和价值链条。

（一）探索管用有效盈利模式

盈利模式一直是数字出版领域的热门话题。在近几年的实践中，人卫社研究学习国内外各种成熟模式和产品，结合国内市场和自身的实际，在尝试探索中不断完善升级，探索出一些可行的经营模式，并取得了初步的市场回报。

专业知识数据库、内容与平台结合的教学系统、在线培训教育、网络增值服务、自有电子书城等是人卫社已经成功运营并进入良性循环的数字出版模式。以此为基础，人卫社正在探索数字教材、在线参考书、在线专业百科、嵌入式数据库、数字传媒、慕课等多种经营模式，这些模式在逐步完善成熟中正日益成为新的数字化服务增长点。

（二）研发适销对路的数字产品

人卫社的数字出版涉及专业、教育、大众三大领域。在专业数字出版领域，主要开展了数据库、在线服务、电子书形式的数字出版；在教育数字出版领域，主要开展了 E-learning、教学资源库、网络增值服务、数字教材、慕课形式的数字出版；在大众数字出版领域，主要围绕健康科普开展健康网站、在线百科数据库和电子书的数字出版方面。

从 2008 年起，人卫社开始涉足 E-learning 形式的医学考试

培训服务。作为国家医学考试中心唯一官方合作出版机构，全面整合资源，搭建了“护士资格考试培训”“执业医师资格考试培训”及“医学职称考试培训服务”平台。几年来，平台和服务不断发展完善，大幅提高考试辅导效果，使考试通过率超越平均水平 30%—40%，深受考生和医学院校认可。至今，平台累计用户 140 多万人，年付费用户 5 万多人。人卫社的“医学教学素材库”于 2010 年推出。该产品整合了人卫社多年积累的、丰富的医学教学资源，构建了资源海量、内容权威、功能实用的数字化教学服务，是一款集优质内容服务与便捷管理服务为一体的数字化产品。至今，该产品已有 100 多家医学院校在使用。该产品的成功运营，标志着人卫社的电子音像业务率先完成了数字化转型。

2012 年，人卫社依托全部专业出版资源，推出了“西医图书数据库”“临床病例数据库”“医学诊疗指南数据库”“临床药物数据库”“医学视频数据库”“医学图表数据库”等系列数据库。数据库包括各类专著 3000 多种、诊疗指南 200 多种、临床病例 5 万多例、专业视频近 1 万段、医学图表 70 多万幅，并且保持持续更新，实现了学术专著的同步出版。数据库系列产品已在多家医院和医学院校使用。同年，人卫社开发了自主运营的电子书架，首先针对海外用户销售中医英文版图书，用户增长迅速，分布于全球 30 多个国家和地区。同时，开发了数种 APP 电子书产品，取得良好效果。

2013 年，人卫社推出“在线参考书”出版平台，将大型图书改造为在线服务。平台支持多种媒体内容拓展、实时更新、书网互动。目前，平台已经上线，相关图书陆续推出。在全面推进图书配套光盘的基础上，从 2013 年起，开发了“图书网络增值服务平台”，从“书盘互动”迈向“书网互动”。增值服务将读者与图书、数字资源一对一绑定，解决了图书内容的局限，掌握了读者的信息，拓展了服务的内涵，促进了图书的销售。同年，人卫社从最核心的教材——“国家级医学数字教材·全国高等学校五年制本科临床医学专业国家卫生计生委‘十二五’规划数字教材”开始，启动了数字教材的开发建设，在不久的将来，将对我国医学教育和医学出版产生深远的影响。

在“人卫医学网”上，人卫社开设了“健康频道”，围绕常见疾病和热点健康话题向大众介绍健康科普知识。该频道已经成为国家卫生计生委官方微博“健康中国”的重要内容支撑，为其提供健康科普内容信息。同时依托人卫社专著资源和数据库平台，通过自有数据挖掘技术，建设了“人卫医学百科数据库”，为公众免费提供医学科普知识。

（三）持续优化人才队伍结构

任何事业的发展都离不开人才队伍的建设。数字出版转型包括了经营模式、产品服务、营销渠道等多方面，但归根到底在于人的转型，在于如何打造一支复合型的现代出版人才队伍。数字出版所需要的人才体系不同于传统出版，不能仅依靠传统出版原生的力量。培养和引进是建立数字出版人才队伍的关键手段。

在长期的业务实践中，人卫社逐步培养了一支由研发、编辑、技术、营销、客服等组成的 50 人的人才队伍，具备了独立自主开展数字出版业务的能力。通过建立机制，引进大量人才，补充自身人才结构的不足，并在业务实践中不断培养，促其积累经验、快速成长。今后，人卫社将加大人才引进力度，持续优化人才结构，保障出版转型工作的顺利开展。

（四）夯实核心技术积累的坚实基础

数字出版来源于技术的推动，其繁荣发展离不开技术的有力支撑。因此，技术是数字出版产品的核心组成，应当成为出版业未来的核心能力。国内外有实力的数字出版企业无不把技术置于重要位置。纵然采购和外包是数字出版产品开发中的常态，但都会有一个边界，即必须做到能够自我掌控，而不是完全依赖于技术公司，技术公司永远只能是业务发展过程中的阶段性合作对象。

在几年的数字出版实践中，人卫社逐步积累了一些自主掌握的核心技术，包括医药学专业词库、中文检索技术、语义分析技术、知识关联技术、内容分类体系、XML 资源加工和复用技术、网站开发技术等。这些积累为人卫社大规模开展数字出版业务奠定了坚实的基础。

三、前景展望：深挖数字化增值服务潜力 谋求迭代持续发展

出版业的数字化转型是一个系统工程，涉及传统出版的各个方面。内容生产和管理的数字化是出版源头的改造，是出版转型升级的核心组成。内容生产和管理的数字化以出版流程再造、内容管理、版权管理、内容复用、精细化管理为主要建设内容，是全面整合出版资源、多向发布数字产品的基础工作。每一个出版社都有自身的核心竞争力，开展数字出版可以首先把这种核心能力延伸到数字经营模式中。只有自主地、完整地开展了数字出版，才能提升对数字出版的驾驭能力；只有具备了一定的实力，才能更有效地开展合作。人卫社认为，要打通数字出版产业链，自主发展，强身健体，应该放在优先地位。

60 多年的发展历史使人卫社在医药卫生出版领域积累了丰厚的资源。面对数字出版的兴起和出版转型的趋势，人卫社将在继续挖掘传统出版潜力的同时，将主业积累的优势延伸到数字出版中，用新的服务手段巩固和扩大用户群体和市场效益，并为数字出版的开展提供强有力的后援支持。具体措施有以下四项。

（一）依托挖掘实现数字化增值

作为专业出版机构，数据库出版是数字出版中成熟的、核心的业务模式，是出版转型拓展中的首选方向，大数据时代的到来，更为数字化增值服务提供无限的可能。要想从数字出版中获得高附加值回报，就必须摆脱电子书库等“纸书搬家”式的原始数字出版模式，充分重视数据挖掘技术和大数据技术，以高用户体验和高用户价值服务于自己的读者。

（二）数字化连通读者用户

传统出版的销售是以产品即图书为基础，通过层层的渠道传递到读者手中，出版社并不能做到对读者的全面准确的掌握。数字出版的销售是以服务为核心，读者都在线上，与出版社的平台紧密连接。这一革命性的变化为出版社掌控自己的读者创造了条件。只要知道用户是谁、在哪里、需要什么，并不断改进自己的服务，就能够将出版产品快速准确地点对点送达，才能大幅提升出版效率。

（三）健康中国的数字化拓展理念

“坚持专业化，拓展多元化”是人卫社“十二五”发展战略的重要内容。“坚持专业化”就是要做强做大做精做优医药卫生专业出版，以此为主阵地，人卫社将围绕“健康中国”的宏伟目标，利用数字化手段，积极向大健康产业迈进，发挥专业优势，拓展新兴市场，扩大核心竞争力。

（四）提供终身持续的数字化服务

人卫社的服务对象是医药学专业人员。现代医药学的发展日新月异，就如同数字出版所依托的信息技术。从医学生、实习医生、住院医师到高级医师，医药学专业人员需要持续不断地学习，才能适应自身工作和职业发展的需要。人卫社将以“根植卫生计生，服务健康中国”为引领，努力打造专业数字化服务平台和体系，为医药学专业人员提供终身持续的数字化服务。

（作者单位：人民卫生出版社）

施普林格数字出版之路

——SpringerLink，技术与内容结合的一种范式

于 成 张大伟

摘要：本文认为 SpringerLink 平台在施普林格的数字化转型中占有非常重要的地位。施普林格在信息技术革命带来的挑战下，正确选择了 XML 及其相关技术作为网络平台的技术基础，生成了成熟的 STM 数字出版模式。SpringerLink 的不断发展和完善，为创造新的盈利模式提供了载体，为建立新的网络平台积累了经验。围绕 SpringerLink 展开的数字出版实践表明，以 XML 及其相关技术为手段建立数字出版平台、提供内容服务，实现了内容与技术的完美结合，是 STM 出版实现数字化转型的有效路径。

关键词： SpringerLink XML STM 数字出版

施普林格科学与商业媒体集团（SpringerScience+Business Media）[1]是全球第一大科技图书出版公司，世界第二大科技期刊出版公司。2012 年，施普林格出版图书 8000 余种，英语学术期刊 2200 余种，年营业额达到 9.81 亿欧元。[2]SpringerLink 一方面为数字化的内容提供了载体，使施普林格在数据库的建设上走在前列；另一方面为创新出版模式提供了平台，在线优先出版（Online First Publishing）、开放获取（Open Access）和专业化定制出版等成熟的数字出版模式得以实现。

数字出版如何实现内容与技术的完美结合？实践证明，SpringerLink 的成功为这一问题提供了一个具有操作性的答案。本文将从内容与技术的相互结合的角度出发，具体分析施普林格如何在传统出版和数字出版之间架起一道桥梁，如何围绕 SpringerLink 生成数字出版的成熟形态。从而为还在数字化转型起步阶段的传统出版提供借鉴。

一、正确应对挑战：选择合适的技术

面对以计算机和网络为代表的新技术的挑战，建立网络平台成为传统出版向数字出版转型的必然选择。在 STM 出版领域，施普林格是最先向数字出版转型的企业之一。早在互联网刚刚开始应用普及的 1996 年，由施普林格开发的全球第一个电子期刊全文数据库 SpringerLink 即正式推出。

施普林格长期以来积累的优势满足了网络平台实现盈利的两个关键条件：一是具备大规模的优势内容；二是具有大量的刚性需求客户。

内容方面，施普林格的内容优势主要体现在以下三点：

（一）规模大领域广。

施普林格从事 STM 出版历史长，出版物种类多，有大规模可供数字化的内容。以 STM 图书为例，电子书回溯数据库（Springer Book Archive，简称 SBA）囊括了 1842 年以来 Springer 出版的 12 万种科学、技术和医学（STM）类电子图书，包含了 21 世纪科研人员需要的关键基础知识。[3] 施普林格在保持优势学科良好品牌形象的同时，还不断通过并购和合作扩展学科领域，壮大自身 STM 出版实力。

（二）高质量。

施普林格 STM 出版物不仅数量多，而且影响大，形成了品牌效应。著名的期刊如《内科医生》，1994 年发行量达到 27500 册。[4] 在施普林格出版史上，多位诺贝尔奖得主在施普林格发表过论文。爱因斯坦的著名论文《狭义与广义相对论浅说》即发表于施普林格旗下出版社 Vieweg。

（三）国际化。

二战后，英语掌握了科技出版的话语权，以德语为主要语言的德国 STM 出版业面临着严峻考验。施普林格在战后的几十年间，将 60 余种世界知名的德语期刊转变为英语出版，同时创办了大量英文期刊。[5] 据 1991 年出版物数据显示，施普林格出版的英文出版物占 60% 以上，65% 以上的书刊外销到全世界。[6]

全球范围内的 STM 出版物的客户都希望站在科学研究的最前沿，对高质量的 STM 出版物有着刚性需求。相对于大众出版商，拥有独特资源的 STM 出版商不需要将精力过多地耗费在说服客户购买自己的产品上，只需基于用户体验灵活地开发出更多商业模式。施普林格的纸质版 STM 出版物本来就具有广泛的国际影响力。在纸质产品很难做到全球覆盖的情况下，网络平台可以使客户更及时、更容易地发现产品。通过提供数字化产品、数字化服务，更多的用户会接触并使用到施普林格 STM 出版服务。

尽管有着内容和需求优势，但对于并非技术型企业的施普林格来说，由于技术以及与技术相关的人才的先天劣势，过早地选择技术、进入数字出版实际上非常冒险。十几年的数字出版实践表明：数字出版新技术发展很快，较早进入数字出版的企业往往让最初选择的技术拖住了后腿，无法跟上新技术发展的步伐；数字出版转型的成功与否不在于起步时间的早晚，而在于是否能选择有生命力的、合适的技术。早在 1998 年，施普林格就开始应用基于 XML 技术的工作流程加工图书和期刊，覆盖稿件接收及编辑加工等各个环节。[7] 例如，外包商对文章数据的处理和排版都基于 XML 格式。外包商将 Word 文档转换成 XML 文档，并在 XML 文档上进行标识工作，排版工作也是对 XML 文档进行自动化的排版。[8]

从目前的实践上看，施普林格选择 XML 及其相关技术作为其网络平台的技术基础，无疑是正确的。施普林格全球收入中已有三分之二来自电子出版物。[9] 那么，施普林格为什么能够既早又准确地选择了合适的技术？笔者认为，施普林格选择 XML 技术绝非偶然，而是经过深思熟虑后作出的决定。

XML 的第一个草案发布于 1996 年，SpringerLink 正是在这一年正式推出。1998 年 2 月 10 日，万维网联盟发布了 XML 的修订版推荐标准。也正是在这一年，SpringerLink 利用 XML 技术实现了在线优先出版。可见，施普林格当时就认识到 XML 技术在数字出版转型中的重要性，因此紧跟 XML 技术构建网络平台。XML 技术也确实没有辜负施普林格的期望，2003 出版的《哥伦比亚数字出版导论》认为：XML 本身，以及相关的用于定义、设计、链接、转换和标注等的标准，为数字出版奠定了技术基础。[10] 那么，XML 技术何以获得出版商的青睐，逐渐成为数字出版的技术基础？

XML（Extensible Markup Language 可扩展标记语言）是一种简单、灵活的标记语言。XML 文档可以很容易地转换为其他格式的文档，如 HTML 网页、PDF 文件、AdobeInDesign 文件、Word 内容资源、Txt 内容资源、E-PUB 电子书、FLASH 流媒体文件等等。XML 技术还支持在网络、手机、电子书和数字电视等各种渠道上的应用。“当 XML 于 1998 年 2 月被引入软件工业界时，它给整个行业带来了一场风暴。有史以来第一次，这个世界拥有了一种用来结构化内容资源和数据的通用且适应性强的格式，它不仅仅可以用于 Web，而且可以被用于任何地方。”[11] 总之，XML 及其相关技术使信息组织方式产生变革：传统出版“一次创建一次使用”的一次性出版流程，转变为“一次创建多次使用”的永久性传播方式，全媒体出版得以实现。因此，我们可以认为，施普林格之所以选择 XML 及其相关技术，是因为它不仅能使出版更有效率、成本更低，而且能够保证公司在相当长的时期内不为基础性的技术问题大伤脑筋，从而使公司得以集中精力利用技术创新运营模式，做好全媒体内容服务。

二、创新运营模式，完善内容服务

（一）XML 技术保证数字优先战略的实施

施普林格提出的数字优先战略，即保证出版内容优先以数字形式出版，同时提供按需印刷，让用户自由选择所需内容的形式。利用 XML 技术，SpringerLink 生成了以下几个成熟的数字出版模式。

1. 数字优先战略的最早实践——在线优先出版

1998 年，SpringerLink 采用了革新的出版方式：在线优先出版模式。在线优先出版平台采用了基于 XML 技术的工作流程，校对出版工作均在线完成，保障了科研成果的及时展示。外包排版商的参与也在很大程度上减轻了编辑的工作负担，为进一步保障文章的学术质量提供了便利条件。在线优先出版使用户在印刷版本出版发行前，在网络上预先获得某些图书和期刊的电子版。这样极大地缩短了科学研究成果从发现到发表过程中所需要的时间，使科研人员能在第一时间了解研究领域的最新成绩，从而加速科研进展，提高科研水平。

2. 开放获取的商业实践——开放选择

开放获取是指向作者或资助者收取费用来收回成本，向读者免费开放文章阅读权限的出版模式。2004 年 7 月，施普林格创建并实施了开放选择项目，该项目提供作者在施普林格大部分知名订阅型期刊中发表开放获取的选项。以开放选择形式发表的文章可供世界各地的读者免费阅读。[12]

3. 按章出版

由于生产内容时以 XML 为技术基础，SpringerLink 上的数字出版物在推向市场时可以灵活安排内容，实现以章为单位的出版模式。在此模式下，用户可以获得更精确、更专业的内容，用户的个性化需求得以更好地满足。

（二）完善内容服务

施普林格在利用数字出版技术创造新的出版模式和盈利模式的同时，依然重视挖掘内容的价值，并继续推行国际化战略，在全球范围内寻找合作伙伴，拓宽用户群。

1. 完善内容：建设海量内容的载体

1996 年 SpringerLink 建立后，施普林格就开始着手将所有新出版的期刊内容数字化；2004 年，施普林格决定将所有发表过的期刊进行数字化转换。现在，施普林格的所有期刊，甚至包括从 19 世纪中期开始出版的任意一期期刊和文章，都可在 SpringerLink 搜索到。2006 年，施普林格开始建设电子书回溯数据库（SBA），现已提前完成。SpringerLink 平台上的海量内容使施普林格从长尾市场中得到收益，大量的“冷门”内容有了增值的机会。除了利用公司历史上的出版资源，施普林格积极寻求新的内容资源。2004 年底，施普林格与克鲁维尔学术出版社合并使用施普林格（Springer）品牌。2005 年，克鲁维尔学术出版社在线 240 万的回溯文献合并到施普林格在线平台 SpringerLink 上。通过诸如此类的资源整合，SpringerLink 内容更为丰富。此外，通过 CrossRef，施普林格的内容可以和其他出版商和图书馆的内容实现互连，不同平台间的跨库沟通大大提高了检索资源的范围。

2. 完善平台功能

为了增强内容的可获取性，施普林格研究用户使用平台的每个步骤，以此作为改进平台的依据。自创立以来，SpringerLink 平台经过多次升级。以 2010 推出的新平台为例，新版 SpringerLink 在原平台基础上加入了根据读者调查选出的新功能，例如，语义链接和强大的简化检索页面。除了对平台自身进行改进外，施普林格积极与搜索引擎公司合作，采用拉动式网络营销策略[13]，以增强内容的可获取性。2006 年 10 月，Springer Link 与 Google 合作，此举使 SpringerLink 下载量有大幅增长。[14]

3. 国际合作出版策略

作为一家全球性的出版企业，施普林格推行国际合作的出版策略。合作模式一般是：合作伙伴在该国国内进行内容的组织、编辑、加工和出版；施普林格提供项目评估、技术支持、编辑培训等服务，协同合作伙伴按照国际标准组织和生产高质量的学术出版物。最终产品由合作伙伴负责该国国内的发行，由施普林格负责全球范围的发行，并以数字形式在 SpringerLink 上供全球用户使用。[15] 这一策略不仅增加了平台的内容来源，而且提高了 SpringerLink 在合作国的知名度。

三、SpringerLink 孕育的新平台

围绕 SpringerLink 平台展开的一系列商业运作，让施普林格在 STM 数字出版领域走在前列。由此可以看出领先的网络平台对于 STM 出版商的重要性。SpringerLink 从起步到成熟，不是单纯的技术创新，而是技术创新与内容完善交互进行的过程。这一过程为施普林格打造新的网络平台积累了宝贵经验。近几年，施普林格不仅仿照 SpringerLink 推出了一系列与 STM 出版有关的网络平台，而且将开放获取出版作为重点经营的对象，建立了独立的开放获

取网站。

（一）SpringerLink 的衍生性平台举隅（内容见下表）

SpringerImages（http://www.springerimages.com/）	图像百科数据库
SpringerMaterials（http://www.springermaterials.com/docs/index.html）	科学、工程领域物质数值数据库
SpringerProtocols（http://www.springerprotocols.com/）	实验室指南
SpringerReference（http://www.springerreference.com/）	科学领域知识库

（二）开放获取平台

近几年，开放获取式期刊市场迅速成长。[16] 施普林格 CEO 德克·汉克表示："开放获取是施普林格一直大力倡导和推动的出版业务。开放获取是因特网革命之后创新商业模式和技术进步两方面的例证。施普林格看到科学家有这种需求，成为最早一批支持开放获取的出版社之一。施普林格也是商业出版社中第一家支持开放获取并允许在订阅期刊中出版开放获取文章的出版商。2008 年收购 BMC 使施普林格成为全球最大的开放获取出版商。目前全球有 10% 的论文是以开放获取形式出版的，施普林格在这个新市场上约占 30% 的市场份额，在传统订阅模式的 STM 出版市场施普林格占约 10% 份额。相比之下，施普林格在开放获取出版领域的优势更明显。未来施普林格还将继续大力支持开放获取出版。"[17] 截至 2013 年，除了 SpringerLink 内嵌的开放选择项目外，施普林格还为作者提供 SpringerOpen、BioMed Central 等开放获取平台。

结　语

如果说传统出版只有内容变量，那么数字出版除了内容变量，还有技术变量。因此，传统出版模式向数字出版模式转型的过程中，技术选择及利用是关键。施普林格正确的技术选择证明，数字出版转型的成功与否不在于起步时间的早晚，而在于是否能选择合适的技术。以 XML 及其相关技术为基础展开的网络平台建设，使新功能得以开发和使用，新的商业模式得以确立。

施普林格尽管一直非常重视信息技术，但并没有忘记自己作为内容供应商的角色。德克·汉克认为：“我们应当把技术作为可以使用的工具，来帮助出版社成为科技内容供货商和数据库出版商。施普林格要利用 IT 技术来保证服务的灵活性并增强客户体验，在这一点上离不开技术。但是施普林格不希望成为一家软件公司，虽然施普林格有许多的工作流程工具，但这是为服务读者和作者的，并与内容相辅相成的，所以施普林格会提供这些软件和工具，但它们本身不能成为产品或商业模式，而是帮助我们提供服务。”[18]

如果没有海量的内容和对内容的大量需求，SpringerLink 平台会面临无米下锅的局面。作为 STM 数字出版实践的试验田，SpringerLink 成功之处在于以技术为手段实现了提供内容服务的目的，从而将内容与新技术完美地结合到了一起。

在数字化浪潮中，只强调内容与技术这两个变量中的一个，无法形成数字出版的基本架构；只有把握好内容与技术相互结合、相互渗透的关系，才可能成功地向数字出版过渡。

SpringerLink 通过更新生产流程，实现了一次创建多次使用，提高了内容生产速度，降低了生产成本；通过完善内容服务，大大提高了用户获取内容资源的效率和精确度。SpringerLink 的经验表明，以 XML 及其相关技术为手段建立数字出版平台、提供内容服务，是 STM 出版实现数字化转型的有效路径。

参考文献

[1]2003 年 10 月，贝塔斯曼施普林格（Bertelsmann Springer）更名为施普林格科学与商业媒体集团（Springer Science+ Business Media）。施普林格大事年表（Chronology）参见：http://www.springer.com/about+springer/company+information/history/?SGWID=0-175807-0-0-0.

[2]http ://www.springer.com/about+springer /company+information/key+facts?SGWID=0-175806-0-0-0.

[3][9][17][18] 渠竞帆 . 施普林格多措践行数字出版 [N]. 中国出版传媒商报，2013-9.

[4] 戴利华，主编 . 国外科技期刊发展环境 [M]. 社会科学文献出版社，2007（153）.

[5] 王英雪，陈月婷 . 德国科技期刊运行机制和发展环境 [J]. 图书情报工作，2006（3）.

[6] 陆本瑞，主编 . 世界出版概观 [M]. 中国书籍出版社，1991（162）.

[7] 邢明旭 . 创新让世界更美好——访施普林格科学与商业媒体集团行政总裁德克 · 汉克 [J]. 出版人，2013（10）.

[8] 彭玲 . 改进学术期刊出版流程，加快我国期刊数字化进程 [J]. 数字图书馆论坛，2009（8）.

[10] 卡斯多夫（Kasdorf, W.E）主编 . 哥伦比亚数字出版导论 [M]. 苏州大学出版社，2007（57）.

[11]Jeffrey Zeldman.Designing With Web StandardsSecond Edition 转引自 http://www.w3school.com.cn/x.asp.

[12] 选择在施普林格开放获取发表 . http://www.springer.com/open+access?SGWID=8-169302-0-0-0.

[13][15] 代杨，俞欣 .Springer ：从传统出版向数字出版跨越的策略分析 [J]. 出版发行研究，2008（10）.

[14] Peter Hendriks.STM Publishing in a Changing World，2007.9.www.siia.net/giis/2007/ppt/hendricks.pdf.

[16]http://conference.ub.uni-bielefeld.de/programme/presentations/Weinheimer_BC2012.pdf.

（作者单位：复旦大学）

互联网出版的三种新业态

任　健　郭杨潇

摘要：在竞争环境日益复杂多变的互联网时代，依托新型信息技术以及跨平台、媒体间的融合与协作，对网络技术与出版物内容生产、营销进行创新融合，成为互联网出版产业在媒介融合背景下探索转型的新态势。本文在对众筹出版、众包出版及淘众式出版三种新型互联网出版模式的运作业务模式进行分析的基础上，探讨了新型互联网出版模式的组织边界扩展性、内容生产者背景多样性、社群粉丝参与性和消费者需求紧贴性的特征，并对相关规制不健全、互联网出版平台建设未完善、出版物内容质量保证困难以及合作模式单纯采用能力分包的方式，知识联盟尚为雏形等问题进行了深入分析。

关键词：互联网出版　众筹出版　众包出版　淘众式出版

在数字时代的冲击下，出版社的传统生产模式近年面临着巨大的市场压力。在日益复杂多变的生存环境下，传统出版社亟需在与数字资源的合作中寻找新的生存模式。随着互联网及信息通信技术的迅猛变革和核心技术的逐渐成熟，出版商纷纷将视线转向了互联网出版模式的探索。根据《互联网出版管理暂行规定》的定义，“互联网出版，是指互联网信息服务提供者将自己创作或他人创作的作品经过选择和编辑加工，登载在互联网上或者通过互联网发送到用户端，供公众浏览、阅读、使用或者下载的在线传播行为”。[1]

随着近年来电脑和智能手机核心部件的成本快速下降，高性能、低成本功能模块的大规模生产使得网络社区所赖以生存的用户终端价格越来越平民化，用户的网络使用成本也在不断下降。在此背景下，社会化软件和网络平台成功吸引了大量用户的参与其中进行着知识内容的生产与分享。而这种基于互联网的网络化结构的社会化组织与生产力量，则为传统出版业探索互联网出版的新型内容生产及发行模式，为促进各类媒体间的融合以及出版行业生产方式的转变提供了强大的推动力。

一、互联网出版的基本态势

现今的国家政策和监管机制都为出版业开发互联网环境下的内容资源和潜力市场提供了广阔的创新空间和盈利机遇。2014 年 8 月 18 日中央全面深化改革领导小组的第四次会议上，习近平主席强调了传统媒体与新兴媒体融合发展、聚合互动的重要性。在传统媒体与新媒体的融合过程中，全国政协 2014 年 5 月 7 日召开的双周协商座谈会强调了在传播方式之外，通过新机制挖掘新媒体的“造血”功能和盈利能力的重要性。随着互联网技术的发展，知识流动的技术障碍逐渐减少，这为出版业跨越媒介和行业壁垒组织知识生产和知识服务创造了条件。豆瓣、网易等网络阅读平台和移动端的发展也为互联网出版物提供了更加有效的展示和推广平台。诸如 360 公司与京东众筹平台跨界合作的《周鸿祎自述：我的互联网方法论》、中信出版社与译言网基于众包模式出版的《史蒂夫·乔布斯传》中文版和知乎网联合中信出版社出版的淘众式出版产品《创业时，我们在知乎聊什么》都是在文化的“全面深化改革”之际，出版业借势“信息消费”这一国家战略发挥创新精神，通过媒介融合不断探索新型的互联网出版方式，在互联网出版这一新产业发展中争得先机的典型代表。在全民族文化创造思路中，群众作为创造主体被赋予了高度重视，网络媒体中由海量网络用户聚合形成的“大众生产力量”和“社会化组织力量”也日益引发互联网出版新模式开发的思考。

二、互联网出版的三种新业态及其业务模式

现代信息技术和社会化媒介工具的发展，对整个出版产业环境产生了巨大影响。基于数字技术和互联网为核心，新型出版模式不断出现，其中众筹出版、众包出版和淘众式出版成为国内目前市场化运作最见成效的模式。三种模式代表了以开发互联网中社会化的组织力量与生产能力为特征的新型互联网出版业态，而分别又从不同的生产方式和组织形式角度入手，各自探索出了独具特色的运作路径。

（一）众筹出版

1. 基本业务模式

基于互联网络和社会化媒体产生的商业模式众筹（Crowd-funding），是指利用互联网等新媒体平台面向公众的募资活动。而随之出现的众筹出版，则是一种通过众筹网站为出版项目进行公众募资的互联网出版模式，目前业内主要以回馈众筹和捐赠众筹为主要形式[2]。众筹出版作为在网络时代基于社交化媒介平台对于传统出版生产与消费模式的创新突破而广受国内外关注。近年来，海外已出现专业众筹出版的网站，如美国的 Fan Funding 和在英国创立三年即成功融资 120 万英镑的 Unbound 等。而国内现有的出版众筹项目多集中于综合性的众筹平台，如众筹网、追梦网、中国梦网等，尚未出现针对出版项目的垂直类众筹平台[3]。据统计截至 2015 年 5 月，众筹网作为国内最大的众筹平台，成功实现

众筹的出版项目已达 85 个，数量在该站所有门类中位列第 5，其中单个出版项目最高实现募资 127 万余元。

众筹出版基于社会化媒体平台——众筹网站，以出版物“预购”或其他服务回馈等方式，使网络用户可以通过提供出版资金的方式等多种方式主动地加入到出版物的生产和流通过程的创新互联网出版模式[4]。通过生产过程和消费过程中跨媒介平台的交融协作，为出版产业转型提供新思路。

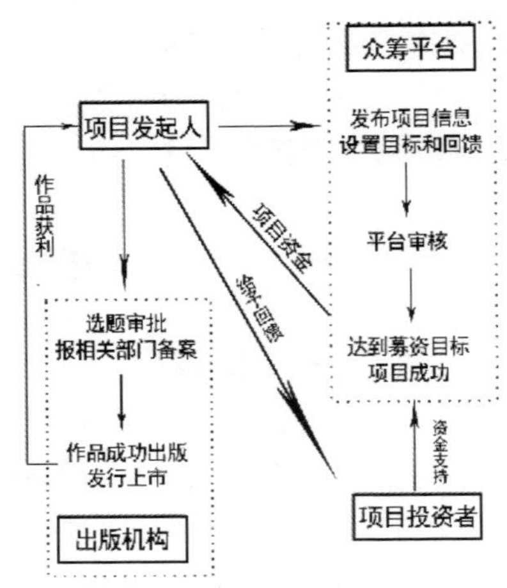

图 1　众筹出版的运作流程

2. 众筹出版的运作流程

（1）业务流程

众筹出版的运营模式是将投资、创意和慈善相结合，将出版物的内容生产和市场流通环节相联通的新型出版模式。作为目前众筹出版主流形式的回馈众筹模式，其基本运作流程可分为三个阶段，首先，由项目发起人在众筹平台上以文字、图片或视频等多媒体方式发布其欲出版作品的创意、内容介绍、作者资料等相关信息，并设置一定的众筹资金目标额和相应的资助标准或条件，在自定时间内向公众进行募资。若在规定时间内获得的资助总金额达到最终目标金额，则该出版项目便可实现立项，项目发起人可得到所募资金作为其作品的出版费用。其次，由项目发起人与出版机构联系，通过审批和备案后进入作品的出版和宣传推广流程，最终形成合法出版物形式进入市场流通程序。最后，由项目发起人按照其最初在众筹平台上的回馈约定向提供资金的用户兑现相应承诺。

（2）众筹出版的主体关系

众筹出版模式类似于产业平台和创业孵化器，在这个运作流程中四大主体：项目发起者、众筹平台、出版机构和项目投资者，通过众筹模式将原本在传统出版社架构下的整个出版流程包括出版资金来源、内容策划及生产、受众调查、媒体推广、出版物编辑、印刷及出版发行等环节进行分发，并实现各主体的有机联系。

首先，在众筹出版的运作链条中，项目发起者负责规划和设计出版项目，并利用众筹平台向公众展示项目信息、进行项目推广以获得网络用户的关注和资金支持。此外，负责项目作品的创作与出版，并在项目完成后按事先承诺向投资用户兑现承诺的回报。其次，众筹平台在整个项目运作中担任渠道提供者和众筹活动管理者的角色，以收取渠道费为条件担负众筹规则的制定与解释、项目的审核、项目信息发布、项目执行情况、回馈兑现的监督职责，同时为项目发起者和平台用户提供相关的配套服务，如网站内外推广、设计包装等服务。再次，由平台用户所组成的项目投资者则可在观看发起者提供的相关信息后以自主自愿的形式选择项目、参与投资，并在项目成功完成后享受发起者所承诺的回报。最后，出版机构则作为出版方与项目发起者以合约形式洽谈出版、发行等费用，为项目发起者提供出版物的书刊号及编审、制作和发行服务。

与传统出版模式不同，在众筹出版模式下，出版物选题及作者沟通等任务皆由作者，即项目发起者自行完成。而原本由编辑承担的出版内容筛选、立项的“把关人”角色则由网络用户即出版物受众直接担任，受众拥有了在出版物生产源头上的主导权。相较于以往通过由出版社组织的传统读者调查、反馈机制而言，众筹出版模式可以更及时、有效地实现出版物为读者需求服务。

（二）众包出版

1. 基本业务模式

“众包”（crowd sourcing）一词由杰夫·豪（Jeff Howe）于2006年在美国《连线》杂志中提出，描述了一种以网络在线和分散生产的方式聚合大众力量解决问题的模式。2010年开始，作为新兴的互联网出版模式，众包出版在出版界日益普及。与以募资为目的众筹出版不同，众包出版着力于将网络中的社会化生产力量聚集到出版的编辑、制作和宣传推广等各环节。不同于以雇佣关系为本质，强调专业性、非核心竞争力部分的以组织间为主要合作形式的外包模式，由于以共创价值的理念为核心，众包出版模式聚合了来自整个互联网的、身份各异的用户们跨专业参与出版项目的内容生产、创意与合作[5]。通过挖掘隐藏在网民中的巨大潜力，众包出版在协作中生产出更多更好的创意内容和价值。

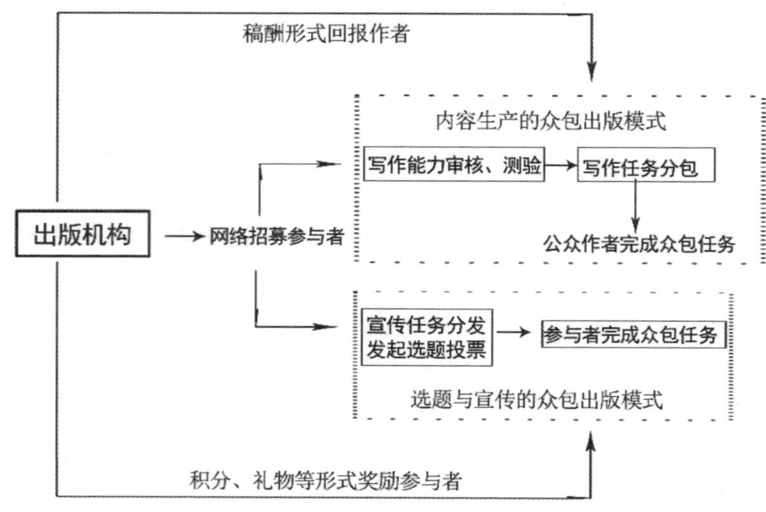

图2　两种众包出版模式的运作流程

在知识经济时代，面对由互联网和信息技术发展所带来的社会化生产中大规模且快速的内容生产需求时，以自由自愿的形式将生产任务分发给非特定的、通常数量较多的网络大众的众包出版模式，利用聚合社会各界的生产力量完成内容生产任务，缓解了出版社有限人力与海量内容和创意生产缺口间的矛盾。

2. 众包出版的运作流程

（1）业务模式

现有的众包出版模式主要包括两种形式，一是作品内容的众包生产，二是以众包形式进行作品选题和宣传推广。

① 内容生产的众包出版运作流程

作品内容的众包生产模式是基于互联网技术支撑由出版社面向遍布网络、世界各处的公众进行参与者招募，再通过测试等筛选方式选择合适该作品的社会内容生产者，出版社将内容生产任务发包给这些参与者，并以现金报酬或其他奖励的方式作为内容生产的回馈。以赵大伟主编的国内第一部系统阐述互联网思维的著作《互联网思维“独孤九剑”》为例，该书稿撰写和修订皆是在赵大伟主持下由六十多位“众包”作者和编辑合作完成，最终由机械工业出版社完成编校、出版和发行工作。

此外，2011 年 10 月 24 日，由中信出版社出版的《史蒂夫·乔布斯传》中文版的众包翻译模式也成为众包出版模式成功运用的典例。2011 年 4 月，中信出版社和美国出版商签订了相关协议，获得了这本书的中文版权后将翻译任务委托给东西网和译言网，以众包的方式完成了《史蒂夫·乔布斯传》的翻译任务。此次众包出版首先在全球范围内进行翻译人员网络招募，并在一周之内召集到超过 400 名翻译志愿者。之后由东西网和译言网对应征志愿者进行了翻译经验、语言风格、对苹果产品了解程度和工作时间等方面进行审核筛选，筛选出的 20 名志愿者通过对翻译能力的三轮测试，最后选定 4 名志愿者作为《史蒂夫·乔布斯传》中文版的译者。4 名“众包”译者采取分工合作的方式，在一个月的时间内完成了 50 万字共 41 章的翻译工作。最后，由中信出版社组织的审校专家队伍和东西网、译言网的编辑进行审校编辑工作，如期完成《史蒂夫·乔布斯传》中文版一书，此书在 10 月上市之初便突破了百万册销量[6]。

在内容众包生产的新型模式下，作为出版流程主体的出版社由原本的内容生产者转变为了“项目主持者”和“监督者”的角色，通过开发公众的社会生产能力实现生产效率、技术开发和创新能力的提高。

② 选题与宣传的众包出版运作流程

在作品选题和宣传推广方面的众包出版模式的运作流程是将网络公众聚合到出版的制作、宣传推广等各环节，通过具有强影响力的社交媒体达人为出版物进行更有效和广泛地传播。

首先，在决定选题是否立项上，由出版方提供平台将作者的作品向网络公众进行发布，以网络公众投票的方式决定该作品是否予以出版，并通过网络评价对作品的走向和内容进行修改。如亚马逊的众包出版平台“KindleScout”项目，其将收到的英语书稿发布于平台上并收集读者评论，若书稿获分高则 KindlePress 可予以出版并于作者签订 5 年且可续签的合约并预付 1500 美元的实体书版税。此外，该书后续还可能开发电子书、有声书形式并译成多种语言出版，为作者带来更多版税[7]。

其次，在宣传推广环节，出版社通过向读者分发宣传任务并在完成任务量后以积分、实物或服务的方式进行回馈，使出版物进一步融入社交媒体，扩大影响范围。如美国 Entangled Publishing 出版社，其向给粉丝读者们分发通过社交媒体宣传出版物的任务，任务完成后赠予该读者积分以兑换图书[8]。在社交网络时代，口碑营销与影响力大V的传播力也为出版社探寻了一条新型的宣传、推广路径。

作为两大业务主体，出版社负责内容生产、编辑出版任务，社会公众则承担起出版物的选题决策和宣传推广责任，由读者选出并参与推广的作品在面市之前便拥有了更好的市场接受度和影响力。

（三）淘众式出版

1. 基本业务模式

“淘众式出版”即基于资源互补性和特殊能力贡献的考虑，以社会化内容生产方式运作的知识型网络社区，凭借其海量内容资源优势与拥有专业出版、编辑技能优势的传统出版社以“UGC+PGC+OGC”为生产模式，对UGC+PGC模式下生产出的碎片化网络内容资源进行筛选、提炼，通过组织、编辑和审校等出版过程将其中的高质量内容资源制作成出版物形式的新型互联网出版模式。由知乎网与中信出版社合作出版的《创业时，我们在知乎聊什么》，知乎网、雪球网与浙江出版集团数字传媒有限公司（以下简称“浙版数媒”）合作编制的电子杂志《知乎周刊》和《雪球专刊》，皆采取了这种专业出版机构与知识型网络社区跨媒体合作的“淘众式”出版模式。

由于社会化媒体的广泛普及，大量用户加入了传播者队伍，内容生产开启了“社会协同化生产”模式。知乎等知识型网络社区基于社会化协作的“UGC+PGC”内容生产机制形成了传统出版模式所无法企及的海量内容资源优势。但即便在数字媒体时代，对于一本出版物来说“内容”仍是其根本，因此出版社专业出版能力的价值仍不容小觑，如杜子健所说，在这个网络传播时代，每一个公司都应该去聘请一个杂志总编来做他们的网络部总管。因此，在知识型网络社区整合用户优质内容试水出版业的过程中，传统编辑人员凭借其多年工作积累下的在选题、组稿、编辑和审稿等专业出版过程中的能力优势争得新的生存机遇。淘众式出版模式中知识型网络社区作为内容提供方存在，而出版社则作为出版方负责对网络内容资源进行筛选、编辑并制作成出版物发行。在弥补知识型社区网站从海量的信息中筛选高质内容、确保可信性以及编排、制作和发行等方面的技能短板上为传统出版社寻到无可替代的用武之地。

淘众式出版模式降低了用户在网络资源中对所需信息的查找成本，为克服海量内容资源与用户有限的网络社区使用时长间的矛盾提供了解决方案。此外，一方面实现了知识型网络社区知识资源的价值再开发和内容再利用，另一方面，为以“内容”为本质的传统出版社提供了高质量且适应网络时代下读者阅读习惯的内容资源，也为传统出版探索转型提供了新的思考路径。

2. 淘众式出版的运作流程

国内现有的淘众式出版模式有两种基本合作形式，第一种，是由知识型网络社区根据话题热度确定选题并提供丰富的内容资源，出版社作为出版方承担内容的编辑出版任务，并提供书号最终形成合法的实体图书上市发行。例如 2014 年 1 月，由知乎网联合中信出版社出版的《创业时，我们在知乎聊什么》一书，此书作为业内先行的淘众式出版实验，由聚集了中国互联网上科技、商业、文化等领域里精英人群的国内最高质量的知识型问答社区知乎，作为内容提供方，以 500 万知户用户的支持率为筛选标准，集结了知乎网站三年内创造的 400 多篇创业类精华问答内容，并邀请知名创业者补充。由中信出版社作为出版方进行实体图书的编辑出版与发行工作。作为内容生产者的知乎用户则收到以 300 元 / 千字的计算方案支付的现金或赠送《创业时，我们在知乎聊什么？》典藏版作为稿酬。此书上市之初便在亚马逊平台多次断货，受到大量知乎用户及创业者的追捧，借助知乎社区的内容资源、品牌影响力等母巢优势和中信出版社的专业出版能力，此书成了淘众式出版的一次成功尝试。

淘众式出版的另一种运作模式是由知识型网络社区对社区内产生的内容资源进行筛选、编辑后，利用出版社提供的电子书编辑出版平台制作为电子杂志形式交付各大数字阅读平台提供给读者。

以知乎网与浙江出版集团数字传媒有限公司（以下简称“浙版数媒”）合作制作的《知乎周刊》为例，作为探索知识型网络社区产品衍生的起步，由定位于高质量讨论社区的问答形式社交网站“知乎社区”主办的《知乎周刊》，基于知乎社区用户协同创作的丰富内容资源，由知乎工作人员和志愿者团队合作从知乎社区每日产生的大量 UGC 资源中精选高质量的回答内容，通过组织、编辑、审校等过程，利用浙版数媒的电子书编辑出版平台“本唐”，将电子内容自动生成电子书文本，以电子杂志的形式交给亚马逊、多看阅读等 7 家数字阅读平台运营商免费提供给读者[9]。在知乎社区的全力运营下，《知乎周刊》通过丰富的高质量内容资源支撑和各家阅读网站 APP 的技术支撑获得了众多好评和关注。根据 2015 年 3 月亚马逊网站发布的 kindle 电子杂志新阅销售排行榜的最新数据显示，在 kindle 排行榜的前二十位中有十六位为《知乎周刊》（见表 1），而在 2014 年公布的亚马逊 kindle 全年免费书排行榜中，前 10 名里《知乎周刊》占据了五成席位。此外根据豆瓣网和多看阅读截止 2015 年 3 月公布的数据，《知乎周刊》位于豆瓣阅读免费杂志销售排行榜的第二位和多看阅读免费电子书阅读榜中的第 21 位。依托知识领域内用户数量、忠诚度和活跃度都颇高的网络论坛“知乎网”为母巢，《知乎周刊》已成为基于社会化生产的内容资源制作的电子期刊的典型代表之一。

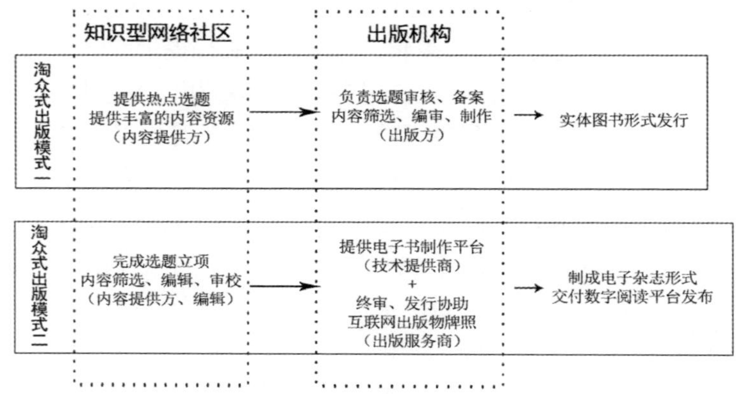

图 3　两种淘众式出版模式的运作流程

在这种淘众式出版模式中，出版社主要担任技术提供商和出版服务商的角色，除了提供电子出版物的制作技术平台外，还担负部分出版物终审、互联网出版拍照提供及协助发行的职责。而内容提供和绝大部分的编辑加工任务则转由网络社区负责，阅读网站则担负起发行方的角色。这种由出版机构提供出版物制作平台的合作方式，为网络社区更便捷有效地对社会化生产机制下创造出的内容资源进行整合和价值再利用，提供了有力的技术支持。但在这种合作模式下产生的《知乎周刊》、《雪球专刊》和出版社的合作仅停留在制作为电子杂志形式的技术平台上，而未进一步获得合法刊号，且在内容编辑上受限于社区工作人员和志愿者的专业限制，仅是对用户回答内容的简单整理而在编辑能力上略显不足。因此，这种产品尚不能称之为一本合格、合法的出版物，这一点也对未来的合法发行和盈利造成了阻碍。而在第一种淘众式出版模式中如《创业时，我们在知乎聊什么？》一样与出版社合作取得合法书刊号、由出版机构提供编辑出版能力的方式便存在一定的参考价值。

通过跨平台、媒体间的相互协作和融通，众筹出版、众包出版和淘众式出版所表现出的在注意力经济下将网络技术与出版物生产、营销进行融合的创新精神，成为媒介融合背景下互联网出版业生产模式和消费模式转型的新态势。三种模式虽都是基于网络连通性所带来的社会化力量，但其在生产方式和出版业运营主体的角色上各有异同。（如图 4）

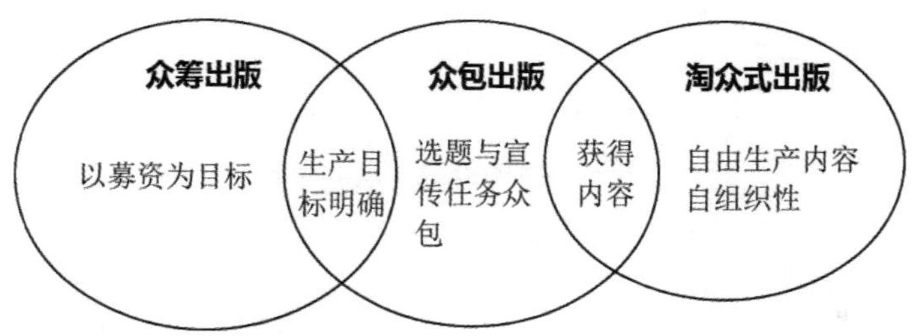

图 4　三种互联网出版模式的对比

众筹出版与众包出版皆是一种有组织，有明确目的性的运作模式，网络平台为某一特定项目召集和管理网络用户的投资、传播和内容生产行为。而与二者不同，淘众式出版模式的内容生产过程相对更加自由。在淘众式出版中，如知乎、维基等网络社区在用户们的内容创造过程中并未为其规定好特定的内容主题，而是依托网络的自由组织性，在自由讨论中产生的大量话题并围绕其自发地进行内容生产。而网络社区、出版商在其中主要承担在海量信息中筛选、编辑和制作出版物的职责，而非创作目标的设定者。在最终目标上，众筹出版主要以筹集资金为目标，内容生产者仍为发起项目的单一或几位专职作家担任。而众包出版一方面与淘众式出版模式一样，其目的都在于通过网络平台聚集来自各地的分散生产力量，形成了更快速和海量的内容生产优势。另一方面，众包出版还采取将选题决策和推广宣传的任务分包给公众，通过开发大众的社会生产能力不仅实现生产效率、技术开发和创新能力的提高，也使得出版物选题更加适应消费者需求。

三种互联网出版形式虽在筹集目标和组织行为上采用了不同路径，但其最终都需通过与传统出版社合作，借助其出版发行能力形成合法出版物。依托互联网的社会组织潜力和传统出版业的出版发行能力的跨界融合，实现新型的互联网出版形式。

三、互联网出版的新特征

（一）组织边界扩展性

三种新型互联网出版模式皆基于提供开放式的平台参与理念，在这种新型出版模式下，互联网出版再不局限于传统出版模式中面对的大多是出版组织与作家个人或宣传、发行等机构间的合作关系，出版社的组织边界只是延伸到有限的其他组织中去的状况，而是打通了出版商、作者、读者之间的边界，为三者建立更有效的联系渠道。在新型互联网出版模式中，公众之于出版组织，从原先单纯的出版物消费者，摇身一变成了生产者、投资者与消费者的多重身份叠加。以资源互补的合作方式将整个出版流程中的组织外沿向外扩张至出版社、网络社区和数字阅读平台运营商。

（二）内容生产者的背景多样性

与传统的组织职业作家、行业专家生产内容不同，新型互联网出版模式在合作的基础上依靠来自各行各业的草根志愿者进行内容生产。新型互联网出版模式依托的网络社区平台，由于网络媒体平台和信息技术的迅速发展，近年来吸引到各类职业、各种领域中极具创造力的精英网络用户群的参与，这种模式中利用群体智慧的多样化优势打破了专业和职业的门槛，充分尊重“业余爱好者”的专业能力。不仅使得出版社得以更加迅速、低成本的完成内容生产、宣传任务，也为拥有一定专业背景的志愿者提供了实现自身价值，获得心理满足及凭借自身能力取得报酬的机会。

（三）社群粉丝参与性

不论是众筹出版、众包出版还是淘众式出版，这种基于社会化组织力量的新型互联网出版，其成功运作的重要条件是其出版项目的发起者或网络平台具有强大的号召力和凝聚力，能吸引到足够多的网络用户投身其中积极参与内容生产和投资等活动。

根据中国传媒大学协同创新中心新媒体研究院徐琦和杨丽萍所提供的 2014 年我国众筹出版行业数据显示，知名人士凭借其社会影响力与筹资号召力，在众筹出版项目的成功率和筹资总额方面都明显高于普通个人发起者[10]。此外，由于淘众式出版中内容资源的提供方主要是大型的知识型网络社区，其拥有的大规模用户流量、美誉度和品牌忠诚度的母巢优势为淘众出版物提供了稳定的内容来源和销售市场。

（四）消费者需求紧贴性

与传统出版模式不同，在新型互联网出版模式下，原本由编辑承担的出版内容筛选、选题立项的“把关人”角色由网络公众即出版物潜在消费者直接担任，消费者因此拥有了在出版物生产源头上的主导权。相较于以往通过由出版社组织的传统读者调查、反馈机制而言，这种互联网出版模式由网络公众自发投票、交流，甚至资金支持的方式表达出消费者对该选题的需求和兴趣。消费者的行为将直接决定一个选题或内容资源是否被出版以及作品内容和走向的修改，这种更及时、切合的实现出版物紧贴读者需求的出版模式，可以有效提高受众的参与感和认同感，最终获得消费者的支持。

四、新型互联网出版模式的问题

(一)相关规制不健全，导致各方利益难以得到有效保护

作为新型的出版转型模式探索，众筹出版、众包出版及淘众式出版的相关法律和行业规制尚不健全且完善的监督制度也未形成。

以众筹出版为例，首先，在对投资方的保护上，未有对项目发起人关于信息告知义务和审核的成文规制，因此对于项目投资公众而言无法保证项目信息的真实，因此具有一定的投资风险。而对项目进展、效果以及资金使用情况也缺乏一定的评价、监督和公示规定。其次，对项目发起者的权益保护上，项目发起者在网络上公布其创意提案后，在开发网络环境中由于知识产权的相关保护体制缺乏，因此当其创意被剽窃或模仿后而难以得到有效保护和损失的追偿。

此外，由于内容生产是基于虚拟网络环境中，因此在缺乏监管的状态下众包出版和淘众式出版的发起方在利益分配上存在偷漏的可能性。

因此，政府部门和新闻出版专业部门加快相关立法成为亟需解决的问题。在此方面可借鉴国外已有法律对相关行业的规范，例如 2012 年美国颁布的对众筹模式相关运营机制、法律责任等进行规定的《创业企业融资法案》，以加强法律对新型出版行业的管理，完善信用体系和保证相关法律保障，从而促进新兴创业型企业的发展。

(二)互联网出版平台建设未完善，导致网站用户流量不足，因而限制新型出版模式的实施与推广

本文所提及的三种新型出版模式，尽管在组织主体、目的上各有不同，但其共同特点皆在于“众”，即对用户量的要求非常

高。而国内网络众筹、众包和淘众出版整体处于起步阶段，大多数运作平台的流量建设、市场定位和功能设置尚不完善。以 Alexa 排名为例，截至 2015 年 5 月，国内最大的综合类回报型众筹平台众筹网其全球网站中排名为 155,792，三月内日均 IP 为 6,000，日均 PV 为 18,000。国内知识型网络社区代表知乎的全球网站中排名为 228。三月内日均 IP 为 12,330,000，日均 PV 为 73,980,000。国内目前众包翻译最成功的译言网其全球网站中排名为 24027，三月内日均 IP 为 207000，日均 PV 为 414000。而全球网站中排名为 15 的社交网站新浪微博，其三月内日均 IP 达 140,850,000 日均 PV 为 704,250,000 。因此，从数据上来看，三种新型出版模式所依附的网络平台其用户量尚不能称为足够“众”，也不足以与传统出版社的读者群相较，而用户规模有限的平台问题将直接影响到新型出版模式的实施与推广。

此外，由于平台管理和引导机制不完善，国内目前的成功立项的众筹出版项目多为知名人士或大型出版机构发起，甚至包括部分已完成选题立项准备进入出版流程的作品，这些发起者本身并非缺少资金，而是将众筹模式作为一种新鲜的宣传和预售渠道，偏离了众筹出版的最初理念而逐渐被转变成另一种形式的电商平台 [11]。因此推进众筹平台、众包网站及网络社区的建设，从完善平台服务功能、提高社交黏性、增加用户参与感、积极引导理念等方面进行用户引流，或可为新型出版模式的发展奠定平台基础。

（三）内容提供者背景多样化，导致出版物内容质量难保证

在众筹、众包和淘众式出版模式下，由于其内容提供者的低门槛性和背景多样化特征，一方面为出版机构拓宽了作者源，为一些未获得出版机构选题支持，或无法单独完成整部作品创作的网络公众提供了参与内容创作的机会。但另一方面也使得作品内容质量难以保证。例如在众筹出版模式中，项目发起者仅靠简短

的项目信息介绍筹集资金后便可以联络出版机构进入书籍传播流程，而未经正规出版机构的选题和作者审核流程，其真实写作能力难以理解，选题的价值性虽符合了受众需求，但对于整体新闻传播业界的宏观方向掌控造成一定的困扰。而众包和淘众出版的作者与出版社经过长期合作检验后的作者和专业人员不同，其低成本和低门槛也为作品的内容质量埋下隐患 。其次，由于众包和淘众出版的创作人员数目较多，也使得作品的整体风格、内容一致性上变得难以掌控。

因此，完善新型出版模式在项目立项和内容创作过程中的前期审核、各方沟通以及成果审核机制尤为重要。此外，针对用户采取分类化管理和引导。

（四）各主体采用单纯能力分包方式，知识联盟尚处于雏形阶段

知识联盟是一种企业间建立的知识创新联合体，在知识联盟中，联盟成员不仅可以通过知识资源的互补创造出单个企业无法产生的内容数量，还可以获得单纯市场交易等方式无法获取的经验、能力等隐性知识资源[12]。

在新型互联网出版模式下出版社、网络社区和数字阅读平台运营商以资源互补的合作方式，利用各自的显、隐性能力优势形成一条知识资源共享、转移、再利用的产业链，并具备跨媒体融合建立知识联盟的雏形特征。但目前的新型互联网出版模式尚停留在以网络平台为主体，各主体间进行单纯能力分包的形式。

因此，立足于知识联盟视域进一步探索合作方式，通过优化联盟成员间的学习机制和信任关系、开发信息系统提高企业间信息互动效率、设置知识转移的激励机制，来实现知识资源或技术能力在联盟主体间的有效流动[13-15]。通过资源置换和知识的分享与学习，从联盟成员的知识网络中获取显性和隐性知识能力以最

终实现知识资源持续创造，增强自身的核心竞争力，促进互联网出版业深化改革。

未来新型出版模式的发展方向，一方面要着力于自身平台和产业规制的发展，另一方面则要着力于促进传统出版模式与新型出版模式的融合，深度了解读者需求，勇于创新生产机制，实现出版行业在互联网时代的成功转型。

参考文献

[1] 中华人民共和国新闻出版总署，中华人民共和国信息产业部. 互联网出版管理暂行规定 [Z]. 中华人民共和国国务院公报，2003（8）:44.

[2] 沈阳，周琳达. 中国众筹新闻的萌芽之路 [J]. 编辑之友，2014（3）：65–68.

[3][4] 徐艳，众筹出版：从国际实践到国内实验 [J]. 科技与出版，2014（5）：10–13.

[5][6] 代梦颖 .Web2.0 时代众包翻译模式在图书出版中的应用分析 [D]. 郑州：郑州大学，2014.

[7][8] 江岳. 众包：书企出版新模式？ [N]. 中国出版传媒商报，2014–10–21.

[9] 张兴刚. 中文问答社区信息传播机制研究 [D]. 上海：华东师范大学，2010.

[10] 徐琦，杨丽萍. 大数据解读国内众筹出版的现状与问题 [J]. 科技与出版，2014（11）:14–20.

[11] 沈利娜. 一场试探图书市场反应的出版营销秀——2013 国内众筹出版的现状与问题 [J]. 科技与出版，2014（5）：8–10.

[12]Patricia M. Protecting Knowledge in Strategic Alliances Resource and Relational Characteristics. Journal of High Technology

Management Research[J].2002,13(2):177−202.

[13]Gary D. Holt; Peter E.D. Love; Heng Li. The learning organisation: toward a paradigm for mutually beneficial strategic construction alliances [J].International Journal of Project Management.2000,18(6): 415−421.

[14] 袁红诗、赵昆 . 知识联盟中信息技术接受行为模型研究 [J]. 竞争情报，2010, 55(2):68~71.

[15] 卢新元，周茜，高沛然，等 . 基于激励机制与知识联盟的 IT 外包中知识转移风险规避模型 [J]. 情报科学，2013, 31(5): 113~117.

（作者单位：上海理工大学）

人工智能与数字出版的创新应用

汤雪梅

摘要：互联网技术的快速升级和大数据的积累，为人工智能的发展提供了良好机会，使其在商业模式的拓展方面充满了想象力。在传媒领域，人工智能也带来一系列创新应用，给新闻出版的生产、编辑、服务模式带来了全方位的变革，未来，这些变革将会持续发酵，尽快了解这些新技术、顺应新技术的发展趋势，在思维与模式上创新应用，是传媒界赢取未来的保障。

关键词：人工智能　跨界融合　数字出版

在过去一年中，世界上最优秀的互联网公司、IT公司在一个领域达成了惊人的一致，这就是——人工智能。谷歌、百度、微软、IBM、雅虎、脸谱、英特尔以及小米、华为等大小公司都在投入重资研发人工智能，并争相宣布公司人工智能是公司未来发展的重要方向。谷歌大脑、百度深度学习、微软Adam、IBM的Watson等产品，在综合智商上，已达到几岁孩子的智力水平。GoogleX的虚拟大脑在没有预先输入的情况下，独立地从Youtube上的1000万帧图片中学习到了“猫”的概念。

人工智能为新闻出版界带来了哪些变化，我们又将怎样利用人工智能的创新技术进行数字化转型升级，本文加以探讨。

一、智能写作创新新闻出版的生产模式

2010 年，华尔街聘请了一个“机器人”来撰写财经新闻，4 年之后的今天，“机器人”写新闻，在美国已经成为常态，被广泛用来撰写报刊、电视及网络新闻。2014 年年初洛杉矶 4.7 级地震的第一个报道者就是一位机器人记者——Quakebot。2015 年 1 月，苹果公司第一份财报新闻，也是由机器人创作完成的。

这些能写新闻的“机器人”便是人工智能的产物，这个所谓的“机器人”实际上是一个写作软件，由于拥有超强“自我学习能力”，经过一段时间训练后，能将枯燥的新闻线索、数据转化为有故事情节的叙述文。写作软件是计算机学会大数据分析后，在创作领域的典型应用。

“机器人”Quakebot 是《洛杉矶时报》自己内部研发的一个程序。福布斯网站早在两年前就已经启用 Narrative Science 的程序自动生成财经新闻。雅虎网站上的体育报道有相当一部分由 Automated Insights 自动生成。美联社从 2014 年 7 月开始尝试对 120 家公司的财报进行自动化报道，每个季度能写出 3000 篇财务分析文章，并且它对美联社的写作风格了如指掌。

机器人写新闻，确实比传统新闻记者有更多的优势：一是快速发现新闻线索。《洛杉矶时报》的机器人 Quakebot，能实时监控美国地质调查局（USGS）的信息，一旦出现警报（表示发生了一定级别以上的地震），就自动提取相关数据，并置入一个预先写好的模板，自动生成一篇文稿，并进入《洛杉矶时报》的内容管理系统，等待编辑的审查和发布。在此之前，他们还有另外一个类似的机器人程序，负责自动报告洛杉矶发生的凶杀案。二是快速完成撰写。美联社的《苹果打破华尔街第一季度预期》在苹果公司公布财报数据后几分钟即向全世界发表，在以时效性为生命的新闻业竞争中，占得先机。三是撰写的准确性。财经新闻经

常需要一些数据对比，既单调枯燥，又要求准确和速度，机器人对于数据的准确调用能力显然超过人类。四是超强的自我学习能力与自我纠错能力。机器人能够模仿不同主体的写作风格，显示不同机构主体间不同的“文风”，同一篇报道，它们既可以写出《华尔街日报》式的冷静内敛，也能表现更活泼的博客风格，或者随时添加点儿笑话或毒舌评论。美联社最初应用机器人写作的时候，所有机器生产的文章都要经过人工审核，并把错误记录下来反馈给“机器人”以改进算法，经过一段时间的“学习”，系统达到自适应，所有机器生成的文章都不再经过人工干预。目前，其自动写作系统记录下的错误已经比记者所写文章中的错误少了。

在最新一期华尔街预测未来会消失的十大行业中，新闻记者赫然排在首位。Narrative Science 的联合创始人克里斯蒂安·哈蒙德（Kristian Hammond）两年前在《连线》杂志的采访中宣称，计算机将在未来 15 年内写作 90% 的新闻。他还预测，他们的算法将在 5 年内获得普利策奖。

不要以为这只是新闻记者的梦魇，作为人工智能的终极梦想之一，“一个会写作的机器人”就像“一个会思考的机器人”一样，贯穿于人工智能研究的整个发展历程。早在 1948 年，世界第一台可运行程序的计算机——曼彻斯特 Mark1 的“处女作”就是一个写情诗的小程序。那时候，计算机还是一个庞然大物，主要功能是做大型的数学运算，但一个名叫克里斯托弗·斯特雷奇的科学家却突发奇想，编了一个罗曼蒂克的小程序，它能根据简单的语法规则，从一个小型的浪漫词汇库（由几百个关于浪漫爱情的动词和名词组成）中选择词汇，创作一些轻松的爱情诗。比如：“亲爱的，你是我贪婪的迷恋，你是我可爱的迷恋，你是我珍爱的同情。我渴慕你的爱情，你是我深深的爱恋。”

2008 年，俄罗斯的 AstrelSPb 出版社出版了有史以来第一本机器人写的长篇小说《真爱》，主人公借自《安娜·卡列尼娜》（安娜、沃伦斯基、列文、基蒂），情节来自从 17 本经典小说中抽取的情节库，行文风格则模仿村上春树。据《彼得堡时报》报道，PC Writer2008 先生只花了 3 天就写完了这本 320 页的小说（当然，一堆语言学家与程序员研究 PC Writer2008 先生则花了 8 个月），并发行 1 万本。出版社表示，如果这本书卖得好，以后还会继续推出机器人写的小说。

近年来，自然语言生成软件的研究不断创新，这类研究的商业化也越来越多，互联网时代是一个高度数据化的时代，数据太多，人类忙不过来。越来越多的人意识到，如果不能对大量数据和图表进行解释，它们是没有任何意义的，这也是自然语言处理实现商业化的机会。由于大多数人更习惯于用故事，而不是用数字来思考，对机器作者而言，针对大数据集，研究其中模式、趋势和相关性，攫取有价值的见解，并以平实流畅的语言写成文章，是其关注的重点。正如哈蒙德所说："凡是有数字的地方都应该有故事。机器作者的价值在于作为数字与故事之间的中介。"

在中国，类似的写作系统也开始应用于咨询公司的调研报告中，百度公司还曾经开发出一个自动写诗软件，供用户免费应用，输入关键词，页面会弹出"李白疯狂写诗中"的等待界面，几秒钟后，一首合辙押韵的古体诗就会呈现给你。

机器记者与机器作者的出现，为传统新闻出版的从业者敲响了警钟，它让我们思考，作为人类应该如何写作，如果不能有超越机器人的深透见解、更敏锐的观察、更独特的文风，这样的文章还有什么意义呢？

二、大数据创新新闻出版的投送模式

为差异化的个体服务是互联网时代一直在探求的商业模式。传媒亦不例外。这种精准的服务同样在依靠人工智能与大数据分析来完成。

移动新闻客户端的争夺在过去两年进入白热化：新浪、搜狐、网易等传统门户网站，人民日报、光明日报、凤凰电视台等传统媒体，扎客、鲜果等专注于移动互联网的社会化媒体，都对此投入大量金钱，做了大量布局。然而在这场争夺战中，暂时胜出的却是一个没有任何新闻资源背景的小公司推出的产品——“今日头条”。2014 年“今日头条”获得了 1 亿美元融资，北京字节跳动科技有限公司估值也超过了 5 亿美元。一下子成为传统媒体的“眼中钉”，发起对其“忍无可忍”的侵权之诉。这里，我们暂不评论其侵权行为是否违法，而是取其所长，分析一下其独特的技术因素。一个传统媒体不具备的“关键技术”，就是“今日头条”的个性化信息投送的算法。“今日头条”打出“你关心的，才是头条”的营销口号，针对每个读者不同的阅读习惯，提供不同的头条内容。其核心在于使用机器推荐算法给用户推荐新闻的分析工具。用户在绑定社交账户后，“今日头条”利用社交数据挖掘技术抓取内容，通过语义分析、内容分析等对其进行处理，分析用户的阅读兴趣，从多个维度完善用户兴趣模型，为用户推荐内容，用户不再需要订阅内容源。“今日头条”通过个性化的信息定制，使用户自主选择接收新闻信息。

在美国，脸书引领了新闻消费方式的改变。美国皮尤研究中心的一项研究数据显示，美国有大约 30% 的成年人在脸书网站上看新闻。脸书网站高管将公司与出版商的关系确定为互惠关系，当出版商在脸书网站上推广其内容时，其用户就有更吸引人的内容阅读，而出版商的网站流量也会上升。脸书的技术人员几乎每周都会调整一次复杂的计算机代码，确定用户首次登录脸书网站时看到的内容。这使美国大多数读者现在不是通过报纸和杂志的印刷版或这些媒体的网站，而是通过使用算法的社交媒体和搜索引擎来了解新闻，这种数学方式可预测用户可能想阅读的内容。

脸书网站在改变人们消费新闻的方式方面走在前沿，引领了一种新闻出版内容推送与消费方式的变革。

这一根据用户阅读兴趣以推送不同内容的新闻投放模式正在被更多的互联网应用。谷歌推出 iGoogle 注册应用，可以根据读者的需求及喜欢提供个性化搜索。

近年来，传统媒体在数字化、网络化转型中投入不少资金与人力，但在新闻的投送模式上，依然是宣讲式，是宏大叙事与千篇一律的。如何利用好新技术，根据不同读者的需要提供差异化的信息服务，是传统媒体下一步数字化转型升级需要纳入设计蓝图的重要一环。

三、舆情监测创新新闻出版的盈利模式

传统新闻出版业是一种基于内容版权建立起的商业模式，其盈利形式不外乎两种：一是出售优质的内容；二是基于内容，对读者注意力进行二次售卖，换取广告。在新技术、新终端频出的现阶段，有没有其他的商业模式以支撑传统媒体的数字转型呢？答案是肯定的。

社会守望是新闻界与生俱来的使命，在以往，这种使命多通过新闻报道来实现。然而在各个新闻单位的各种报料平台上，最终能够登上新闻媒体的报料源不过是千分之一、万分之一。在过去，这些原始的新闻来源很快就会被遗忘，但在今天，它有了新功能，这就是舆情监测。南方舆情在这方面提供了一个很好的解决方案。

舆情是社会和时势的晴雨表，是公众关于各种现象、事件和问题表达的情感、态度和意见的总和。收集和分析舆情信息，既可以反映公众期盼，也可以反映社会思潮、社会热点，更可为政府准确掌控形势、科学研判和决策提供参考。南方报业集团发现旗下的报料热线电话、微博、微信平台，每天提供的新闻线索有

上万条，这里面经常蕴涵重大舆情线索。于是，他们利用大数据分析工具，开发出一套舆情预警系统，为政企提供服务。在广州亚运会期间，南方舆情成功预警了广州出租车罢工事件，获得省总工会的高度赞扬。目前，南方舆情与广东省 13 个地级市政府签订了合作协议，进行政务舆情预警，防范突发事件。集团力图实现从“新闻管家”到“舆情管家”再到“信息服务专家”的角色演变。

在国外，金融新闻机构一直在探索提供证券新闻监测服务的系统。华尔街金融机构相当看好微博所带来的投资机会。华尔街证券交易商正在利用功能强大的计算机来快速浏览新闻报道、社论、公司网站、博客文章甚至是推特信息，大数据分析程序会对这些信息线索进行解读，然后据此进行股票交易的信息提供。彭博社、道琼斯和汤姆森 - 路透社等新闻机构都已开始帮助华尔街客户自动筛选有助于股票交易的新闻。国际一流的新闻出版服务机构已经开始提供针对推特网等社交网络的新闻监测服务，来帮助华尔街的金融客户自动筛选与交易趋势有关的新闻，以助于投资决策。

随着互联网、移动互联网的普及，微信、微博、论坛、贴吧等社交平台已经成为人们发表意见、表达情感的重要渠道，这些渠道产生的大量情感信息反映了人们对热点事件、话题的褒贬态度，如何利用这些线索提供深度服务，来赢取价值，是传统媒体未来可探索的数字化信息服务模式之一。

四、跨界融合创新新闻出版服务领域

从 2014 年开始，“融合发展”成为新闻出版数字化的一个热词，但大家对融合发展的理解，往往仅限于传统媒体与新兴媒体间的融合，而对于媒体与行业间基于智能化、网络化的跨界融合则较少认知。

笔者认为，融合发展应包括 3 个方向：第一，媒介间的融合。报纸、图书、广播、电视、互联网，这些以往分别存在的载体形态，在网络环境下得以整合，呈现多功能一体化的趋势。第二，传统行业与互联网间的融合，“互联网 +N”的模式。目前，我们生活中几乎所有传统行业的应用服务都与互联网发生融合，广告、新闻、通信、物流、医疗、教育、旅游、餐饮等传统行业向互联网迁移，重新设计平台与应用，带来产业与服务的全方位数字化升级。比如目前移动应用中的两大热点方向：数字教育和数字医疗，正是“互联网 +N”的应用实践。第三，媒体与产品之间的融合。媒体不再单纯局限于书报刊、广播、电视。互联网时代，任何产品都可以有自己的粉丝，建立围绕产品的自媒体。小米手机为我们提供了一个很好的范例，拥有 2700 万粉丝的小米手机网络交流平台，同样具有媒体的信息传播功能。

在互联网时代，媒体的概念正在脱开原有范畴，产品媒体化正在成为趋势。我们讲融合思维，不应仅仅限于传统媒体与新兴互联网媒体间的融合，还应思考符合传统行业与互联网、线上线下、内容与产品之间多角度、多视野的融合发展。

传统商品连接上网络，成为信息的接收器与传送器，而作为连接与操控中介的 APP，则成为连接人与设备的新“媒介”，内容产业应在这些新“媒介”中寻找到新机会与定位。海尔智能冰箱电脑与青岛出版社的合作为我们提供了参考思路。海尔集团推出了数字冰箱、物联网冰箱，将菜谱搬到冰箱上，做成视频，还可以通过手机更新，知道冰箱里有什么菜、什么材质，推荐用户应该做什么食谱。

信息数字化时代，传统行业划分的区隔将被部分地打破，新的信息传播方式、新的信息载体与新的阅读方式也将出现，突破既有的媒体形态与内容供给，适应新变化，适时调整，是数字出版模式创新路径之一。数字出版商不断利用新技术，融入新理念，推进服务创新，开拓了数字出版模式的新思路。

2013 年 9 月，工信部发布《信息化和工业化深度融合专项行动计划（2013—2018 年）》。两化融合，将进一步激发服务模式、商业模式以及生产消费模式的创新发展，形成巨大的新兴市场，刺激新的服务需求，带动信息消费快速扩张。融合是信息社会的发展方向，也是媒介转型的重要机遇。

参考文献

[1] 陈赛 . 算法时代的写作艺术 [J]. 三联生活周刊，2014（31）.

[2] [美]“今日头条”CEO 张一鸣：我是爱冒险的技术宅 [EB/OL]. 襄阳华维网络，http://www.xici.net/[2013-3-17].

[3] 王思羽 . 脸书引领新闻消费方式改变 [N]. 参考消息，2014-10-29.

[4] 格雷汉姆·包利 . 新闻分析帮助华尔街交易商捕捉市场情绪 [N]. 纽约时报，2010-12-27.

（作者单位：北京印刷学院）

互联网时代教育出版新模式的思考与实践

林金安　吴雪梅　赵晓媛　李光跃

摘要： 互联网正在改变着知识的传播方式和学习方式，大规模在线开放课程等新型在线课程的迅速兴起，对高校的教育教学产生了重大影响，也对教育出版提出了更高的要求。文章从在线课程建设与高校教学需求变化、教育出版面临的新要求等方面，分析了传统纸质教材的不足，提出了基于在线课程的教育出版新模式。

关键词： 教育出版　新模式　在线课程

一、引言

近年来，随着智能手机和移动互联网的普及，以及大数据、云计算的出现和运用，互联网正在改变知识的传播方式和学习方式。大规模在线开放课程等新型在线课程的迅速兴起，加快了信息技术和教育教学的深度融合，促进了教学内容、方法和模式的深刻变革，对高校的教育教学产生了重大影响。

早在2003年教育部就启动了“国家精品课程建设”，到“十一五”末累计建设国家级精品课程 3,909 门，带动建设省级和校级精品课程超过 10,000 门。“十二五”期间教育部又启动了“国家精品开放课程建设与共享”项目，建成了一大批国家级精品视频公开课、资源共享课和中国大学慕课。2015 年 4 月《教育部关于加强高等学校在线开放课程建设应用与管理的意见》发布，进一步推动了在线课程建设和高校教育教学改革。

教育出版的发展与学校的教育教学改革密切相关。当前，中国的高等教育已到了一个重大的变革期，教育技术的飞速发展倒逼高校必须变革教学方式方法，向学生主体、教师主导的方向转变。高校的教育教学改革和人才培养模式的转变对教育出版提出了更高的要求。

面对在线课程的发展和高校教育教学需求的巨大变化，传统的纸质教材已不能适应当前高校教学的需要，教育出版面临着巨大的发展压力。各个出版社都在研究对策，纷纷研发数字化教材。高等教育出版社（以下简称高教社）历来重视研究技术发展与教育教学改革对教育出版的影响和机遇。高教社从 2009 年开始就在思考如何将在线课程建设的成果与教育出版有机结合，研发出能够适应高校新需求的产品。经过几年的探索和实践，高教社初步形成了新形态教材、数字课程出版与定制应用和数字教程三种教育出版新模式，我们希望得到专家、出版同行的积极反馈，共同推进互联网时代的教育出版更好发展。

二、对教育出版新模式的思考

（一）高等教育改革发展呈现的新特点

当前，我国经济社会发展进入新常态，高等教育承担着全面提高质量，培养创新人才的新使命。《国家中长期教育改革和发展规划纲要（2010—2020 年）》提出，要通过“倡导启发式、探究式、讨论式、参与式教学，帮助学生学会学习”，“营造独立思考、自由探索、勇于创新的良好环境”[1]，创新人才培养模式。要“加快教育信息化进程……强化信息技术应用。提高教师应用信息技术水平，更新教学观念，改进教学方法，提高教学效果。鼓励学生利用信息手段主动学习、自主学习，增强运用信息技术分析解决问题能力”[1]。

课程教学在人才培养过程中发挥着十分重要的作用，因此高校历来重视课程建设，并通过信息技术、教育技术等手段不断加强和提高课程建设的质量。在“国家精品课程建设”“国家精品开放课程建设”的推动和引导下，特别是近年来以慕课为代表的国内外在线开放课程快速兴起的背景下，广大高校和教师建成了一大批优质课程和相关课程教学资源，为高校的教学模式、教学方法改革提供了重要支撑，“翻转课堂”“混合式教学”等教学模式将成为高校教学的新常态。高校教育教学改革正在教学理念持续变革中，突破传统教学模式束缚，朝着教学资源开放化、学生学习个性化、教学方式混合化、学习过程社会化的方向转变。

（二）教育出版面临的新要求

在高校创新人才培养和信息技术促进教学模式改革的背景下，高校的教学需求正在发生日益明显的变化。传统纸质教材因其传播单向，呈现形式单调，教学内容更新慢，印刷和储运成本高，难以满足个性化需求等弊端，已很难适应当前高校教师和学生的需要。如何研发适合学生个性化学习和教师创新教学方法的新型教材和服务产品成为现实的课题。

《教育部关于“十二五”普通高等教育本科教材建设的若干意见》提出：“鼓励编写、出版不同载体和不同形式的教材”，“不断丰富教材类型,继续开发数字化教材”[2]。2010年新闻出版总署《关于加快我国数字出版产业发展的若干意见》指出，“数字出版是指利用数字技术进行内容编辑加工，并通过网络传播数字内容产品的一种新型出版方式”，发展数字出版对于“转变出版业发展方式具有重要意义”，“鼓励传统出版单位开展网络出版业务”[3]。

2015 年国家新闻出版广电总局和财政部联合发布《关于推动传统出版和新兴出版融合发展的指导意见》，进一步提出“坚持以先进技术为支撑、内容建设为根本，充分运用新技术，创新出版方式、提高出版效能”[4]。国家主管部门制定的指导意见为教育出版的发展指明了方向。

（三）教育出版转型升级的新基点

高教社有着较长的数字化产品研发历史，在承担科技部“96-750 项目”“新世纪网络课程”“国家精品课程建设”和“国家精品开放课程建设”的过程中，编辑和技术人员有机会及时了解和掌握高校的实际教学需要，数字出版的研发能力得到了提高。这些实践的基础和当前高校的需求，促使我们深入思考传统的教材出版如何与在线课程结合，将高校鲜活的教学实践通过互联网与教育出版有机融合，给高校提供新的产品和服务的同时，实现教育出版的转型升级。

我们在广泛的调研中发现，虽然高校已经建设了一大批优质的在线课程和相关课程教学资源，但是在实际教学应用中还没有很好地得到应用。其原因是多方面的，有教学观念、教师工作量等问题，也有数字知识产权的共享机制、网络平台等问题。如果通过合理的机制解决资源有效利用的问题，就意味着我们找到了教育出版发展新的市场。而云存储、移动互联、大数据等技术的发展，网络出版在学术出版领域的成功应用等，使我们找到了解决问题的新路径，就是以在线课程为基础，重新构建教育出版的模式，即新形态教材、数字课程出版与定制应用和数字教程三种新模式。新的出版模式实现了有效的数字知识产权保护，形成了共建共享、持续发展的机制，促进了优质在线课程资源在高校教学中的应用。

三、教育出版新模式的实践

基于以上对高等教育和教育出版的分析与思考，高教社通过整合传统教育出版与数字化技术，形成了具有高教社特色的新形态教材、数字课程出版与定制应用和数字教程出版模式。

（一）新形态教材

新形态教材是纸质教材与数字课程（基础版）有机融合的新型教材，它具有以下特点：（1）纸质教材内容与数字资源同步规划和创作，并通过精心设计的版式和网络支持，实现纸质教材与数字课程（基础版）内容的一体化；（2）纸质教材内容更加精练，比现有的教材要薄，价格相对低廉；（3）数字课程（基础版）中具有丰富的数字教学资源，与纸质教材内容紧密配合，既是对纸质教材的补充和拓展，又提供了更为方便快捷的内容更新途径；（4）丰富的数字教学资源为自主学习和个性化学习创设了空间，能够满足不同学校、专业、学习者个性化的教学要求。

新形态教材可以针对不同学科的课程特点和教学需求，在内容的设计上有着不同侧重。例如，对于高等数学、物理等抽象性、理论性较强的课程教材，数字课程（基础版）通过大量演示程序、动画、微课等动态、直观的数字资源，以形象化的手段取代繁琐的文字描述，弥补了传统教材在表现形式上的不足，同时有效控制纸质教材篇幅，使得教材内容主线清晰，降低印制成本，将产品定价控制在合适的水平。生命科学类的数字课程（基础版）则可根据其直观性和实践性强的特点，侧重彩色图像图片、实验实习操作视频等内容，以更好地适应教学的需要。另外，数字课程（基础版）中的扩展专题等辅学类内容拓宽了学生视野，帮助学习者更好地了解课程要点、学科前沿，以及理论学习、科研实践、社会生活间的关系，掌握课程学习方法。索引、参考文献、附表等配有二维码访问途径，方便使用者通过移动设备即时获取和查询。因此，新形态教材一经推出，就以其丰富的内容、精致的版式和合适的价格得到广大师生的普遍认可，进一步增强了高教社教材的市场竞争力。高教社已经出版近500种新形态教材，取得了良好的效益。

（二）数字课程出版与定制应用

数字课程出版是将传统教材出版向课程出版拓展形成的全新出版模式，它能够将教学内容、教学活动和教学环境有机结合，突破了传统教材出版在内容和呈现形式上的限制。数字课程与传统教材相比，其优点是具有丰富的内容呈现方式、可以开展实际的教学活动、能够支撑形成性评价。高教社通过平台（包括软件平台、硬件平台和宣传推广平台）、服务（包括丰富的出版资源、专职技术人员与专业编辑队伍）和出版（包括出版物的版权保护、销售推广渠道）给高校和教师提供支持，帮助教师摆脱繁琐信息技术的束缚，使他们能够专注于课程和教学的设计与实施，从而提高课程建设水平和教学质量。

出版的数字课程可以首先应用于本校的教学。教师借助数字课程的支撑，可以进行翻转课堂、混合式、讨论式、PBL 教学等多种教学模式的实施，推动教学改革，提升教学效果。数字课程中设置了教学视频、演示文档、重点难点详解、动画、习题、参考文献等丰富的自主学习资源，对学习数字资源的数量、质量，甚至学习流程进行详细设计和具体要求。教学应用方式多种多样，可以由教师根据自己的教学需要而定，如可以将数字课程的自主学习与课堂教学有机结合进行混合式教学，也可将部分章节的理论学习全部在数字课程完成，课堂上进行交流讨论，实施翻转课堂教学，甚至还可完全作为参考资料，供不同专业、不同知识背景的学习者根据自身需求自主学习使用。

如果说数字课程出版主要适用于优秀在线课程的话，那么数字课程定制应用主要适用于一些建设水平和教学能力尚有待提升的高校课程，教师可以借助已经出版的数字课程，通过购买全部或部分内容，再加入自身的特色内容和教学设计，就能以较短的时间和较低的成本，快速形成适应于本校教学的数字课程，提升自身教学水平和教学质量。数字课程出版这一创新的出版模式使得优质在线课程建设成果也能够像传统教材一样，得到数字知识产权的保护，形成在线课程可持续建设的良好机制，从而真正实现优质在线课程资源的共建共享。目前，我们已经出版了一批优秀的数字课程，在教学应用中取得了良好的效果。

（三）数字教程

数字教程是将移动学习和富媒体技术应用于教育出版领域的成功探索，也是一种数字教材出版模式。其特点有：（1）能够容纳丰富的教学内容。数字教程突破了传统教材的篇幅、印制成本等诸多因素限制，纳入了比纸质教材更为丰富全面的内容和多媒体资源。（2）针对不同的知识点和教学需求，具有更为丰富的媒体表现形式。能够支持视频、音频、动画、图片、文本及演示文稿等多种媒体的混合形式，为教学内容的呈现提供了更为丰富的途径和手段。如实验操作、临床实践等知识点，音视频等富媒体的表现形式使得对具体操作的介绍更为直观准确，也更容易为学习者掌握。（3）笔记、搜索、链接跳转、自测、交互显示等教学交互手段更有助于提升学习效率和教学效果。如在生物学野外实习类数字教程中，除传统的以分类系统检索外，还可进行快速检索和模糊查询，大大提升了使用效率。此外，在相近种间进行快速跳转和比较，也有助于提升学习效果。（4）便携终端设备和离线应用模式突破了学习场所、网络条件等硬件限制，适应移动学习的新需求。以上特点使得产品在内容和功能上更为贴近移动学习的需求，在实际应用中得到了师生的广泛认可和好评。

四、结语

在实践中我们深刻体会到教育出版的转型升级势在必行，创新发展是必由之路。从“精品课程”“精品开放课程”到“在线开放课程”，国家一直主导、推动着信息技术在教育教学中的应用。高校教育教学需求的变化是出版模式创新的动力，而网络技术的进步使这种创新得以实现。出版模式的创新带动了产品与服务的创新。以数字课程的出版与定制应用为代表的教育出版模式的创新，不仅丰富了出版的内涵，将网络出版的理念与技术引入了教育出版，而且使为学校提供全面课程定制服务成为可能，这种服务既包含了以富媒体呈现的教材、教辅、拓展阅读等课程内容服务，也包含了作业、测试、讨论、答题等教学活动的服务，同时还包含了过程性评价、试题、试卷的统计分析等教育管理与评估的服务。这种出版模式的创新也使老师独到的教学设计像文字、图片、视频、音频等教学内容一样成为出版物的重要组成部分。所有这些都可便捷、规范地与同行教师分享，有利于学生自主学习，而网络出版更新的快捷性又大大优于传统教材出版，使学科进展等新内容可及时反映到正式出版的课程中。这使教育出版在反映教学成果的及时性、学科内容的先进性等方面得到了提升。

高教社正与广大教师一起，通过出版模式创新，积极探索互联网时代教育出版的新路，将不断推出更好更多的适合数字时代教学需求的新形态教材、数字课程和数字教程，助力高校教育教学改革。

注释

①国家中长期教育改革和发展规划纲要（2010—2020 年）[EB/OL].（2010−07−29）[2015−10−19].http：//www. moe.edu.cn/publicfiles/business/htmlfiles/moe/ moe_838/201008/93704.html.

②教育部 . 教育部关于“十二五”普通高等教育本科教材建设的若干意见 [EB/OL].（2011−04−28）[201510−19].http：//www.moe.edu.cn/publicfiles/business/ htmlfiles/moe/s3885/201105/xxgk_120136.html.

③新闻出版总署 . 关于加快我国数字出版产业发展的若干意见 [EB/OL].（2010−08−16）[2015−1019] . http：//www.gov.cn/gongbao/content/2011/ content_1778072.htm.

④新闻出版广电总局 . 关于推动传统出版和新兴出版融合发展的指导意见 [EB/OL].（2015−04−09）[201510−19].http：//www.gapp.gov.cn/news/1663/248321.shtml.

参考文献

[1] 张大良 . 以提高质量为核心，加强国家精品开放课程建设 . 中国高教研究，2013（1）：6−11.

[2] 李朋义 . 内容与技术的融合是教育出版发展的趋势 . 出版发行研究，2013（9）：35−37.

[3] 陈骏 . 创新人才培养模式 全面提升教学质量 . 中国大学教学，2015（1）：4−6，19.

[4] 张泽，唐瑶 . 编辑角色转变，助力教育出版转型升级 . 中国编辑，2015（4）：9−14.

（作者单位：高等教育出版社）

美国大众出版的数字化现状与启示

谢山青

摘要：本文试通过对美国大众出版图书市场的相关数据分析和多家美国出版社的实地调研，梳理呈现美国出版业大众出版领域在多种尝试和探索后所最终形成的普遍模式和业务规律，特别是现阶段已经成熟的产品形式、商业模式和可预见的发展趋势。并在对此现状进行分析的基础上，归纳出一些出版业的启示，以美国这一更加成熟的数字化出版市场为我们中国出版业提供借鉴，厘清迷思。期盼以美国的数据和事实，为我国数字化出版产业解放思想，释放生产。

关键词：大众出版　数字化　美国　电子书　授权销售　趋势

其实从四年前开始，每当笔者参加国际书展和论坛，或者和海外出版界朋友见面时，所有人都在忐忑而热烈地讨论数字化，讨论这匹狼对传统业态的冲击，讨论如何盈利，讨论到底什么技术什么格式会最终称霸。各种理论、各种假设、各种喧哗与骚动。而今年赴美参加佩斯大学的数字出版学习班时，笔者最大的感受是：一切讨论都归于平静了，因为狼已经来了。数字化这一新生事物，已经不再是那条单纯激起大家活力和压力的鲶鱼，而是已然成为一条大鳄，成为出版业的主题和主流。大众出版的数字化商业模式终于在迷雾中浮现出来，前路已然清晰。

一、美国大众出版的数字化发展

美国的大众出版，主要被区别于教育出版和专业出版的六大家出版社垄断。这六家在美国出版界俗称“六大”，按照规模排名分别是：

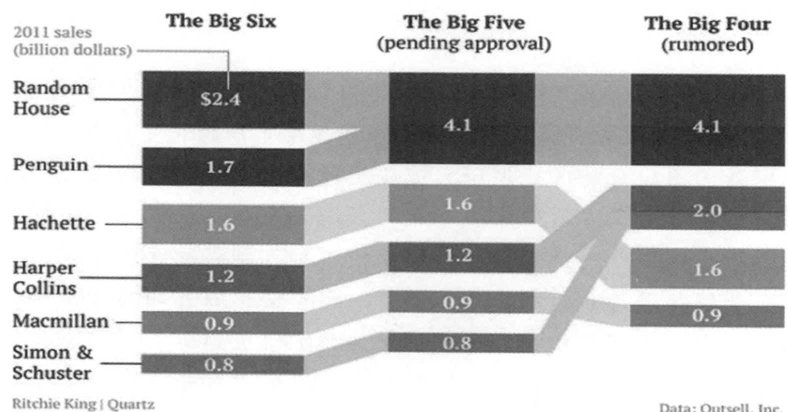

图 1　美国六大出版社排名

数据来源：Outsell, Inc 公司统计，按照 2011 年的贸易和客户销量排名。

当然，2013 年兰登书屋合并了企鹅，现在已经是五大了，这五大基本就代表了美国出版界的大众出版，根据他们的经验和业务情况，笔者总结归纳出以下发现：

（一）产品形式

无可争议的结论已经产生，数字化革命最终胜出的产物还是 ebook（电子书）销售。市场数据表明，经过读者检验的胜者不是 2.0 或者 3.0 的高技术产品，不是互动性强、多媒体功能丰富的 app 应用，也不是数字阅读平台或者在线阅读，而是最简单、最初级的

ebook 电子书。兰登书屋全球营销高级副总裁塞勒斯·凯拉迪、西蒙 & 舒斯特国际销售总裁赛斯·鲁索、巴诺书店电子书业务副总裁特瑞莎·霍纳尔、美国阿歇特的副总裁都以本公司多年摸索数字出版的经验，在试水各种数字化出版的产品之后，发现了这个同样的事实：ebook 是数字化最受到读者认可的形式，也是出版商最能够盈利的形式。

在目前的美国出版业，电子书已经不再与传统出版对立，而是成为精装书、平装书、普及本、有声书之外的第五种图书形式。根据美国 ISBN 提供机构 Bowker 的数据分析，这一形式与其他图书形式的占比情况如下：

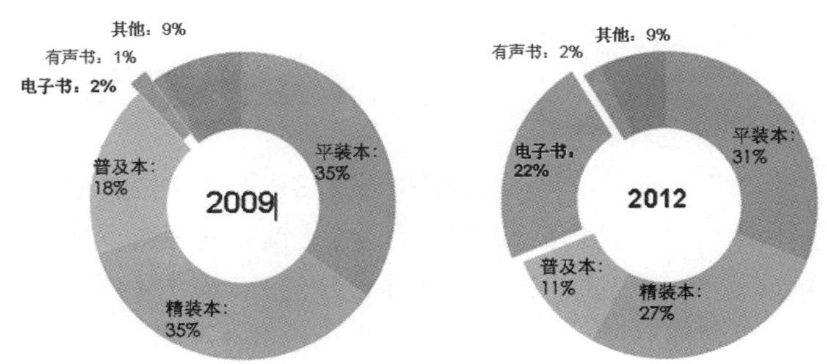

图 2　美国各图书版本之间的市场比例情况

数据来源：Bowker 市场调查，2012 年“书与消费者”美国月度调查，世界图书出版社，IBISWorld。

根据电子书的销售册数统计，最适应数字化阅读形式的图书内容依次为悬疑、科幻、言情、传记这些内容轻松的类型图书，而严肃作品或者纯文学则远远落后。

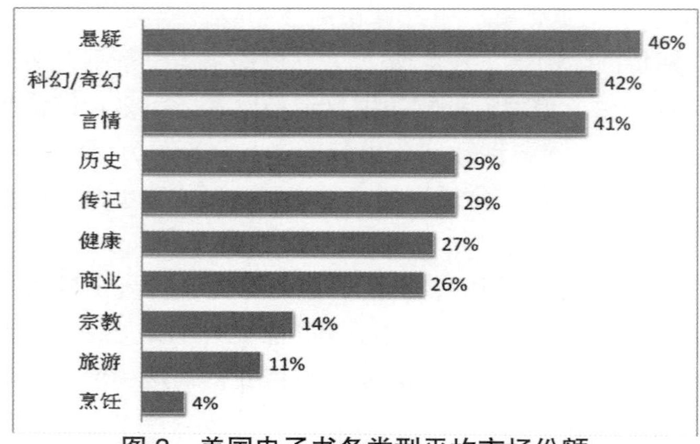

图 3　美国电子书各类型平均市场份额

数据来源：$Billings 2012

（二）商业模式

“六大”的数字出版商业模式都是将电子书 ebook 的权利授权给平台，由平台销售后和出版社分成。销售的平台主要是亚马逊的 kindle，巴诺书店的 nook，苹果公司的 ibook 图书库平台和各种智能手机阅读平台，这几个平台的市场份额如下图：

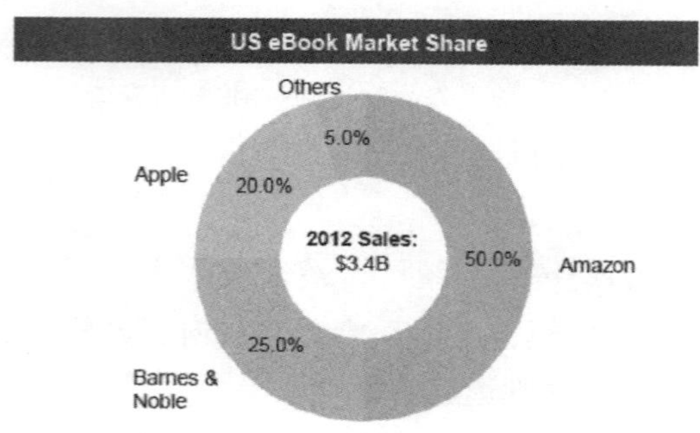

图 4　美国各电子书销售平台市场份额比例

数据来源：eMarketer, Wall Street research，PricewaterhouseCoopers

2009年，兰登书屋的电子书销售收入仅占其总销售收入的1%，而到了2012年，其电子书ebook的销售收入已经占了全球销售的20%，北美市场的25%之多。同样，哈珀·柯林斯出版社电子书销售占比20%，西蒙 & 舒斯特23%，阿歇特美国公司的数字销售占比已高达26%。而亚马逊公司总部提供的数据显示，亚马逊这一美国目前最重要的发行商所销售的图书中，电子书销售册数已经是纸质图书的1.5倍之多了！

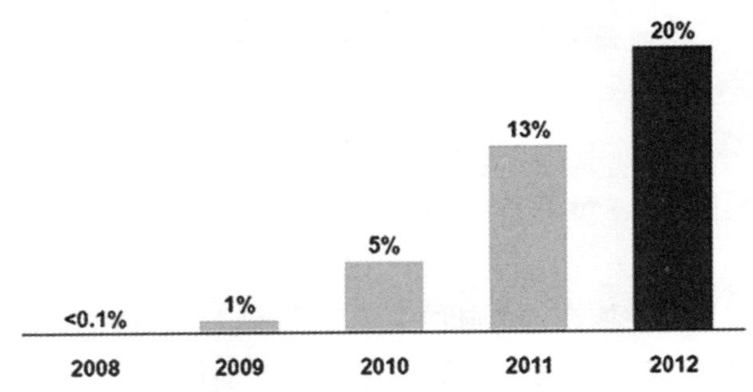

图5　兰登书屋全球电子销售份额各年增长情况

而且由于电子书销售没有库存、物流以及退货损失的成本，其盈利能力在几家出版社的总利润中，占比更高。

（三）发展趋势

根据美国出版商协会（AAP）公布的数据，电子书仅用了5年时间，就占据了全美图书销售22%的市场。在未来的几年内，随着平板电脑和电子阅读器的普及，美国电子书市场预计将会保持40%的年增长率，纸质书将持续保持5%的下滑率（见图2），根据《PWC Media Report》报告预测2016年纸质图书和电子书市场规模210亿美元，其中电子书市场份额将会超过50%。

单位：十亿美元

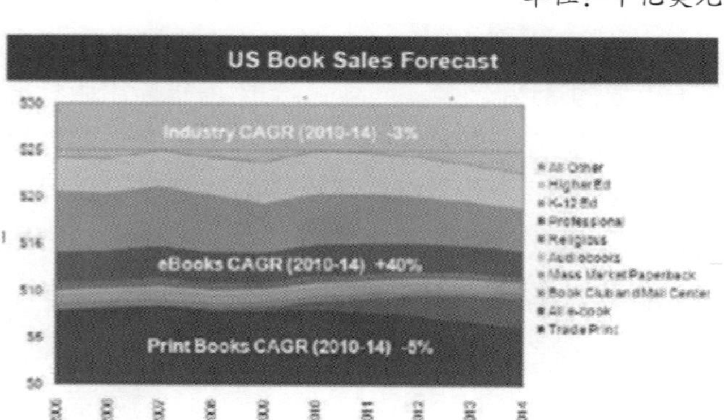

图 6　美国图书市场销售预测

数据来源：eMarketer, Wall Street research，PricewaterhouseCoopers

而且，最终把握产业命脉的渠道商或者说平台商也将更加集中，率先发现幸福蓝海的亚马逊不仅凭借“先动优势”已经成功垄断 1/2 的电子书市场并以贝佐斯倡导的使命感为动力，继续驱逐其他竞争者。不久前，巴诺书店的 CEO 就因为其开发的电子书 NOOK 的表现开始严重衰退而引咎辞职，巴诺可能将出售 NOOK 板块。

二、数字化转型的启示

相比之前大家都在黑暗中摸索、不知出路在哪里的局面，一些美国大众出版领域已成为普遍规律的事实对于国内目前的出版业转型颇具一定程度的借鉴意义：

（一）数字化不是来“革出版业的命”，而是来“救出版业的命”

根据各方数据，大众阅读类图书确实有一定程度的持续萎缩，但这是由于其作为一种休闲娱乐方式，受到网络、游戏等新媒体冲击，而并不是由于出版社自身推出了电子书造成的。事实上，由于用户黏性差，如果某个出版社的书没有电子版，大部分读者不是转而寻找纸质版，而是购买其他电子书。下图可以看到，纸质图书和电子书的走势，纸质书下滑部分依靠数字业务实现了整体销售的增长。所以那些一开始没有推出电子书战略的出版社现在已经不再观望，全部大力推进数字化，这已经不是时髦或者跟风，而是实实在在企业发展的内生动力。

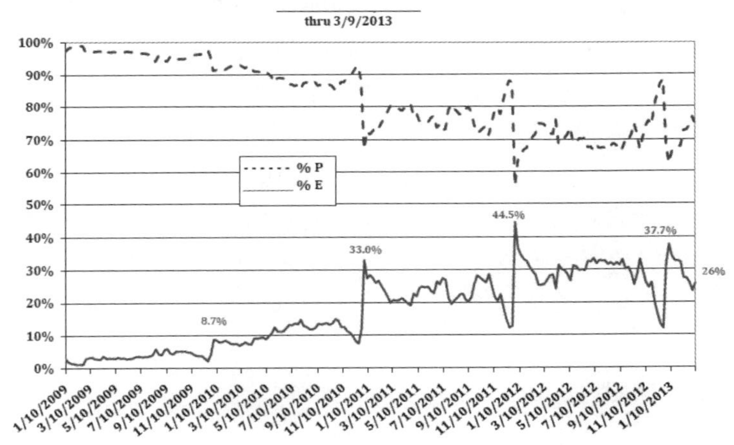

图 7　电子书与纸质书每周 POS 对比图

（上曲线为纸书的销售，下曲线为电子书的销售）

（二）出版社数字化的核心竞争力依然是内容为王

出版社拥有的资源就是内容，而非平台或者技术。管理大师德鲁克曾经有句名言“创新就是创造一种资源。”出版企业创新转型其实也是要通过数字化图书，产生新的内容资源。而内容的拥有是以版权确立的，电子书的盈利不需要特殊技术，而是依靠版权授权最终实现。所以目前全美各社都力图签下作者的电子版权，尤其是畅销书作家的版权。因为在电子书出版领域，马太效应更加明显，根据阿歇特美国公司的销售数据，该公司排名前10位的畅销书作家，实现了该公司所有电子书销售的50%。

（三）数字化是融入出版全流程的常规工作

数字化的战略应从流程的初始开始贯彻全程，而不是在纸质图书出版之后，再“电子化”该本图书。阿歇特美国公司花费上千万元，进行了适应数字化的流程再造，从而把之前专设的数字出版部融入每一个环节，并采用Indesign软件，使得变焦完成的文件可直接生成各种格式、各种屏幕的电子书。这样，一来不增加编辑负担，二来可以保证电子书同步上市，实现全媒体营销。

今天的中国出版业，虽然还在混沌中摸索数字出版之路，但是我们有理由相信，随着kindle进入中国，随着付费阅读越来越被新一代读者接受，几年之内，我们也会进入美国这样成熟的数字化出版时代。时不我待，出版社及早修好内功，囤积内容资源，优化出版流程，这是转型发展的必由之路。

参考文献

[1] St é phane Distinguin, Amazon.com: the Hidden Empire, faber Novel, May 2011.

[2] Jim Milliot, Carl Kulo, Publishers Weekly, Trends in Consumer Book-Buying

[3] eMarketer, Wall Street research，Pricewater house Coopers.

[4] Bowker市场调查，《2012年“书与消费者”美国月度调查》，世界图书出版社，IBISWorld。

[5] Coleman,D.,& Pimentel, S. (2011b), Publishers’criteria for the Common Core State Standards in English language arts and literacy.

（作者单位：译林出版社）

后　记

中华优秀出版物奖是与中宣部“五个一工程”奖、中国出版政府奖并列的国家级三大奖项之一，代表和反映了中国出版行业的最高水平和最新成果。作为中华优秀出版物奖子奖项，全国优秀出版科研论文奖由中国出版协会主持评选，每两年评选一次，自2006年设立以来已成功举办五届，相继评选出优秀论文近300篇。

第六届全国出版优秀科研论文奖评选于2016年8月全面启动。评选工作根据中央办公厅、国务院办公厅《全国性文艺新闻出版评奖管理办法》和中央宣传部《关于中华优秀出版物奖、韬奋出版新人奖的批复》精神，遵照制定的评奖标准、程序和办法开展。在坚持高标准、严要求的基础上，重点选拔具有高学术价值的优秀、原创作品，通过论文评选倡导原创、科学、务实的出版科研观，推动出版业基础研究与应用研究发展。

本届评选得到了来自全国20余个省（区、市）新闻出版管理部门和出版协会、中央军委政治工作部宣传局、在京中央单位所属出版发行单位及出版科研机构、高校的积极响应。经过初评、终评两级评审，30篇论文获本届全国优秀出版科研论文。这些获奖论文针对行业热点、难点问题进行了深入思考、总结，提出了具有一定创新性的见解和观点，代表了近两年来中国出版业科研论文的水平，对于出版工作和出版科研具有一定的现实启示和指导作用。据此，我们将本届获奖论文汇编成册，以便出版从业者参考借鉴，也为有关部门和领导决策提供参考。

中国新闻出版研究院魏玉山、范军、黄逸秋、谛薇等同志进行了本书编审工作。由于时间有限，本书有不当之处，恳请广大读者见谅，并予以批评指正。

全国优秀出版科研论文奖办公室

2017年6月1日

图书在版编目（CIP）数据

第六届中华优秀出版物奖全国优秀出版科研论文奖获奖文集 / 中国新闻出版研究院编. -- 北京：中国书籍出版社, 2017.6

ISBN 978-7-5068-6241-7

Ⅰ. ①第… Ⅱ. ①中… Ⅲ. ①出版工作—中国—文集 Ⅳ. ①G239.2-53

中国版本图书馆CIP数据核字（2017）第123214号

第六届中华优秀出版物奖全国优秀出版科研论文奖获奖文集

中国新闻出版研究院 编

责任编辑 遆 薇
责任印制 孙马飞 马 芝
封面设计 东方美迪
出版发行 中国书籍出版社
地　　址 北京市丰台区三路居路 97 号（邮编：100073）
电　　话 (010) 52257143（总编室） (010) 52257140（发行部）
电子邮箱 eo@chinabp.com.cn
经　　销 全国新华书店
印　　刷 河北省三河市顺兴印务有限公司
开　　本 787毫米×1092毫米 1/32
字　　数 280千字
印　　张 11.25
版　　次 2017 年 6 月第 1 版 2017 年 6 月第 1 次印刷
书　　号 978-7-5068-6241-7
定　　价 32.00 元